Vincenzo Capodiferro

IL CODICE DELL'AMOR DIVINO

Vincenzo Capodiferro

IL CODICE DELL'AMOR DIVINO

Le catechesi di Mademoiselle Cologne sul Decalogo (1860)

Edizioni Sant'Antonio

Imprint
Any brand names and product names mentioned in this book are subject to trademark, brand or patent protection and are trademarks or registered trademarks of their respective holders. The use of brand names, product names, common names, trade names, product descriptions etc. even without a particular marking in this work is in no way to be construed to mean that such names may be regarded as unrestricted in respect of trademark and brand protection legislation and could thus be used by anyone.

Cover image: www.ingimage.com

Publisher:
Edizioni Accademiche Italiane
is a trademark of
International Book Market Service Ltd., member of OmniScriptum Publishing Group
17 Meldrum Street, Beau Bassin 71504, Mauritius

Printed at: see last page
ISBN: 978-613-8-39358-0

IL CODICE DELL'AMOR DIVINO

LE CATECHESI DI MADEMOISELLE COLOGNE SUL DECALOGO (1860)

A CURA DI V. CAPODIFERRO

A Mons. Domenico Venezia,
padre di giorni antichi,
nello spirito del Padre,
Uno in tutti e tutto,
Trino e Santo.

PREFAZIONE

Questo *Commento al Decalogo* deriva dalle *Istruzioni* catechistiche del Pensionat Mademoiselle Cologne, appartenente a San Sulpizio, in Parigi, ove ha sede la Compagnia dei sacerdoti di San Sulpizio, fondata da Jacques Olier (1608-1657). Il quaderno delle istruzioni apparteneva ad una delle allieve Céline Hérard e risale al 1860[1]. Le catechiste erano donne pie, preparate e venivano pagate con l'obolo degli allievi che si iscrivevano al corso. Molto intensa questa esperienza della Chiesa parigina che ci ricorda gli antichi tempi degli arbori della Chiesa, quando i Padri insegnavano la dottrina cristiana. Abbiamo aggiunto a completamento sei prediche del Padre Francesco d'Agira, frate cappuccino, sul peccato e sull'inferno a prosieguo delle istruzioni di Mademoiselle Cologne. Le meditazioni di questo santo frate risalgono agli inizi del '900. Abbiamo voluto offrire al lettore questo percorso spirituale che affronta il tema della legge divina. Le tavole della legge sono scolpite nel cuore già a livello naturale. Si parla tanto, in filosofia e storia del diritto della legge di natura. Eppure sappiamo con certezza che la legge di natura in qualche modo si accorda colla legge divina. Dio imprime i suoi articoli in ogni cuore, li scolpisce. Tutti i grandi legislatori che l'antichità conosce, da Hammurabi a Solone, su questi temi più o meno si allineano. Non è il caso qui di affrontare questo tema, ma unicamente di fare una riflessione in merito a questa legge, che Mademoiselle Cologne tratta con insigne saggezza. Tutto è ordine e legge e Dio stesso ama l'ordine. Come scrive Montesquieu ne' "Lo spirito delle leggi": «Le leggi, nel significato più esteso, sono i rapporti necessari che derivano dalla natura, e in questo senso tutti gli esseri hanno le loro leggi: la divinità ha le sue leggi, il mondo materiale le sue, le intelligenze superiori all'uomo le loro, l'uomo le sue. Ma molto ci corre perché il mondo intelligente sia così ben governato come il mondo fisico. Infatti, benché questo abbia leggi che per loro natura sono invariabili, esso non le segue affatto costantemente come il mondo fisico segue le sue. Né è ragione il fatto che gli esseri particolari intelligenti sono, per loro natura, limitati e di conseguenza soggetti all'errore e d'altro lato, appartiene alla loro natura di agire da se stessi. Essi non seguono dunque costantemente le loro leggi primitive, e quelle stesse leggi che essi danno a se stessi non le seguono sempre. L'uomo poteva in tutti i momenti dimenticare il suo Creatore, Dio lo ha richiamato a Sé, per mezzo delle leggi della religione;

---

[1] Sull'importanza di queste pensions cfr.: E. M. Faillon, *Histoire des Catéchismes de Saint-Sulpice*, Paris 1831, pp. 290 e sgg; Félix Dupanloup, Vescovo di Orleans, *L'oeuvre par excelence ou entretiens sur le catéchisme*, Paris 1868, pp. 599 e sgg.: tra le allieve predilette di mademoiselle Coulogne vi era Clémentine Nicolas, ragazza esemplare, la quale morì l'anno dopo la sua prima comunione. Sulla sua tomba fu scritta la famosa frase che troviamo anche nel nostro testo: *A Gesù e a Maria per sempre.*

un tal essere poteva in tutti gli istanti dimenticare se stesso, i filosofi lo hanno ammonito per mezzo delle leggi della morale; fatto per vivere nella società esso poteva dimenticare gli altri, i legislatori lo hanno restituito ai suoi doveri per mezzo delle leggi politiche e civili»[2]. Bella questa riflessione di Montesquieu sull'ordine della Sapienza divina. La differenza principale tra l'ordine fisico e quello metafisico, o spirituale, è dato dalla libertà. È a questa libertà che Dio concede agli esseri intelligenti, che è dovuta la possibilità di deviare dalla Legge di Dio che si condensa nell'amore. Amare Dio e amare il prossimo. Tutta la legge si riassume nel comandamento dell'amore: ama Dio. Questa è la suprema, unica legge, che è anche la legge del cuore, scolpita nel cuore, ove sussiste questo che noi chiamavamo il Nomorilievo: l'incisione della legge. Dio scolpisce sul Sinai la legge sulle tavole e la dona a Mosè, il legislatore divino. Tommaso parla di *lex aeterna, lex divina, lex naturalis* e *lex humana.* Naturalmente solo se si ama Dio si può amare il prossimo ed osservare tutti i comandamenti. Cioè tutti gli imperativi categorici, che non sono kantiani, ma divini dipendono dalla legge dell'amore: *chi mi ama osserva i miei comandi.* Non si osserva la legge in sé, ma per amore del legislatore eterno. I farisei osservavano la legge alla lettera. Avevano escogitato più di seicento articoli, ma non ne rispettavano nemmeno uno, perché venivano meno alla legge dell'amore. Il giovane ricco osserva tutti i comandamenti ma non ama, rimane legato alle sue ricchezze temporali. Dio ama i peccatori, purché si convertano, e li ama sempre e li rispetta fino alle scelte loro più estreme, come il rifiuto di Dio stesso. Gli imperativi categorici kantiani si ispirano al supremo principio del "Tu devi perché devi" cioè al dovere assoluto, quelli di Dio si ispirano al "Tu ama perché ami". Il puro amore di Dio, incondizionato, disinteressato è alla base della legge. Mademoiselle Coulogne insiste su questo tema dell'amore soprattutto nell'analisi dei primi comandamenti. Questa serie di istruzioni è un commento al Codice Divino, che non è un codice né penale, né civile, ma un codice d'amore. Un grande giurisperito diceva: Dio non usa il codice penale nel giudicare. Non applica il codice, ma giudica solo sull'amore: alla fine della vita, ci ricorda San Giovanni della Croce, sarete giudicati sull'amore. Agostino esclamava: *Ama et fac quod vis.* Cioè ama Dio e fa ciò che vuoi. La legge positiva, o umana a volte è in disaccordo con la legge naturale, o con questo codice d'amore, o con la legge eterna, o divina, ad esempio: il divorzio, l'aborto, etc. Cosa deve fare allora il cristiano? Gesù dirime questo profondo dilemma, Gesù, se vogliamo è il primo laicista della storia, perché dice: date a Cesare quel che è di Cesare e a Dio ciò che è di Dio. A lui non interessa il *regnum hominis*, ma il *regnum Dei*. Gesù è il vero *Homo homini Deus.* A questo principio si contrappone l'altro, quello del male, *Homo homini lupus*. In natura esistono le due leggi: quella del bene e quella del male, della sopravvivenza, della morte. Ma nel fondo del cuore è scolpita la sacra legge di Dio. Naturalmente il potere di Cesare dipende sempre da Dio. Nel dialogo con Pilato Gesù non a caso lo ribadisce: non avresti nessun potere se non ti fosse stato concesso dall'alto. Il cristiano deve rispettare sia la legge umana che quella divina, ma soprattutto quella divina. È chiamato per Dio, per rispettare questo codice d'onore e d'amore. Chi mi ama osserva i miei comandamenti. Dal *Compendium theologiae moralis*, del 1715, abbiamo tratto anche il capitolo sulla lussuria, che Mademoiselle Coulogne aveva trattato nella sezione dedicata al sesto comandamento.

Abbiamo voluto dedicare quest'opera a Mons. Domenico Venezia, di Tolve, il quale è stato padre spirituale nel Seminario Pontificio di Potenza, quando noi l'abbiamo frequentato. Ricordiamo con affetto il rettore Mons. Vito Telesca, il vicerettore Don Michele Leone, il padre spirituale Mons. Domenico Venezia, e Mons. Angelo Mazzarone, i maestri Don Vincenzo Forino, Don Angelo Doino e Don Francesco Masi. Ci hanno guidato nelle vie della fede e formato nella cultura cristiana e nella cattolica dottrina con impegno e con zelo. Mons. Domenico Venezia, in particolare, era il padre

[2] Montesquieu, *Spirito delle Leggi*, I,1.

affettuoso dei giovani, l'amico fedele, il maestro zelante, la guida spirituale forte, che ci riprendeva e menava con energia e con amore.

Affidiamo al lettore queste istruzioni edificanti di Mademoiselle Cologne sul Decalogo, affinché possa trarre da queste tutti i vantaggi di pietà e di grazia, nella speranza di aver fatto cosa utile al popolo cristiano ed anche a coloro che vogliono avvicinarsi con cuore sincero alla Legge di Dio.

Ad honorem Jesu

I
LA LEGGE DIVINA

1. La morale

La morale è una scienza pratica che dovrebbe dirigere le azioni degli uomini verso il bene. La morale si fonda su leggi universali che sono i comandamenti di Dio e della Chiesa e le istruzioni sui peccati capitali. Prima del peccato originale l'uomo era naturalmente portato verso Dio, come verso l'oggetto del suo amore e trovava la sua felicità nella fedeltà al suo Sovrano e Maestro. Dopo il peccato, invece, noi tutti siamo portati al male, al vizio, alla malizia. Cerchiamo il piacere nel disordine. Anche un bambino piccolo è vendicativo, collerico, spesso mente. Chi può aver trasmesso a lui queste cattive inclinazioni? È il peccato originale. Solo questo stato può spiegare il mistero di queste spaventose inversioni. È per curare questa triste inclinazione al male che nasce la morale. Essa ci dovrebbe insegnarci a resistere alle nostre cattive inclinazioni, a dirigere i nostri passi sulla via della virtù ea indirizzarci verso Dio nel compiere i nostri doveri. Gli animali non possono seguire le regole di una morale perché non sono liberi, essi agiscono per necessità, secondo la loro natura, per impulso e non per scelta. Non hanno un'anima razionale, ma un istinto cieco, che li rende incapaci di progresso e di perfettibilità. Per loro non ci sono precetti morali. L'uomo, al contrario, ha un'intelligenza attiva, perfettibile. L'uomo delibera, sceglie, agisce liberamente. È per questo che ha bisogno di regole per dirigere la sua condotta di vita. L'uomo che vuol vivere senza morale è pari agli animali. L'animale segue il suo istinto e non lo supera affatto, al contrario, il malvagio incallito raggiunge un simile stato: non ha alcun freno, inventa, calcola con una malizia senza limiti. Una belva feroce divora solo per saziare la sua fame, un uomo, invece, uccide l'altro uomo solo per il piacere di farlo, o per vendetta. L'animale mangia solo ciò che richiede il suo appetito, beve solo per placare la sua sete. L'uomo sazio, viceversa, mangia ancora, assetato, si ubriaca ancora. L'uomo si degrada al di sotto della bestia, quando si allontana dalle regole della morale. Dovrebbe piuttosto essere orgoglioso di avere queste regole. La morale è necessaria, ci mostra le ricompense, o le pene che sono riservate all'uomo dopo la morte, a seconda del bene o del male che egli ha osservato durante la vita. Gli animali sono innocenti, non attendono alcun giudizio per le loro azioni.

Non c'è morale senza religione. La morale è fondata sulle verità fondamentali: la sovranità di Dio, che può porre delle leggi da osservare per l'uomo e delle sanzioni che accompagnano queste leggi. Dio, legislatore universale, dà una ricompensa, o una punizione eterna. Se qualcuno non crede a queste verità, un uomo senza religione, perché dovrebbe praticare la morale? Ogni legge presuppone un legislatore. Anche la legge fisica presuppone un legislatore universale. Così possiamo dire con l'empio: mangiamo, beviamo, tanto domani morremo! Senza né religione, né morale! Quando si smette di vedere in Dio un padre, un maestro, un giudice, cosa ci può indurre a seguire queste leggi? Delle leggi senza un giudice, chi li seguirà mai? Sarebbe garante la ragione? Ma l'ignorante, a volte, è più fedele dell'uomo ragionevole. La ragione è forte finché le nuvole delle passioni non la oscurino. Non rivolgiamoci dunque ai sapienti di questo mondo, ma alla Ragione superiore, perché gli scandali hanno sconvolto il mondo. Ci sono dei bei scritti accanto alle depravazioni morali. Chi potrebbe, al di fuori della religione, determinarsi a fare il bene? La bellezza del bene sta solo in Dio. Si sono visti grandi ammiratori della morale, uomini presi dalla sublimità del vangelo, o dall'ispirazione ammirabile, che essi provano nell'imitazione di Gesù Cristo. A cosa è dovuto il loro entusiasmo? Sono essi più umili, più caritatevoli, più rassegnati alle loro pene, in breve più giusti e più virtuosi, dopo aver contemplato, con occhio pieno di curiosità e di sano orgoglio, gli insegnamenti divini. E se essi, per eccezione, praticano una sola virtù, non lo fanno forse per l'influenza della religione? A volte coloro che vivono senza pratica religiosa, hanno in fondo al cuore più cristianesimo di coloro i quali credono di averne. Anche coloro che praticano la virtù senza essere cristiani, inconsapevolmente lo sono. Infine, sarebbe la paura della giustizia umana a far fare seguire i precetti della morale? Si vede sempre e dappertutto il contrario. Questa diga è impotente a contenere il mare del male e dell'impunità. E poi ci sono degli atti interiori che non possono essere giudicati da alcuna autorità umana. Infine sarebbero le ricompense della giustizia umana ad incoraggiare la virtù? Ma a chi sono dovute queste ricompense? Per i guerrieri, per gli uomini di stato, ma non per le persone nascoste, gli umili padri e madri di famiglia, i poveri che nella quotidianità praticano la pazienza e soffrono, e non possono pretendere tali ricompense. I grandi insegnamenti della religione possono da soli servire da fondamento alla morale. Sarebbe un errore deplorevole voler separare la morale dalla religione.

2. *La Legge*

La legge è l'espressione della volontà di Dio, imposta agli uomini per mezzo di una legittima autorità. Dio solo può darci delle leggi giuste, infatti, occorre possedere autorità e superiorità per esigerne l'osservanza. Per quanto concerne le leggi umane, invece, essendo per natura gli uomini eguali, nessuno ha il potere di imporre il diritto agli altri. Ma Dio, che interviene raramente, in modo diretto, negli affari umani, ha rivestito alcuni uomini, della propria autorità per manifestare e far osservare le sue leggi agli altri uomini. Non è più l'uomo che comanda, ma Dio stesso attraverso i suoi intermediari[3]. I filosofi pagani avevano compreso questa verità fondamentale. Citiamo ad esempio Cicerone, che riprende gli insegnamenti di Platone: «La vera legge, la legge primitiva, fonte di tutte le altre, non è la ragione umana, ma la ragione eterna di Dio, la sapienza suprema che regge l'universo: tale è il sentimento di tutti i saggi»[4]. Se tutti gli uomini fossero penetrati da questi principi, quanti disordini cesserebbero nelle famiglie e nella società.

Distinguiamo tre tipi di legge, di cui tutte le altre non sono che lo sviluppo e l'applicazione: 1) La legge naturale è quella di cui tutti gli uomini provano sentimento senza averla appresa, ma naturalmente. Dio la infonde immediatamente in noi, dandoci la vita: si chiama coscienza. È quella voce interiore che ci avverte quando dobbiamo fare una buona azione o evitarne una malvagia. È quella che ci rimprovera quando abbiamo commesso il male e ce lo pone sempre innanzi agli occhi, finché noi non lo abbiamo espiato[5]. È quella che suscita una volontà, che porta un assassino a nascondersi, a fuggire la presenza di un giudice, anche quando il suo crimine non ha alcun testimone.

[3] Per Dio infatti varrebbe pienamente il detto: *chi comanda fa legge*, perché Dio è al di sopra ed aldilà della legge.

[4] «Est quidem vera lex recta ratio naturae congruens, diffusa in omnis, constans, sempiterna, quae vocet ad officium iubendo, vetando e fraude deterreat; quae tamen neque probos frustra iubet aut vetat nec improbos iubendo aut vetando movet» (Cic. *De Rep.* III,6).

[5] «Il mio peccato mi sta sempre dinanzi,» ripete Davide nel salmo 50. Si predica in questa parte l'innatismo della legge di natura.

È attraverso ella, infine, e per i rimorsi che eccita nel nostro cuore, che Dio ci riprende quando commettiamo degli sbagli nei riguardi di Lui, o dei nostri fratelli. Anche il crimine abituale non potrà mai cancellare interamente la coscienza. Anche il malfattore più indurito, se fosse istituito come giudice, renderebbe omaggio alla virtù e condannerebbe il vizio e questa è la prova dell'azione irresistibile che la legge di natura esercita su di lui[6]. 2) La legge mosaica è la legge che Dio dà a Mose sul monte Sinai, in mezzo ai tuoni ed ai lampi. Fu scritta su delle tavole di pietra e contiene dieci articoli che corrispondono ai dieci comandamenti, che noi recitiamo ogni giorno. Per questo si chiama decalogo, o legge scritta. Dio conferma la sua autorità innanzi al servo Mosè, attraverso il miracolo che gli fa operare e che è riportato nella sacra scrittura. La legge mosaica non è differente dalla legge naturale, ordina e difende gli stessi principi. Ma gli uomini, induriti dalla molteplicità dei loro peccati, intendono solo imperfettamente la voce della loro coscienza. Dio, come un padre buono, che vuole piuttosto prevenire, che punire i delitti dei suoi piccoli, vuole porre innanzi a loro questa legge in una maniera sensibile. E questo lo fa sul monte Sinai[7]. 3) La legge evangelica è quella che Dio consegna agli uomini per mezzo di Gesù Cristo, confermata nel vangelo. Dio, vedendo che gli uomini, dopo aver soffocato la voce della loro coscienza, si concedono ai più efferati disordini, senza ravvedersi, invia loro i grandi legislatori, come Mosè; visto che poi, col passare del tempo, ancora non osservano manda i profeti, ma nonostante le loro predicazioni gli uomini avevano snaturato la legge scritta, pertanto infine invia loro il proprio Figlio, depositario della legge evangelica, la quale viene ancora definita la legge della Grazia. Questa legge non è differente dalle altre, ma è molto più perfetta e si appoggia sugli esempi del nostro divino legislatore. Poi non ci ha dato più altre leggi, se non quella di tendere alla perfezione, ad imitazione della santità di Dio stesso. Questa nuova legge rinnova ed estende i principi della legge antica che Mosè aveva dovuto proporzionare alla grossolanità del popolo giudeo. Il precetto dell'amore del prossimo, prima di Gesù Cristo, consisteva unicamente nell'evitare di dare la morte ad alcuno, ma questo ordina all'uomo rigenerato dalla legge della Grazia di amare tutti gli altri uomini come se stessi, di trattare tutti gli altri come fratelli, senza alcuna eccezione, né di poveri, di malati, o perfino dei nemici. Finché si è ignorata la dottrina di Gesù Cristo, il mondo non proponeva mai la carità come prima virtù da imitare. Applichiamo tutto il nostro cuore allo studio di questa divina legge, riponiamola nel nostro cuore, come fece re Davide, per farne la regola della nostra condotta di vita e giustifichiamo, attraverso la nostra santità, il nostro glorioso titolo di cristiani.

Preghiera

O mio Dio, è già passata una settimana, ma come è passata? Ho messo in pratica tutte le buone risoluzioni che lo avevo preso all'inizio? Ho perso di vista forse ciò che dovevo seguire, cioè la via, Dio mio, che Voi mi avete tracciata, la via dell'obbedienza e del raccoglimento? Non mi sono ancora avvicinato a questa graziosa compagna, la legge, con cui mi si è quasi ostacolato di andare? Eppure mio Dio, non cesserò mai di andare con questa compagna. I miei buoni pensieri mi hanno indirizzato verso la legge, la virtù del consiglio mi ha reso necessaria per il mio bene l'osservanza dei sacri precetti. O mio Gesù, se ciò mi costa, sia un piccolo sacrificio offerto a Voi un giorno, che io abbia la fortuna di ricevervi nel mio cuore, perché è bene che io abbia qualche cosa da potervi presentare, quando voi vi donerete a me. Il più grande sacrificio non varrebbe nulla in cambio di questo favore insigne che Voi vi degnate di farmi. Sì, mio Dio, questa settimana io vorrei esercitarmi nella virtù dell'obbedienza e nel raccoglimento, cui io ho spesso mancato, poiché se io voglio che la

[6] Perfino Hobbes, sostenitore del positivismo giuridico, non disconosce la legge di natura.

[7] Molto bello questo discorso, ci ricorda il Beccaria, nel suo eccelso "Dei delitti e delle pene": ma questo principio preventivo è contenuto benissimo nel cristianesimo: «Io non sono venuto per condannare il mondo ma per salvare il mondo» (Gv 12,47). «Io non godo della morte dell'empio, ma che l'empio desista dalla sua condotta e viva» (Ez. 33,11).

grazia che voi mi riversate mi sia di beneficio, non è certo in un cuore distratto che bisogna riceverla. O Maria, Madre buona mia, confermate queste mie risoluzioni, mettendo Voi stessa in questo cuore, che è molto debole, una gran buona volontà di portarli a compimento.

3. Il Decalogo

Abbiamo detto che la legge mosaica si chiama anche decalogo. La legge di Mosè non differisce dalla legge naturale, che Dio aveva posto nel cuore del primo uomo, ma che si era quasi completamente cancellata, a causa dei disordini. Il loro soggiorno in Egitto, in mezzo ad un popolo portato all'idolatria ed agli scombugli, aveva affievolito la voce della coscienza: non riconoscevano più la loro iniquità, nulla serviva a risvegliarli, se non i tuoni del Sinai. Dio, che non ama distruggere l'opera delle sue mani, si è degnato di donare la divina legge a quegli ingrati, che avrebbe potuto invece annientare e quando essi non gli obbedivano più, egli li informa con dei precetti in veste sensibile. Questi sono gli articoli di questa legge eterna. Un solo articolo del decalogo ha dato luogo a tante contestazioni sulla legge primitiva: quello del riposo festivo. A primo acchito pare infatti che questa obbligazione non sia stata imposta alla nostra coscienza. Ma è un errore, anche il terzo comandamento appartiene, nondimeno che gli altri, alla legge di natura, poiché la quiescenza in effetti, è fondata sulla natura dell'uomo. Le forze fisiche e le forze morali sono insufficienti per un lavoro continuativo, di qui la necessità del riposo festivo. Il riposo è necessario alla rigenerazione del corpo fisico e dello spirito. Ecco perché noi ogni giorno consacriamo un certo periodo non solo al sonno, ma alla ricreazione, alla distrazione, al gioco stesso, e riprendiamo così le nostre occupazioni con forze nuove ed ardore rinnovato. Dopo sei giorni di lavoro, l'uomo ha bisogno, il settimo, di riposarsi. Ecco perché il Dio di ogni bontà si è degnato di rendere un dovere ciò che in effetti è un'imperiosa necessità. Anche gli animali hanno bisogno di riposo: il bue reagisce contro il pungiglione, muggisce e si pianta senza spostarsi, se non viene concesso il riposo, dopo sei giorni di duro lavoro. Non c'è nulla sulla faccia della terra che non sottostia a questa norma generale del riposo. La terra cessa di essere fertile se la si semina in continuazione. Questo comandamento appartiene pienamente alla legge naturale: tutto si riposa, l'inverno è il riposo della natura. L'ordine naturale rimanda all'ordine spirituale, più elevato. Cosa c'è di più naturale, di più giusto che rendere al Signore Dio nostro, Creatore del cielo e della terra, e di tutte le cose, visibili ed invisibili, ed a nostro Padre il culto dovuto? Ciò non sarebbe possibile se le occupazioni, in cui divaghiamo tutta la settimana, ci assorbono talmente, che non ci lasciano un po' di tempo per innalzarci ai santi esercizi che la religione ci propone. Non è giusto allora che su sette giorni, ne consacriamo uno, tutto intero, ad adorare Colui che ci mantiene in vita? Quanto ai filosofi che pretendono che la legge naturale sia già presente pienamente negli animi, senza alcuna legge scritta, essi non considerano affatto questa legge del decalogo, non hanno familiarità con essa. Forse hanno dimenticato che è stata messa sotto i loro occhi, tra le loro mani, fin dalla più tenera età, ma diventando grandi hanno dimenticato ed hanno smesso di ripeterla e di spiegarla. D'altronde come spieghiamo il fatto che questa legge di natura è decaduta presso i popoli che hanno mancato di leggi scritte? La vendetta è secondo loro un dovere, il segno di un cuore grande. Essi trovano naturale uccidere i loro bambini, se nascono malati, o se sono troppo numerosi, hanno l'abominevole coraggio di dare la morte ai loro familiari, che sono ammalati, o che non possono mantenere. Ah! Quando l'uomo viene lasciato libero alle sue ispirazioni, ascolta solo la voce delle sue passioni, non quella della coscienza. Non si dica allora che è stato inutile che Dio ci abbia ricordato la legge naturale e ce l'abbia messa sotto gli occhi, affinché noi fossimo obbligati verso di essa[8]. Spieghiamo allora queste norme. Non è impossibile seguirle, come hanno

[8] La legge di natura, pur essendo presente nei cuori, viene offuscata dalle passioni, come il seme, che caduto in terra arida, o piena di spine, viene ad essere soffocato. Di qui la necessità che Dio, primo legislatore dell'umanità, la ricordasse

preteso certi eretici, condannati dal Concilio di Trento[9]. Dio è troppo buono per imporci delle leggi che poi noi non riusciamo a seguire. I suoi comandamenti non sono un fardello pesante. Ascoltiamo le parole del divino Salvatore: «Prendete il mio giogo sopra di voi e imparate da me, che sono mite ed umile di cuore e troverete ristoro per le vostre anime. Il mio gioco infatti è dolce e il mio carico leggero»[10]. Ma se ancora abbiamo dei dubbi, meditiamo su queste altre parole, che ci preserveranno da ogni illusione: «Chi mi ama osserva i miei comandamenti»[11]. In effetti non ci sarebbe obbedienza se non fosse fondata sull'amore. Se l'obbedienza fallisce, vuol dire che l'amore languisce. Laddove l'obbedienza è pronta e generosa, l'amore è sincero ed ardente. L'obbedienza non può essere fondata sul timore, ma sull'amore, solo qui il timore è sincero. L'obbedienza così è il migliore segno di un buon cuore.

II
NON AVRAI ALTRO DIO FUORI DI ME

1. Primo comandamento

Adorerai un solo Dio e lo amerai perfettamente. Questo comandamento ci ordina di adorare solo Dio e di rendere solo a lui il culto supremo. Il culto che Dio esige da noi, richiede le tre virtù teologali, o divine: la fede, la speranza e la carità. Vuol dire che per onorare Dio come Dio comanda bisogna credere in Lui, sperare in Lui, amare Lui. Ora donando la vita, Dio ha piantato nel cuore di tutti gli uomini, i semi di questi tre sentimenti. In effetti vediamo delle persone che ignorano i misteri della religione, si rifiutano di credere, perché così facendo presumono di cadere negli eccessi della credulità e della superstizione. Il bambino spera nelle gioie di un'età più avanzata, il malato, in mezzo ai più forti dolori, vive nella speranza della guarigione. Il criminale, fino agli ultimi istanti del suo supplizio, spera nella grazia. Quale uomo nel bisogno forse non impara ad amare i suoi familiari, i suoi amici veri, i suoi benefattori? E quando si trova nel bene, forse, ricordando i patimenti passati, non prova un sentimento di riconoscenza? Tutti, sia coloro che hanno la religione, sia coloro che non ci credono, sono portati naturalmente a credere in qualche verità, a sperare e ad amare. Ma la religione, il cui fine ultimo è di unire l'uomo a Dio, eleva e santifica queste predisposizioni, che non avrebbero alcun merito in se stesse, poiché queste sono indipendenti dalla volontà nostra, anzi esse diventano tre virtù che hanno Dio per medesimo oggetto: la fede, la speranza e la carità. La fede ci porta a credere in Dio, la speranza a sperare in Lui e la carità ad amare Lui. La religione può anche non considerarsi divina, eppure risponde così perfettamente a tutti i bisogni dell'uomo, di cui il cuore e lo spirito non sono soddisfatti, se non li eleva a Dio. Ma dopo il peccato originale, al quale bisogna sempre risalire per spiegare la nostra natura, queste tre felici disposizioni debbono lottare con tre altre inclinazioni

---

e la codificasse in un complesso di norme scritte. Il positivismo giuridico quindi deve riconoscere che prima di tutto Dio si è fatto legislatore e poi gli uomini. Non sempre c'è accordo infatti tra legge di natura e legge positiva. Gli stati, ad esempio, concedono il divorzio, l'eutanasia e compagnia bella, contravvenendo così alla *lex aeterna*, come la definiva Tommaso, ed alla *lex divina*. Anche nei tempi passati, io ricordo che non solo i popoli primitivi, ma quelli civili, mandavano al "maglio" gli anziani che non potevano mantenere. Davano loro una botta in testa e li ammazzavano. Oppure i bambini che non potevano mantenere li mettevano sugli armadi e li lasciavano morire. Provate a confrontare il decalogo col Codice di Hammurabi, scritto al cospetto del dio Marduk? Vi si esprime la legge del taglione: occhio per occhio, dente per dente, che pur era presente nell'AT, tanto che Gesù la condanna e la supera nella legge dell'amore.

[9] La sottile polemica coinvolge i riformati: perché Dio avrebbe dovuto dare dei comandamenti, se l'uomo si salva o per predestinazione, o per fede? O se è talmente malvagio nella sua natura, che non è libero - il "servo arbitrio" - e si salva solo per grazia? È impossibile che li segua! In effetti sia Lutero, che Calvino, poi, di fatto, nei loro catechismi, raccomandavano di seguire i dieci comandamenti.

[10] Mt 11,29-30

[11] Gv 14,21

opposte, che tendono ad alterarle, o a distruggerle. È così che la diffidenza, ben presto seguita dalla gelosia, produce la vendetta, che è diametralmente opposta all'amore, alla carità. L'abbattimento, la pusillanimità e lo scoraggiamento producono la disperazione, che distrugge la speranza. La curiosità, poi, conduce all'incredulità, che nega la fede: ecco gli ostacoli che noi dobbiamo vincere e che rendono meritevole la nostra fede, la nostra speranza e la nostra carità. Bisogna notare che di queste tre virtù la fede è quella che trova maggiore opposizione nella natura ribelle ed orgogliosa dell'uomo. Infatti chi è colui che non ritrova in fondo al suo cuore qualche briciolo d'amor di Dio, che non desideri andare in cielo, o non aspiri a qualche bene? Ma domandategli di credere nei misteri della fede ed egli manifesterà una ripugnanza accanita. È difficile sottomettere la ragione. E se ne può ben comprendere il motivo: infatti non costa tanto amare Dio, non tanto in una maniera speculativa, ma semplicemente seguendo, senza alcuno sforzo, l'impulsione del cuore, e poi, in quanto alla speranza, è così naturale rivolgere il nostro interesse ed il nostro desiderio verso qualche bene particolare. Sono operazioni dell'anima che sorgono con tanta facilità. Al contrario: come credere alle verità che la religione insegna, senza trarne delle conseguenze tanto onerose e difficili per le passioni? Tutto ciò che la vita cristiana offre di penoso e di difficile è confermato in una sola parola: la fede. Infatti, se crediamo in Dio, nostro creatore, nostro padre, dobbiamo sottometterci umilmente ai suoi imperativi. Se crediamo in Gesù Cristo, nostro redentore, che ci ha meritato, con la sua morte, la grazia, senza la quale nulla possiamo, dobbiamo ricorrere ai sacramenti, che egli ha stabilito nella sua chiesa ed attraverso i quali egli si comunica a noi. Se crediamo al mistero del peccato originale bisogna che noi combattiamo senza retrocedere la tendenza al male che è insita in ogni uomo e che è una triste conseguenza del primo peccato. Se attendiamo il giudizio finale, dobbiamo sforzarci e nello stesso tempo addolcirci, abbracciando la pratica della penitenza e della mortificazione. Potremmo elencare qui tutta la serie dei dogmi, ma arriviamo al punto: la fede è la più difficile delle virtù teologali, perché è la più pratica, la più necessitante ed è il segno, il distintivo infallibile del vero cristiano. Che così sia per noi: che la fede alimenti la speranza e la carità e che la nostra anima cessi di essere appesantita dalle cose di quaggiù e si elevi dolcemente verso il cielo. La fede, domando il nostro orgoglio, ci eleverà fino a Dio. La speranza ci sosterrà nelle prove del combattimento, mostrandoci le palme della vittoria, la carità, infine, ci farà rinascere a nuova vita, nell'ineffabile unione con Dio, che sarà consumata nell'eternità.

2. *La fede*

La fede è una virtù teologale attraverso la quale noi crediamo in tutte le verità che Dio ci ha rivelato. La fede differisce dalla scienza, in quanto nella scienza l'intelletto aderisce alle verità che vede chiaramente, nella fede, invece, il nostro spirito si sottomette ad una verità che non comprende chiaramente, fidandosi dell'autorità sufficiente a meritare la confidenza. Come noi crediamo alla parola di una persona più istruita di noi, che studia la natura o le scienze astratte e ce le fa comprendere, così dobbiamo credere ai misteri della fede che Dio, Sapienza e Verità infinita, si è degnato di rivelarci. Dio ha stabilito la fede e non la scienza come condizione di salvezza, e ciò per molte ragioni: 1) Il numero delle persone capaci di scienza è molto limitato. Dio vuole egualmente la salvezza di tutti gli uomini, non si poteva mettere unicamente dalla parte dei sapienti ed escludere tutti gli ignoranti[12]. Non hanno tutti la stessa misura di intelligenza, ma tutti possono rendere a Dio l'omaggio di uno spirito docile agli insegnamenti della fede. 2) Dio ha creato l'uomo libero, la sua salvezza deve dipendere dalla sua volontà, e non solo dall'intelletto. Colui il quale è convinto nella

[12] Questa fu in parte la pretesa dell'intellettualismo etico greco e poi gnostico. Nessuno pecca volontariamente, ma solo per ignoranza. Giustamente Paolo ed Agostino oppongono il principio volontaristico, già presente in Ovidio: *video bona, proboque, sed deteriora sequor.*

scienza, non è tanto libero di essere o non essere, è soggiogato all'evidenza[13], chi ha fede, all'opposto, è libero di credere o di non credere ciò che viene proposto e questa libertà rende la fede meritoria. 3) L'uomo si è perduto a causa della superbia, quando ha voluto, all'insinuazione dello spirito della menzogna, divenire simile a Dio e tanto sapiente quanto Dio solo può esserlo. Solo attraverso l'umiltà ed il riconoscimento della propria ignoranza[14], attraverso la sottomissione alla parola di Dio, attraverso la fede, l'uomo si può sempre salvare. 4) La fede presuppone un principio di amore, che questa può sempre accrescere, in misura che si afferma. La scienza, separata dalla fede, ci fa allontanare da Dio. Inoltre la nostra fede si appoggia sulla confidenza che noi abbiamo in Dio, come quella di un bambino in sua madre. La madre usa sempre tenerezza verso il proprio piccolo, ed è incapace di fare a lui del male. Ora, Dio ama di ricevere da noi la testimonianza della nostra fiducia e del nostro amore verso di Lui. Rendiamo questa testimonianza a Lui riconoscenti, sperando di non permettere mai di incombere nel male e nell'abisso senza fondo dell'incredulità.

Questioni sulla fede

Quali sono le fonti della fede?

Le fonti sulla fede sono due: 1) La sacra scrittura. Bibbia significa libro: è il libro per eccellenza, più utile di tutti. Tutte le verità esplicitamente e chiaramente espresse nella Bibbia sono articoli di fede: tali sono l'esistenza di Dio, il mistero della santissima Trinità, dell'incarnazione, etc. 2) L'insegnamento della Chiesa. La Chiesa fissa alcune verità che derivano dai passaggi della sacra scrittura, che possono non essere compresi facilmente da tutti i fedeli, la maggior parte dei quali è ignorante, o per lo meno, non possiede le conoscenze necessarie per poter intendere le sacre scritture. Sarebbe imbarazzante, ad esempio, se per farci conoscere le verità di fede, ci mettessero in mano una Bibbia in ebraico, o in latino. È vero che la Bibbia è stata tradotta in tutte le lingue viventi, ma si sa che il testo, nella traduzione, subisce dei cambiamenti involontari, passando da una lingua all'altra. Dovremmo allora fermarci a tutti quei passaggi che ci paiono oscuri? Dio certo non ha mai voluto esporci a tali perplessità di spirito e di cuore, in una questione che interessa tanto la nostra salvezza. Ha donato alla sua Chiesa, che fa la sua parte quaggiù, l'intelligenza dei libri santi. Non potremmo mai sbagliarci se ci rapportiamo agli insegnamenti infallibili della Chiesa. Se abbiamo qualche dubbio, rivolgiamoci alla Chiesa, questa ha la missione di schiarirci le idee. Presso i protestanti, invece, non essendovi autorità in materia di fede, ognuno può interpretare la Bibbia a modo suo. Hanno tutti idee diverse, contraddittorie, ma tutti credono di avere ragione e si credono di essere ispirati dallo Spirito Santo. Quale male essere lasciati liberi ai propri sensi! Noi non crediamo in base ai nostri giudizi, o in base a quelli di uno simile a noi, ma in base a quelli della Chiesa intera, che prende le sue decisioni nei concili. Immaginate queste imponenti assemblee, ove prendono parte centinaia di vescovi, venuti da tutti il mondo, riportando la fede di tutto il loro clero e di tutti i fedeli delle rispettive diocesi. I principi della Chiesa sono uomini rispettabili per la loro età, per la loro illuminazione[15], per le loro virtù. Il papa, vicario di Gesù Cristo sulla terra li presiede, tutti invocano l'ispirazione dello Spirito Santo e quando sono tutti concordi su di un punto della dottrina, solo allora viene comunemente accettato come articolo di fede. Non è questa la fede che si trova rappresentata in tutta la Chiesa? Questa è l'autorità sulla quale noi appoggiamo la nostra fede, per tutte quelle verità che sono implicitamente, o oscuramente contenute nella Bibbia e che noi crediamo come articolo definito della fede cattolica. Un articolo di fede è dunque una verità, contenuta chiaramente nella Bibbia o espressamente definita dalla Chiesa. Non siamo obbligati a credere in queste o quelle

[13] Certamente si risente l'influsso dell'evidenzialismo cartesiano. La prima regola del metodo dice: *omne esse verum quod valde clare et distincte percipio.*

[14] Bella nota di socratismo cristiano: la *dotta ignoranza* di Cusano. Solo chi sa di non sapere sa.

[15] *Par leurs lumières.*

credenze, in tanti e tali miracoli, sui quali la Chiesa non si è ancora pronunciata, col rischio di cadere nell'incredulità. Dobbiamo attendere sempre il giudizio della Chiesa e la sua decisione su queste cose. Ringraziamo Dio di averci fatto nascere come i piccoli di questa santa madre che è la Chiesa, colla quale egli ha promesso di dimorare fino alla consumazione dei secoli, per governarla, rischiararla e difenderla egli stesso: questo è il solido appoggio per la nostra fede, proprio nel suo insegnamento.

Si può perdere la fede?
Ehi là! Può essere mai vero che dopo aver appreso tanto chiaramente i lumi della fede, si può perdere questa preziosa virtù? Ecco quali sono le cause più ordinarie di un sì grande male: 1) La curiosità, per la mania di voler tutto sapere, tutto comprendere. Colui che vuole guardare fisso il sole rimane accecato a causa del suo splendore. Lo stesso accade per colui che vuole comprendere delle verità che sono al di fuori della portata della ragione. *Chi vuole scrutare la maestà di Dio rimarrà sopraffatto dalla sua gloria*[16]. 2) L'orgoglio viene a supporre le sue fallibili idee al giudizio infallibile della Chiesa. *Dio resiste ai superbi*[17], nella stessa misura in cui essi vogliono elevare il proprio spirito. Il loro spirito fa ritirare lo Spirito, perché il suo trono è posto sulle altezze inaccessibili ed Egli volge il suo sguardo agli umili che in Lui confidano. Perciò i geni più alti sono caduti, facendo tremare le stesse colonne della Chiesa. 3) La corruzione del cuore. Il Signore ha detto: *Beati i puri di cuore perché vedranno Dio.* La fede e la pietà sono inseparabili dalla virtù della fedeltà. Ecco perché si vede triste un giovane che cessa di esse pio, e lo si vede subito crollare nell'incredulità una volta che il peccato ha sopraffatto la sua innocenza. Si viene a creare così un muro che separa la sua anima da Dio. Non c'è cosa più temibile che perdere la fede. Sacrifichiamoci dunque per mantenere questa preziosa virtù, che è la fonte di tutte le altre e la chiave della salvezza[18].

Peccati contro la fede
I peccati ordinari contro la fede sono: 1) ignoranza volontaria. È quella per cui noi potremmo dire: Dio ci fornisce tutti i mezzi, ma noi siamo negligenti. La nostra ignoranza perciò è colpevole e finché non compariamo davanti a Dio questa non potrà accusarci delle nostre infedeltà. 2) Apostasia. Consiste nel rinnegare la propria fede. Questo crimine è raro presso gli spiriti forti. Forse infatti nessuno vorrebbe abiurare la fede dei padri, ma vi è un'apostasia più comune, che si chiama rispetto umano. Ci si rende colpevoli di apostasia approvando tutti i pregiudizi del mondo. Si compiono dei doveri solo per la paura di ciò che si dirà … Bisogna adorare Gesù Cristo in fondo al proprio cuore, sovente anche al di fuori delle arie leggere e dissipanti dei luoghi sacri: a volte proprio qui si compie una vera e propria apostasia. 3) I dubbi volontari. Il nostro spirito è fallibile e soggetto alle passioni: dalla gioia, alla tristezza, e di nuovo, sempre, alla gioia e poi all'amarezza. Non è strano che la fede non permanga sempre viva nella nostra anima. Un giorno si crede con un fervore ammirevole, qualche giorno dopo pare che non si creda più in nulla. Non bisogna inquietarsi di questa predisposizione dell'animo, bisogna solo combatterla confidando in Dio. È il sole della Verità che per qualche istante è sparito ai nostri occhi. A volte qualche nuvola copre questo sole. Perciò non temiamo! Finché non acconsentiamo a queste tentazioni, esse non faranno che rafforzare la nostra virtù. In questi penosi momenti non cerchiamo di ragionare: affidiamoci con umiltà agli insegnamenti della Chiesa e la nostra fede non morrà.

3. *La via della fede*

[16] Prov. 25,27
[17] 1 Pt 5,5
[18] Le vergini stolte persero l'olio della fede e quando nella notte oscura della mistica unione venne lo Sposo, non lo videro e non entrarono nella sala delle nozze.

Vivere nella fede è vivere in conformità alla fede. Lontano da Dio la fede è sterile: è quella fede dei demoni. Così, noi crediamo che Dio è nostro padre, ma bisogna comportarsi con lui osservando gli stessi doveri che dovrebbe osservare un figlio che è fedele a suo padre. Crediamo che Gesù Cristo comunica le sue grazie nei sacramenti, bisogna dunque frequentarli; crediamo che il peccato che offende Dio debba essere espiato, dobbiamo mortificarci mediante la penitenza e portare la nostra croce. È così che hanno fatto i santi. Camminiamo seguendo le loro orme e vivendo della fede, noi come essi giungeremo a fare di questa fede divina la regola invariabile della nostra condotta di vita. Altrimenti la nostra fede, vedova delle opere, ci renderà più colpevoli davanti a Dio. *Il giusto per fede vivrà*[19]. Quale grave illusione inseguono tutti i popoli che si allontanano dalla vera religione e credono di poter eludere i giudizi di Dio, praticando qualche virtù morale, come la probità, la benignità. A costoro si può anche accordare un banale elogio: è un uomo onesto. Ma non saranno mai giusti agli occhi di Dio. Una morale senza Dio è cieca, perché essi non rendono a Dio il culto che debbono come Creatore e Benefattore. *Senza fede è impossibile piacere a Dio*[20]. Senza fede non c'è salvezza. Ma gli stolti dicono: vorremmo avere la fede, ma essa ci manca! Ah! Domandate loro quale via hanno intrapreso e se la fede poteva ben convivere con lo stile di vita che conducono! Altri, che sono non meno da compiangere, vorrebbero attaccare al loro cuore corrotto la fede dei loro primi anni di innocenza e di bene, ma è un fardello che li schiaccia e diventa per essi insopportabile. Se costoro arrivano ad estinguere questo sacro fuoco, Dio lo permette spesso, per far loro provare nuovi patimenti, affinché questa fiamma olimpica torni a brillare con tutto il suo splendore e proprio in quei momenti in cui essi saranno ben più compiacenti di essere ricoperti dalle tenebre più oscure. Il mezzo per conservare il prezioso dono della fede è quello di farla passare in tutte le nostre opere. Dio ci ha fatto elevare coi suoi santi insegnamenti: che la fede sia pertanto la regola di tutta la nostra vita, così potremo vivere senza paura. La via delle fede non ci imporrà alcuna opera supererogatoria[21]. Questa non sarà differente dalla nostra vita, soltanto ci insegnerà a compiere quei doveri che noi non consideriamo troppo, se non meccanicamente o per routine. Tanto è vero che la giovane che vive secondo il mondo comincia la sua giornata con un atto di pigrizia, la giovane cristiana, invece, fin dal suo risveglio offre a Dio i primi slanci del suo cuore riconoscente. Dopo aver osservato il volgare esercizio di toilette con un grande spirito di modestia, rivolge con fervore la loro preghiera a Dio, per richiedere le grazie necessarie per affrontare la giornata. La frugalità e la temperanza la moderano nei suoi pasti che ella farà cominciare e terminare con una breve invocazione. I rapporti con i familiari, coi maestri, con gli altri, sono patinati della cristiana carità, che dona a tutte le sue azioni, come una vernice trasparente, che è come un riflesso di cielo. Ella piace a tutti coloro che incontra ed essi ignorano, talvolta, il segreto della sua amabilità. È per la docilità verso i santi insegnamenti di un'educazione cristiana che la si abitua alla via della fede, che è quella dei veri infanti di Dio. Altrimenti si vive come degli animali, che dopotutto compiono ciò che Dio può richiedere da degli esseri che non hanno intelligenza e non hanno cuore. È da compiangere la giovane che non prende la fede per la compagna della sua vita. Passa i suoi giorni nell'oblio di Dio. La sua religione è l'egoismo. Essa diviene idolo a se stessa. Il suo primo atto di adorazione è di mettersi davanti ad uno specchio glaciale per ammirarsi e contemplarsi nella sua pretesa bellezza. L'istinto ingrossato dalla sensualità la strattona in questa vile idolatria di se stessi[22]. Quale alimento potrebbe essere donato al suo spirito? Le letture frivole, i romanzi dannosi. Presa da questo piacere egoistico e colpevole, come può

[19] Ab 2,4; Rm 1,17; Eb 10,37.

[20] Eb 11,6

[21] Nella teologia cattolica sono quelle opere che pur non essendo obbligate o consigliate, i fedeli le compiono in quanto sono buone in sé.

[22] È il complesso di Narciso che caratterizza l'uomo. L'animale, ancora innocente, non ha questa tendenza: se si vede allo specchio crede che sia un altro. Capitò una sera al paese che tornando Beniamino con la sua capra legata all'asino, questa si sciolse ed entrò nella casa di una vicina, vide uno specchio e credendo che fosse un'altra capra, prese la rincorsa e si buttò con le corna sullo specchio. Gli animali sono innocenti, ma l'uomo col peccato di Adamo ha perso l'innocenza originaria.

rispondere all'invito della madre che le raccomanda delle occupazioni serie cui dovrebbe dedicarsi nella sua casa? Donde la sua aria preoccupata, distratta, insignificante? Ah! Invece di vivere sotto gli occhi di Dio nel presente, vive nel futuro, sotto l'impero della sua immaginazione disordinata. Questo avvenire sarà simile a quello dei suoi primi anni. Ella proverà i più crudeli errori e sarà per lei un bene terribile. Dio ci preservi da una simile infelicità. Due vite si presentano davanti a noi: una è segnata dalla via della fede, l'altra da una via tutta umana e tutta animale. Quale delle due vogliamo scegliere?

4. *La speranza cristiana*

La speranza è una virtù teologale attraverso la quale attendiamo con ferma fiducia dalla bontà di Dio i beni che Egli ci ha promesso. Ci sono due tipi di beni che possono essere oggetto della nostra preghiera e della nostra speranza: i beni spirituali ed i beni temporali, cioè quelli che contribuiscono alla conservazione ed al benessere del corpo, quali la salute, il cibo, i vestiti, la fortuna stessa. Possiamo chiedere a Dio anche queste cose, che Egli ci mette a disposizione per suscitare la nostra fiducia in Lui. Però ricordiamo gli uccelli del cielo che non seminano, né mietono, ma che il Padre celeste nutre, ricordiamo il giglio del campo, più magnifico della gloria di re Salomone. È al Creatore che dobbiamo affidarci. Ebbene, forse non siamo mille volte di più cari a Lui, che ci ha donato un'anima capace di conoscerlo e di amarlo? In tutte le nostre necessità, ricorriamo a Dio, nostro padre buono, con una tale sottomissione, eguale alla nostra fiducia, pregandolo di esaudire tutte le nostre richieste di quei beni che possono contribuire alla nostra salvezza e che siano nell'ordine della sua santa volontà. Tutti i beni di quaggiù possono forse riempire il cuore, il cui desiderio non è mai soddisfatto. La religione cristiana ha fatto una virtù meritoria di questo naturale sentimento, ma ci propone per oggetto principale della nostra speranza solo quei beni degni di un'anima immortale e questi la speranza ci insegna di chiedere a Dio, quali i beni più preziosi, cioè quelli spirituali. La grazia necessaria per giungere al cielo è il fine ultimo della consumazione della nostra speranza. Non si può nulla senza i soldi: questo è il motto del mondo. Dobbiamo trasformarlo cristianamente in un altro: nulla si può senza la grazia, con la grazia tutto possiamo. Sì, la grazia di Dio: ecco il solo, vero tesoro, degno di tutti i nostri desideri, il quale né i ladri, né la morte potrà mai rapinare. Sono da commiserare coloro di cui l'ambizione non si eleva che al di sotto delle miserevoli gioie di questa vita e che si affaticano in preoccupazioni inutili per l'eternità.

La nostra speranza deve essere ferma, la fede sicura, la carità ardente. Deve essere ferma, cioè senza alcuna esitazione, senza inquietudine, o incertezza, soprattutto quando domandiamo a Dio i beni spirituali, che Egli è sempre pronto e disposto ad accordarci, poiché contribuiscono alla nostra salvezza. La speranza è fondata: 1) sulle promesse e sulla bontà di Dio, nostro Creatore, nostro conservatore, nostro padre. Non sarebbe un oltraggio per lui dubitare sul mantenimento delle sue promesse? Non è onnipotente per esaudirle[23]? Non desidera Egli forse il nostro bene più di quanto lo desideriamo noi per noi stessi? La diffidenza di un bambino rattrista il cuore della madre. La nostra esitazione ferisce il cuore di Dio, così pieno di bontà e di amore per noi. Non mancherà mai di arrestare il corso dei suoi benefici. Se una persona, della quale ci interessiamo, si getta verso di noi, nel più totale abbandono, forse il nostro cuore non ne è toccato? Forse non ci sentiamo obbligati, quando ci troviamo faccia a faccia con questa persona a giustificare questa sua fiducia a qualsiasi prezzo? Al contrario, se questa persona sembra dubitare della nostra buona volontà, o della costanza del nostro affetto, non converrà farci violenza per esercitare nei suoi riguardi tutta la carità necessaria? Così è per Dio! Non potrà esaudire mai la preghiera accompagnata da diffidenza e da incertezza. Farà anche dei miracoli, se necessario, per venire incontro all'anima che rimette in Lui tutta la sua speranza. Vogliamo farci un'idea di questa confidenza senza tante storie e troppi ragionamenti? Supponiamo che vi sia una persona che si trova sul bordo di un abisso senza fondo e gli diciamo: gettati! Non rischi niente! E quella si getta all'istante, senza esitare. Non darebbe prova della fiducia

[23] *Chiedete e vi sarà dato* ... Lc 11,9 e sgg.

più assoluta[24]? Nell'ordine naturale questo paragone è esagerato, ma ci offre un'immagine di ciò che deve fare l'anima alle prese con il dolore più commovente. Nessuna paura può più fermarla, se si getta, corpo e anima, nel seno di Dio, che non si tirerà mai indietro, per lasciarla perire[25]. 2) Sui meriti di Gesù Cristo. Il nostro divino Salvatore, per mezzo delle sofferenze della sua vita e della sua morte, ci ha acquistato i beni che noi speriamo. Dio non può rifiutarceli, quando noi glieli chiediamo in nome del suo Figlio prediletto. Qualunque sia la nostra indegnità, le nostre colpe, dobbiamo avere sempre fiducia, a patto, però, che noi rispettiamo le condizioni che Dio ci impone e che assecondiamo la sua grazia. Il sangue di Gesù Cristo ci copre come un'armatura invulnerabile e le sue sacre piaghe, come bocche pregano incessantemente per la nostra salvezza, mercé la grazia e la misericordia di Dio. La nostra speranza sia ferma al cospetto di Dio, non può essere incerta, se noi l'appoggiamo sulla costante fedeltà alla legge di Dio.

Peccati contro la speranza

I peccati contro la speranza sono: 1) la disperazione. È il più grande di tutti i peccati, il solo che la misericordia di Dio non possa coprire. È la dannazione di coloro che sono morti, anche da vivi, perché essenzialmente si oppone all'amore ed alla confidenza che dobbiamo nutrire verso Dio medesimo. Lo stesso Giuda sarebbe stato salvato, se, invece di disperarsi, con un atto di speranza sarebbe ricorso alla misericordia del Salvatore che egli stesso aveva tradito. Forse che Pietro non lo rinnegò tre volte? E gli altri? Non sono tutti fuggiti? L'abuso della grazia molto spesso è il mezzo di cui si serve il demonio per far cadere le anime in questo infelice peccato. Che questo pensiero sia capace di riempirci di un salutare terrore. 2) La mancanza di fiducia in Dio è l'indifferenza, che ci fa dimenticare di ricorrere a Lui nelle nostre pene, nelle nostre tentazioni, nei nostri tormenti... Colui che si tuffa nel dispiacere, ragiona in se stesso che sarebbe inutile confidare in Dio. Una persona che manca di fiducia non va così lontano. Crede di possedere la speranza cristiana, recita gli atti di orazione tutti i giorni, mattino e sera, ma non fa uso della speranza nell'occasione che serve! Dio manda qualche prova? E vedi che essa è sconsolata, o inconsolabile. Tutti i buoni pensieri che Dio le suggerisce, non hanno alcuna influenza sulla sua anima abbattuta. Lo scoraggiamento si impadronisce di lei: è desolata e non vuole altro che desolarsi. Se per caso capita qualche inconveniente, di cui la vita, purtroppo, è piena, subito si rattrista, si irrita. Non pensa di offrire le sue pene a Dio, per farsene un merito per la vita eterna. Di quale ineffabile consolazione, di quale potente soccorso, si priva, per agitarsi così tanto: ma sarebbe, invece, così dolce aprire il cuore ed espanderlo in quello di Dio, che è l'ottimo dei padri. Quando accade ciò? In quei giorni di amarezza e di strazio interiore. La speranza è simile alla bussola, che nel mezzo della più furiosa tormenta e delle tenebre più spesse, indica sempre al timoniere la direzione. La speranza, facendo intravedere il cielo, come termine di questo penoso viaggio, incoraggia l'uomo a sopportarne le prove e le difficoltà. 3) La presunzione. Ci si cade in due modi: a) confidando troppo nella bontà di Dio, per cui ci sente autorizzati a compiere sordamente certi peccati, con il pretesto che poi ci si confesserà. Dimentichiamo che Dio è anche giusto, e non solo buono. Quale padre perdonerebbe il figlio se lo vede che si prende gioco della sua pazienza e della sua bontà? Dio perdona sempre, ma con giustizia; b) contando troppo sulle proprie forze ed esponendosi in occasioni di offendere Dio, con l'orgoglioso pensiero che deriva dalla lettura di libri cattivi o dalla frequentazione di cattive compagnie.

5. *La carità*

Carità! Questa parola è sublime e dolce. È questa che congiunge alla fede i più alti misteri e le più consolanti speranze. La carità è la perfezione della terra e l'elemento del bene del cielo. Carità

[24] È l'immagine fedele della scommessa pascaliana: la fede è un salto nel vuoto!

[25] L'immagine di Dio, Abisso senza fondo, è cara alla mistica tedesca e viene qui riproposta con il gesto dell'anima che si getta in Dio. L'anima nella sua profondità abissale confina colla Deità: concetto antichissimo che si trova in Meister Eckhart, Giovanni Taulero, Enrico Suso, Jacob Böhme e tanti altri.

significa amore, ma l'amore più puro, più esteso, più elevato, più tenero. Per concepirla dobbiamo risalire a Dio, che è la fonte della carità. *Deus charitas est*[26]. La carità non è un attributo di Dio, come la giustizia, la misericordia, ma è il suo elemento costitutivo essenziale. Sì! Dio è la carità, è un'immensa sorgente di amore. Da tutta l'eternità il Padre brucia di questo amore divino e genera il Figlio, a Lui consustanziale, e lo ama di amore infinito: da questo amore reciproco procede lo Spirito, l'eterno luogo della carità. Ma questa carità, essenza adorabile della santa Trinità, non resta concentrata in se stessa. Simile ad un sole i cui raggi emanano luce e fecondano la natura, la carità di Dio ha voluto riprodursi al di sotto, così tutte le sue opere sono opere d'amore: 1) la creazione. Questo essere sovrano, perfettamente felice in se stesso, non avendo bisogno di alcuno per accrescere il suo bene infinito, si degna di concepire il pensiero di farne partecipe l'uomo. Lo trae dal nulla, l'ama, lo ricolma di beni. Tutto ciò che esiste ruota intorno a lui. 2) L'incarnazione. Intanto l'uomo è ingrato verso il suo Creatore. Pecca. Bisogna punirlo. Ma se la giustizia richiede vendetta, la carità invoca la misericordia. Allora l'eterno Figlio si fa figlio mortale per redimere la nostra offesa. Il Verbo di Dio vuole abitare in mezzo agli uomini. Si fa piccolo, povero, addossa su di sé tutte le nostre miserie e assume la forma servile per salvare l'uomo, capace del male[27]. È l'amore che gli fa dimenticare la sua grandezza. Non ci si sarebbe meravigliati, o toccati, se egli si fosse presentato, invece, sotto le vesti di un onnipotente monarca, discendere dal suo trono celeste per andare egli stesso a visitare i poveri, e prender parte al loro desco, o al loro giaciglio per vedere più da vicino. Ecco cosa ha fatto il Figlio di Dio per questi miserabili mortali! Quale profondo mistero d'amore! 3) La redenzione. Ma la carità di Dio non è ancora soddisfatta. *Nessuno ha un amore più grande di questo: dare la vita per i propri amici*[28]. Ebbene, ciò che non si farebbe mai presso gli uomini, il suo cuore divino l'ha ispirato. Egli farà ancora di più: darà la vita non solo per gli amici, ma per i nemici e morirà per essi e per loro mano. 4) L'eucaristia. Dopo tanto stupore cosa restava più da fare per l'infinita carità di Dio? O prodigio incomparabile ed al di sotto di tutte le invenzioni umane! Dio ha tanto amato gli uomini che li vuole amare fino alla fine. Ed ecco dopo tanti secoli la conferma: egli si è nascosto dentro l'eucarestia[29]. E lì giace di giorno, di notte, nelle più povere chiese come nei primi templi dell'universo cattolico. E lì resterà fino alla fine dei tempi, malgrado la nostra indifferenza e la nostra ingratitudine. È in questo povero tabernacolo che ci apprestiamo sempre ad adorarlo, è di là che si degna di discendere nei nostri cuori, ancora più poveri. Indi, dopo averci nutrito con questo alimento tutto divino, ci chiamerà infine ai beni del cielo, dove ci perderemo nella dimora infinita della sua carità. Allora, non contentandosi più di scendere nei nostri cuori[30], ci assorbirà in lui, in tal guisa che noi vivremo nella carità, come nell'aria che respiriamo. Dopo essere usciti da Dio per effetto della sua carità, in quanto egli ci ha creato, dopo essere passati attraverso i differenti gradi di questa carità, ci ha raccolti per unirci a lui, ecco che noi ritorneremo infine a lui per perderci in un oceano d'amore[31]. Ah! Quanto sono ricche e generose le operazioni della carità di Dio! Questa è veramente il sole di giustizia, la cui influenza benefica si estende su tutti gli uomini, perché ella non è solamente in Dio, ma è nei nostri cuori, per mezzo dello Spirito Santo che ci è stato donato[32]. Noi ne abbiamo ricevuto il germe nel battesimo e questo amore si è accresciuto con la santa comunione, mediante la quale la nostra anima è stata divinizzata. Come potrebbe ella unirsi anche a Dio senza che egli non comunichi il sentimento di questa carità, perché egli vuole vedere il cuore che ha abbracciato? *Come tu Padre sei in me e io in te, siano anche essi in noi una cosa sola, perché il mondo creda che tu mi hai*

[26] 1 Gv 4,16

[27] Cfr. Fil. 2,6-11

[28] Gv 15,13

[29] Come il canto: *Io ti amo silenzioso dio/ che ti nascondi dentro un po' di pane/ come un bambino dentro la sua mamma/ oggi tu entri nella vita mia.*

[30] Come il canto: *Genuflesso qui ai tuoi piedi/ io t'adoro, o mio Signor,/ il mio cuor tu ben lo vedi/ arde sempre del tuo amor./ Vieni vieni, o mio Signore, nel mio petto ad albergar/ vieni vieni in questo cuore/ solo tu lo puoi salvar.*

[31] Qui è il caso di riprendere cristianamente il verso di Leopardi, dedicato all'infinito: *E il naufragar m'è dolce in questo mare.*

[32] *L'amore di Dio è stato riversato nei nostri cuori per mezzo dello Spirito Santo che ci è stato donato* (Rm 5,5).

mandato[33]. Negli uomini come in Dio il carattere essenziale della carità è di produrre al di fuori degli atti d'amore, di rinuncia, di sacrificio: perché la carità non può restare in sé stessa. *C'è più gioia nel dare che nel ricevere*[34]. Questa ha bisogno di prodigarsi. Nulla può opporsi a questo amore puramente naturale che noi nutriamo gli uni per gli altri. L'egoismo è contrario alla carità, perché ricerca sempre se stesso e tutto riporta alla sua stragrande soddisfazione. Se vogliamo vedere la carità in azione consideriamola nei fedeli della prima Chiesa, che erano un cuor solo ed un'anima sola. Portavano tutti i loro beni ai piedi degli apostoli per renderne partecipi i poveri, così tutti, da uomini sensuali ed orgogliosi che erano, diventavano cristiani umili e mortificati. Ancora ai nostri giorni è in virtù della carità che si ama nella Chiesa, per essa praticano le buone opere anche gli empi ed i peccatori, con uno zelo ardente, che giunge fino all'eroismo. Essendo il suo principio in Dio, da Lui discende e non sale in Lui, ma ritorna ricolma delle anime beneficate[35]. Possiamo amare Dio come Egli ci ha amato? Con tutte quelle pene che abbiamo a Lui procurato? Saremmo disposti a fare qualcosa per i nostri familiari, quand'anche essi ci procurino delle pene, dei fastidi? Vogliamo vedere la carità espressa in parole: basta aprire il vangelo, le epistole di san Paolo e san Giovanni. Con quali parole iniziano di solito: carissimi figlioli. Quale addio più toccante non fu quello di Ignazio[36] che lascia le sue comunità beneamate per volare al martirio? La chiesa è la grande famiglia di Dio. Egli ci ha insegnato a chiamarlo Padre nostro e noi siamo come padri e madri e fratelli e sorelle nella fede. I famigliari sono coloro che più amiamo. Siamo degni di questo titolo di figli di Dio, la carità passi nei nostri cuori e renda le nostre azioni tanti atti d'amore. Cerchiamo di trarre alcune conclusioni importanti dall'idea di carità: niente è più ingiusto che accusare la religione e la pietà di produrre egoismo o insensibilità nelle persone che la praticano. La carità ha la sua fonte nella pietà, non è altro che l'amore di Dio, il più puro, il più devoto. La carità è sincera, non può sopportare accuse. Ben altro è tuffarsi nei sentimentalismi di affetto e di amicizia che costituiscono il fascino della nostra vita. La carità invece contribuisce a perfezionare le qualità naturali dei cuori. Come ad esempio quella ci rende sensibili allo sguardo verso le sofferenze e le miserie del povero! Quali opere sublimi, quali toccanti invenzioni ci ispira! Non se ne dolgono giammai i giovani più pii, cioè coloro i quali ricevono le più salutari impressioni della carità divina, i fedeli più teneri, le anime più devote, che saranno a loro volta le spose e le madri, gli sposi ed i padri e saranno per essa più fedeli ai loro doveri. Al di fuori di questa carità ritroviamo una virtù tutta naturale, e fondata necessariamente sulla ragione, e di conseguenza soggetta a fallimento. È a causa dell'accecamento dell'attuale filosofia anticristiana, che oggi sostituiamo a questa parola così sublime e celeste, la carità, un'altra parola, più pomposa, ma così fredda: la filantropia, cioè l'amore per gli uomini. Gli asili aperti alla povertà sofferente ricevevano dai nostri antenati un nome così toccante: "Hotel Dio", cioè la casa dove Dio abita, nella persona dei poveri, i suoi migliori amici. Nel secolo scorso hanno cambiato nome e si chiamano: "Stabilimenti della filantropia". Ma il povero non sa cosa significa questo parolone! Non c'è più Dio. È stato tolto Dio. L'amore senza Dio è vuoto. Il povero si sente umiliato dinnanzi a questi paroloni, si sente umiliato nel ricevere soccorso da coloro che praticano la filantropia, cioè dai benefattori ricchi che danno il superfluo. Costoro fanno ostentazione del superfluo. Essi amano? Meglio fare la carità in segreto ed al cospetto di Dio al povero, riconoscendolo come fratello, o come Dio stesso, o come se stesso[37], più che donare un pezzo di moneta, perché la carità si dona essa stessa.

6. *Amor di Dio*

---

[33] Gv 17,21

[34] At 20,35. L'essenza della Carità assoluta che si trova solo nell'Altissimo è quella di strabordare dalla sua pienezza ineffabile d'amore ogni genere di atto creativo ed emanativo. Dal primo genere di atto segue l'*actus essendi*, o la creazione, dall'altro la Grazia, sia quella abituale, o attuale, che quella operante, o santificante.

[35] L'Amore esce da Dio e diventa non-Dio, cioè altro, cioè Uomo, e poi ritorna in Dio come Spirito.

[36] Ignazio d'Antiochia, martire (35-107). Nel viaggio da Antiochia a Roma, ove fu condannato *ad bestias*, scrisse sette lettere che lasciò a tutte le comunità cristiane attraverso cui passava.

[37] Secondo la regola aurea: ama il prossimo come te stesso.

Diamo ora la definizione di questa sublime virtù: la carità è una virtù soprannaturale, attraverso la quale amiamo Dio al di sopra di tutte le cose, perché Egli è infinitamente amabile ed infinitamente buono ed amiamo il nostro prossimo come noi stessi per amore di Dio. La carità perciò si conferma attraverso queste due operazioni: l'amore di Dio e l'amore del prossimo. Il principale carattere dell'amor di Dio è di essere sovrano, di dominare tutti i nostri affetti. Ciò significa amare Dio al di sopra di tutti e di tutte le cose. Noi dobbiamo adoprarci per questo sublime fine. L'amore di Dio non esclude l'affetto legittimo per i familiari e per i nostri amici. Egli ci comanda di amare coloro che incontriamo nel bene e nel male, non bisogna mai persuadersi che tale o talaltra posizione nell'ordine della Provvidenza debba essere un ostacolo al servizio di Dio o che siano di imbarazzo alla gioia. Dovremmo forse amare meno Dio perché egli ha posato il suo sguardo su di noi più o meno generosamente, rispetto a cento altri, ai quali ha dato una così larga parte di beni o gioie della vita? No! La carità per forza ci deve far risalire a Dio! Non vi sono altre strade ed in qualunque condizione tutto è indifferente rispetto alla carità: la salute, la ricchezza e tutto il resto. Dio va amato prima di ogni bene, perché è la sorgente ed il principio di ogni bene. Dio è l'essere per eccellenza, le sue amabilità sono infinite, e tutto ciò che noi abbiamo di buono e di bello nella creazione non è che un flusso inarrestabile delle sue percezioni. Tutto ciò che nei nostri amici eccita la nostra stima e il nostro amore vien sempre da Dio come da una sorgente immensa. È per questo che bisogna amarlo e lodarlo sopra ogni persona e sopra ogni cosa. Possiamo gioire dei suoi doni senza benedire la mano che li ha distribuiti? Ah! Dobbiamo amare Dio al di sopra di ciò che abbiamo di più caro, dei nostri stessi familiari, dei nostri amici. Chi è costui? Anche costui si limita a esprimere una preferenza di qualche persona o vantaggio su di Dio. La coscienza ci è testimone: parla, o coscienza! Facci capire che dobbiamo sacrificare tutto per amore di Dio. Giammai bisogna commettere peccato per compiacere ad una creatura, chiunque essa sia. Da Dio abbiamo ottenuto tutto e a tutto dobbiamo preferire il Tutto, che è Dio. Santa Perpetua, anche sul punto di soffrire il martirio ricevette la visita del suo vecchio padre, che la scongiurava, coi suoi capelli canuti, di abiurare la fede: - Dio mi guardi dal fare una tale azione. Egli sa. Così rispondeva. - Padre mio, quanto vi rispetto, e quanto vi amo, ma io debbo obbedire prima di tutto a Lui, che è mio sovrano e maestro. Allora il vecchio la supplica di conservare la sua vita almeno per il bambino: - Morendo per Dio – continua – io gli affido tutti coloro che amo e spero che veglierà sulla vostra vecchiaia e su mio figlio, egli che è onnipotente ed infinitamente buono. Si può amare Dio astraendo da tutti gli interessi personali? Il pio arcivescovo di Cambrai, giudicando gli altri per il loro proprio cuore, aveva pensato che si può amare Dio per se stesso ed in vista delle sue infinite perfezioni, senza essere eccitato dal ricordo dei benefici ricevuti, né dalla speranza delle ricompense da ricevere. La Chiesa ci ammonisce di rifiutare questa posizione così estrema, che prende il nome di quietismo[38] e tutti sanno con quale spirito di piena umiltà Mons. Fenelon ha ritrattato un errore che non poteva venire dal suo buon cuore. Quella disposizione di un animo senza alcun interesse sarebbe ben giustificabile se il nostro povero cuore fosse eccitato in tutto e per tutto di fronte alla bontà divina. Dio potrebbe anche accordarcelo accidentalmente per farci pregustare i beni del cielo, ma non può essere la nostra condizione abituale e permanente, causa la nostra fragilità. Da quali segni si può capire se si ama Dio? 1) Se si pensa spesso a Dio, se si ama parlare con Lui, se si innalza facilmente il cuore verso di Lui, nelle gioie, nelle pene, nelle contrarietà. 2) Se ci si applica ad osservare i suoi comandamenti. Non è sufficiente una certa sensibilità dell'anima che si port verso Dio. *Chi mi ama osserva i miei comandamenti*[39]. Questa raccomandazione è come quella di un padre. 3) Se si cerca sempre, dovunque, in ogni cosa di piacere a Lui. Non è contento di obbedire a dei precetti, ma bisogna farlo con amore e seguire tutti gli altri consigli evangelici. Se, al contrario, si è indifferenti verso ciò che interessa Dio, la religione, il progresso nella fede nelle anime, si può dire veramente che lo si ama? 4) Se si prova desiderio di unirsi a Lui nella preghiera e nella comunione. La prima è l'intrattenimento dell'anima con Dio, lo scambio dei nostri pensieri con i suoi

[38] Il quietismo, legato a Miguel de Molinos e tanti altri mistici, è una dottrina che prevedeva una sorta di quiete passiva e fiduciosa dell'anima verso Dio. Arcivescovo di Cambrai è riferito a Fenelon (1651-1715) che aveva aderito al quietismo.
[39] Gv 14,21

pensieri, che sono tutti per il nostro bene[40]. Certo c'è quello che ama Dio solo se ritrova la dolcezza in questo santo esercizio. O amano solo per i vantaggi, ma non sono disposti a fare dei sacrifici per meritarsi di unirsi a Lui, per mezzo della santa comunione sacramentale. Ah! Quando verrà la fine della vita, allora l'ordine sarà ristabilito per sempre: coloro che avranno amato Dio andranno a precipitarsi nel suo seno paterno, ove essi si abisseranno eternamente in una suprema beatitudine. Ma le anime ingrate che avranno rifiutato l'amore verso il Creatore, per amore apparterranno ai demoni, che li rivendicheranno di diritto come schiavi. Quale triste sventura! Tutte queste cose si comprendono con il cuore, non con lo spirito. Forse perciò le donne sono più portate per natura alla carità degli uomini. Il loro cuore è più grande, più potente in affetto ed in sensibilità. Siamo felici del privilegio e consacriamo questa preziosa predisposizione verso Dio. Abbeveriamoci spesso alle fonti della carità divina, avvicinandoci frequentemente al sacramento dell'amore, che si chiama eucarestia, fonte della grazia e della carità.

Preghiera

Mio Dio, come è bella questa virtù della carità, tanto bella che ci viene da dire: come si fa a non amare questo Dio, che è carità? Come si fa a non amare il mio prossimo sull'esempio di Gesù Cristo? A non perdonare tutte le offese che abbiamo ricevuto? Amare, anche a costo di contrariare tutte le mie idee e il mio carattere. Applicarsi nel risultare dolce e compiacente con tutti i miei compagni. Dio mio, non solo ho intenzione di esercitare la carità verso tutte le persone che mi circondano, ma soprattutto verso di Voi e per Voi provare il mio amore. Questo sia il mio compito. Amen.

7. Amore del prossimo

Quando gli uomini, imperfetti e malvagi, applicano leggi particolari per rimediare a qualsiasi abuso che essi commettono, si possono procurare alla società vantaggi di certo desiderabili. Dio, la cui grandezza è infinita, abbraccia il tutto con un solo colpo d'occhio. Governa l'universo con un'unica legge, che ha legiferato Egli stesso, e questa è la legge della carità. Questa è il luogo forte e potente che dopo aver unito gli uomini a Dio, li unisce tra di loro, ancora sulla terra. Dopo aver loro rivelato che Egli è un padre amoroso, questa ci fa comprendere a guardarsi come dei fratelli, come i membri di un'unica e sola famiglia. Colui che ama è nato da Dio[41], cioè riconosce di essere figlio di Dio, di cui la carità è l'essenza. Ma *chi non ama rimane nella morte*[42]. Che differenza c'è tra un cadavere ed una persona vivente, se il cuore dell'uno e dell'altro è glaciale? La carità è il carattere dei piccoli, degli amici di Dio, di coloro i quali Egli vuole utilizzare al suo servizio. Quando ha scelto i suoi dodici apostoli e ne ha eletto uno a capo della chiesa, che cosa ha voluto da lui? La carità? Per tre volte gli ripete: *mi ami tu*?[43] Ha dimenticato che è un uomo grossolano, ignorante che per debolezza lo ha rinnegato tre volte. *Simone di Giovanni, mi ami tu più di costoro?* E rassicurato dal suo amore gli affida il suo gregge. La carità lo temprerà per rendere forte la chiesa nascente contro le potenze del mondo e dell'inferno. Ella gli farà tutto sacrificare per la gloria del suo divino maestro. Se abbiamo la carità potremo compiere tutta la legge, tutte le nostre obbligazioni verso Dio e verso il prossimo. Tutte le leggi sono basate su di un unico principio, quello dell'amore. L'amore del prossimo è necessario quanto l'amore di Dio. Gesù Cristo ci ha dato un comandamento che egli definisce suo e che è simile al primo, che ci prescrive la carità verso Dio. Ma cosa si intende per prossimo? Colui che è prossimo, è vicino e per estensione si applica a tutti gli uomini. Bisogna amare tutti senza

---

[40] Come il canto: *Quanti pensieri mio Dio hai per me; se li conto son più della sabbia, se li credo finiti mi accorgo che con Te, con Te sono ancora.*

[41] 1Gv 5,1

[42] 1 Gv 3,14

[43] Gv 21, 15-17

distinzione ed in particolare attaccarsi a coloro che soffrono, ai miseri e oltre a costoro, a coloro che Dio ci farà trovare davanti nelle sue circostanze provvidenziali. Quando un membro del corpo soffre, tutti gli altri lo soccorrono. Così funziona la carità. Ci rende ingegnosi per assistere i nostri fratelli. Essa prevede sette opere corporali di misericordia e sette opere spirituali. Opere corporali: 1) dar da mangiare agli affamati; 2) esercitare l'ospitalità; 3) vestire chi è nudo; 4) visitare gli ammalati; 5) far visita ai carcerati; 6) riscattare i prigionieri; 7) seppellire i morti. Opere spirituali: 1) istruire gli ignoranti; 2) correggere i peccatori; 3) dare dei buoni consigli; 4) consolare gli afflitti; 5) sopportare le ingiurie e i difetti; 6) perdonare le offese ricevute; 7) pregare per i vivi e per i morti.

8. *Come amare il prossimo*

Bisogna amare il prossimo come se stessi. Si può dunque amare se stessi? Certo! Però in una maniera saggia e ragionevole: per quanto riguarda il corpo conservando la salute e preservando i beni che Dio ci ha messo a disposizione e spiritualmente evitando tutto ciò che potrebbe nuocere alla salvezza dell'anima. Ecco la misura della nostra carità verso il prossimo. Colui che si agita senza seguire questa regola aurea è un egoista. L'egoismo è la fonte di tutti i peccati e di tutti i mali. Bisogna correggere questa tendenza originaria che è nella nostra carne, trattare generosamente gli altri in tutti i più piccoli dettagli della vita. Dobbiamo verificare spesso se veramente trattiamo gli altri come noi stessi. Che significa: amare il prossimo per amore di Dio? L'uomo è portato naturalmente ad allontanarsi dalle opere di misericordia. Fugge i poveri, gli afflitti, i malati. Il comandamento dell'amore che Dio ci impone di amare, nonostante ciò ripugni alla nostra delicatezza. Ed ecco cosa ci dice: siate caritatevoli se non per amore del prossimo stesso, ma per repulsione verso di esso, almeno per amor mio. Amate queste creature perché io le amo. Voglio fare del bene per vostro mezzo. *Ogni volta che avete fatto queste cose a uno solo di questi miei fratelli più piccoli, l'avete fatto a me*[44]. Per convincersi meglio di questa cosa ci fa vedere da vicino quale sarà la materia del nostro giudizio nel giorno finale quando Egli scenderà dal cielo e ci renderà conto di tutte le nostre azioni. Quale sarà l'oggetto del nostro giudizio? Su cosa dobbiamo confidare. Ed egli ci dirà: *ho avuto fame e mi avete dato da mangiare, ho avuto sete e mi avete dato da bere, ero forestiero e mi avete ospitato, nudo e mi avete vestito, malato e mi avete visitato, carcerato e siete venuti a trovarmi*[45]. Come non amare il nostro prossimo quando Gesù Cristo si è elevato fino a lui? Egli ci insegna ad amare Lui stesso nel povero, nel malato, nel carcerato che noi fuggiamo. Dobbiamo ben comprendere il messaggio della carità, quando ci prescrive di amare i nostri stessi nemici, ciò che è contrario alla natura. Il cristianesimo ha fatto di questa una virtù eroica, che Gesù Cristo ha praticato per primo sulla croce, e dopo di lui tutti i martiri e tutti i santi. Abbiamo sempre l'occasione di esercitare fino all'estremo grado questa virtù, praticando la carità e sopportando i colpi del nostro prossimo, i quali spesso ci fanno soffrire tanto. Ma anche noi spesso facciamo soffrire il prossimo con le nostre colpe. Ciò accade molto spesso. Perché? A causa di un cattivo proposito, di una parola, di uno sguardo, un atto che ci ha scioccato, e come una spina si conficca nella nostra anima e non se ne esce più. Ha ferito il nostro amore chi? Proprio il nostro amico, il nostro parente, nostro figlio, un ragazzo tanto amato, il nostro vicino[46]. Tutte le nostre passioni si levano come flutti di un mare agitato contro di noi per la tempesta, la collera ci brucia. Fortunatamente abbiamo la volontà come nostra potenza. O si costringono queste passioni a essere rinchiuse come belve feroci interiormente in un'arena dell'anima, o queste ti portano inevitabilmente a restituire i colpi ai propri avversari, a rispondere all'odio con la vendetta. Amare i nostri avversari! Anche se dentro se ne soffre, non bisogna dare risalto a questo rancore. A volte capita inavvertitamente che succede qualcosa nei rapporti con le

---

[44] Mt 25,40

[45] Mt 25,35-36. *Al tramonto della vita* - commenta san Giovanni della Croce - *saremo giudicati sull'amore*.

[46] Fa da eco il salmo 55: *Se mi avesse offeso un nemico, lo avrei sopportato; se un avversario avesse cercato di sopraffarmi, mi sarei nascosto da lui; ma sei stato tu, l'uomo che io stimavo come mio pari, mio compagno e mio intimo amico.*

persone che ci circondano, senza che riusciamo a riconoscerne un motivo evidente. È bene mettersi in mente che qualunque posizione noi rivestiamo nella società, avremo sempre da soffrire dalle migliori persone della nostra vita, più che da altre. Sopportiamo tutti i colpi, facendo soffrire gli altri il meno possibile con i nostri contraccolpi. Rivolgiamo tutto lo zelo contro noi stessi, perdoniamo largamente i torti più o meno gravi subiti, perdoniamo gli altri così come desidereremmo che Dio perdonasse le nostre molteplici offese, molte delle quali commesse senza neppure ravvedercene. Non lasciamo sorgere nel nostro cuore pensieri e sentimenti contrari alla carità. Diciamo piuttosto: *O Dio vieni a salvarmi. Signore vieni presto in mio aiuto!* O Dio ti amo con tutto il cuore, perché io sono sorto contro mio padre, io che sono il suo piccolo. Il mio cuore si calmi, pensando a Dio mia fortezza e che io possa compiere tutto ciò che è gradito a Lui. Cosa dice san Paolo? *La carità è paziente, è benigna la carità; non è invidiosa la carità, non si vanta, non si gonfia, non manca di rispetto, non cerca il suo interesse, non si adira, non tiene conto del male ricevuto, non gode dell'ingiustizia, ma si compiace della verità. Tutto copre, tutto crede, tutto spera, tutto sopporta. La carità non avrà mai fine*[47]. Non esiste vero amore senza dolore, senza rinuncia, senza sacrificio, senza violenza verso se stessi. Esaminiamo sempre se seguiamo questa regola sinceramente: quella di amare Dio e il prossimo per amor di Dio.

Preghiera

Dio mio, un altro giorno è passato, un'altra settimana, un altro mese, donatemi di poter riparare ciò che ho commesso di male in questo periodo e fate che non possa temere che mi rifiutate la vostra grazia un'altra volta. Ah! Non voglio attirarmi un tal male e che possa evitarlo e che prenda la risoluzione di essere più saggio e di evitare tutto ciò che mi possa far cadere nel male. Degnatevi di benedire i miei proponimenti e di riprendermi qualora mi vedeste soccombere nelle tentazioni del male. A Gesù e a Maria per sempre.

9. *Come amare Dio*

Abbiamo visto che Dio è carità, nella sua essenza e nelle sue operazioni. Egli ha diffuso questa mirabile virtù nella sua chiesa: *La speranza poi non delude, perché l'amore di Dio è stato riversato nei nostri cuori per mezzo dello Spirito Santo che ci è stato dato*[48]. Il vero carattere della carità è quello di donarsi, di prodigarsi, di non rimanere concentrata in se stessa. Tale l'abbiamo veduta a Betlemme, come nel cenacolo, o sul Calvario. Tale l'abbiamo scorta sempre nei veri discepoli di Gesù Cristo. Lontano da Lui prevale il freddo egoismo, che gli è diametralmente opposto. Tanto è vero che la carità si pone sempre al di fuori, mentre l'egoismo tende a ritornare sempre su se stesso. La carità si dimentica di se stessa, mentre l'egoismo mette sempre al centro se stesso. Se all'egoista parlate delle sofferenze degli altri, egli vi risponde con un'aria di indifferenza e di distrazione, se l'importunate, non può che interessarsi di ciò che gli interessa personalmente. Mentre l'egoismo annienta tutti i sentimenti nobili e generosi, la carità li ingrandisce ed apre il cuore di coloro verso cui viene esercitata. Sviluppa tutte le facoltà, decupla tutte le capacità dell'uomo, lo riveste di un'aureola di gloria. In una parola: di un guardiano di porci ne ha fatto un San Vincenzo De Paoli, l'onore della chiesa, l'eroe della carità. Dobbiamo provare orrore di questo mostro dell'egoismo che torna sempre su se stesso, recalcitra sempre, cerca sempre il proprio vantaggio e non esce mai fuori del cerchio del me, così piccolo, così meschino, così riprovevole. Alimentate una fiamma ed ella brucerà il mondo, ma se la spegnete man mano e la riducete solo entro lo spazio ristretto del vostro cuore, ecco che questa si ridurrà a scintilla e poi alla fine a cenere e carboni, cioè a nulla, anche se vi sforzate di soffiarla per tenerla accesa. Non avrete allora che freddo e tenebra, a posto di calore e luce. Così è il cuore in cui la carità si è ritirata, annegata nel torpore: somiglia ad una larva addormentata per il

[47] 1 Cor 13,4-8

[48] Rm 5,5

rigore del freddo invernale. Perciò l'egoista viene punito per il suo peccato. Vedetelo avvilirsi nel triste isolamento nel quale si è ridotto. Non ama Dio, perciò non ama neppure sinceramente il prossimo, e siccome l'amore è reciprocità, tutti si sono ritirati da lui e l'hanno abbandonato a se stesso. Quale gioia vera può godere? Sempre sarà faccia a faccia col suo povero me che è diventato il suo tesoro ed il suo idolo. Se vogliamo sapere se facciamo qualche progresso, esaminiamo sempre se amiamo Dio e se amiamo il prossimo. Non facciamoci illusioni: niente può opporsi alla pietà ed alla carità se non l'egoismo. Abbiamo in Dio la fiducia e l'amore che proverebbe un piccolo per il suo miglior padre? Amiamo il nostro prossimo come noi stessi? Senza ascoltare le ripugnanze della natura o lasciarci arrestare dalle difficoltà dei caratteri? Siamo disposti a perdonare tutte i danni, lievi o gravi, che l'altro ci può causare? Scacciamo via i ricordi dei nostri pensieri negativi e non permettiamo all'amarezza di invaderci il cuore? E se ciò accade siamo liberi dal nostro orgoglio? La carità perfetta richiama la pietà. Diamo testimonianze contrarie alla carità? Odiamoci piuttosto e sforziamoci di uscire all'aperto, fuori da noi stessi, evitando di nasconderci dall'influenza del divino sole della carità. *Chi non ama rimane nella morte*. In effetti non c'è nell'egoista nessun principio di vita, è così inutile, così sterile alle opere buone, come un corpo che è separato dalla sua anima che lo vivifica. Ma, o parole consolanti! Colui che ama è da Dio[49], viene da Dio e Dio vive in lui, agisce in lui, si serve di lui, secondo le esigenze della sua misericordia e della carità. Apriamo il nostro cuore a tutti i sentimenti generosi che ispira la carità, soprattutto noi che apparteniamo a quello che viene definito il sesso devoto[50]. L'intelligenza e la forza sono appannaggio dell'uomo, ma se la debolezza caratterizza la donna, essa è più ricca, in rapporto al cuore ed alla sensibilità. Ecco perché precisamente ella è più pia, sa sopportare meglio il dolore e la sofferenza, soprattutto attraverso di lei si esercitano le opere di misericordia e di carità che sovrabbondano nella chiesa. Sviluppiamo in noi queste preziose predisposizioni. Non siamo degli egoisti, felici del loro bene, che non s'inquietano mai delle miserie al loro lato, non si preoccupano degli sfortunati da consolare. Se proponete loro di fare qualche opera buona, essi rifiuteranno di prendervi parte, di caricarsene, se non per qualche spicciolo di superfluo, senza che procuri loro alcuna pena. Quale terribile conto queste anime dure e fredde dovranno rendere a Dio, delle ricchezze di cui Egli le ha fatte depositarie, per sollevare i miserabili che sono i suoi piccoli amici! Ehilà! Nella loro giovinezza sono stati insensibili alle sofferenze dei poveri, non hanno abbracciato alcuna croce per versare nel loro seno neppure un unguento modesto, hanno lasciato ai loro compagni tutti i meriti delle opere buone, attraverso le quale si sono preparati alla missione della carità, di cui un giorno dovranno rendere conto. Ebbene li vedi sempre occupati fintamente per i poveri, occupare sempre i posti migliori. Non sanno rendere alcun servizio alla carità, né fare opere di buon cuore o di grazia, si mettono sempre da parte quando vuoi farli pagare per gli altri, o quando c'è da pagare di persona per utilità degli altri. Sono sempre tristi, depressi, anche se pieni di ricchezze. Non è strano che anche in età avanzata non siano né meno egoisti, né più generosi, non cambiano mai. *L'amore non fa nessun male al prossimo, l'amore dunque è l'adempimento della legge*[51]. Ed Agostino reclama: *ama e fa ciò che vuoi*. Sì! Amiamo Dio sinceramente ed ameremo anche il nostro prossimo. Tutti i doveri che scaturiscono da questo duplice precetto ci risulteranno poco gravosi e facili. Così preconosciamo i beni celesti che consistono nella consumazione dell'unione degli eletti con Dio per mezzo della carità.

Preghiera

Dio mio, come debbo ringraziarvi della grazia che mi avete accordata? Cosa posso fare per esservi riconoscente? So che Voi richiedete fedeltà ed obbedienza. Sì, Gesù mio, regnate sul mio cuore, vi offro personalmente tutto l'impero sul mio cuore. Maria, mia buona madre, voi che mi avete

---

[49] *Et omnis qui diligit ex Deo natus est, et cognoscit Deum* (1 Gv 4,7).

[50] Il sesso devoto era considerato quello femminile.

[51] Rm 13,10

sempre protetto, mostratemi cosa bisogna fare per piacere a Gesù e divenire così un suo piccolo, come egli desidera. A Gesù ed a Maria per sempre.

10. Adorare

Adorare significa letteralmente portare la mano alla bocca, perché presso gli antichi era un segno di rispetto, che si usava indistintamente verso tutte le persone che si volevano onorare. Così nelle scritture leggiamo che Abramo adora i tre angeli che si presentano a lui sotto le sembianze di tre semplici viandanti. Oggi però questo termine è esclusivamente riservato al culto che si rende a Dio solo e che non può essere applicato che a lui solo. Dio si è sempre mostrato geloso di questo culto di adorazione e Nostro Signore che si era degnato di rispondere allo spirito tentatore nel deserto non può sopportare che egli gli proponga di adorarlo: *Vattene via, Satana, perché nella Bibbia è scritto: Adora il Signore tuo Dio, a lui solo rivolgi la preghiera*[52]. L'adorazione è il culto sovrano riservato solo a Dio. Quaggiù rendiamo in forma umana alcune qualità relative all'Assoluto. Così, seguendo il consiglio di San Paolo, riveriamo i nostri eguali con dei caratteri che ne indichino la bontà, le differenze, o la beltà o con degli epiteti, che rivolgiamo ai nostri familiari, o alle persone di autorità in segno di rispetto e di amore, di sottomissione o di venerazione, soprattutto quando l'età li rende più venerabili, così Dio di solito viene immaginato come un vecchio canuto. Quando dobbiamo raffigurarci la presenza dei grandi della terra o di un superiore ecclesiastico, il nostro atteggiamento è ancora più ossequioso. Dio, però, è elevato al di sopra dei più gradi re, ed anche il sovrano Pontefice non è che il suo rappresentante, eppure gli rendiamo un culto come se fosse un unico uomo, al di sopra di tutti gli altri. Questo gesto lo chiamiamo culto di adorazione o di latria. Questo consiste essenzialmente: 1) nella preghiera diretta che noi rivolgiamo a Dio come fonte di tutti i beni. A lui solo diciamo: *Signore, abbi pietà.* Tanto che domandiamo ai santi di pregare e di intercedere per noi; 2) nei sacrifici, i cui frutti non sono applicabili se non a Dio solo; 3) nei segni esteriori consacrati per la chiesa, per designare il culto sovrano. E questi sono la prostrazione e la genuflessione. Ma questo culto, per essere gradito a Dio deve essere soprattutto interiore, ed accompagnato da sentimenti di fede, di speranza e di carità, le quali virtù debbono risultare nell'espressione esteriore solo dopo che sono state interiorizzate. L'adorazione è dunque una virtù che ci fa rendere a Dio il culto che gli è dovuto ed attraverso il quale lo riconosciamo come unico sovrano e maestro, signore di tutte le cose. La si chiama ancora virtù di religione, benché nel linguaggio ordinario si riferisca ad una persona dedita al culto, perché interiormente questa adora Dio, senza assoggettarsi necessariamente alle pratiche attraverso le quali la chiesa vuole che noi rendiamo onore. Si dice, invece, che una persona è pia, quando ama ed onora Dio e gli rende in spirito e verità il culto di adorazione determinato dalla chiesa cattolica. Il sentimento di adorazione è legato al timor di Dio, timore tutto filiale, fondato sulla grandezza di Dio che noi spesso offendiamo, colla nostra bassezza e colla nostra indegnità, mentre questo si fonda su di una fiducia senza limiti nella sua bontà paterna. L'anima che così adora Dio, lo glorifica in tutte le sue potenze e lo riconosce in tutti i suoi attributi.

11. Il culto dei santi o venerazione

Non solo è permesso di rendere un culto ai santi, ma il concilio di Trento definisce eretici coloro che ne negarono l'utilità. Forse che non siamo naturalmente portati a ricercare la protezione di questi amici di Dio? Come se dovessimo ricercare la protezione dei favoriti, dei ministri o della stessa madre di un re terreno! Perché non dovrebbero interessarsi a noi coloro che per esperienza conoscono i nostri bisogni ed i pericoli ai quali ci esponiamo? Ma noi non li adoriamo come rimbrottano i protestanti, li onoriamo solamente e li invochiamo come intercessori presso Dio. L'onore che rendiamo alla santa Vergine è il più grande dopo quello che rendiamo a Dio, perché è al di sopra di quello dei santi. In effetti Maria è la più pura, la più perfetta delle creature, Maria, la madre

[52] Mt 4,10

del nostro divino salvatore, ha diritto al nostro omaggio particolare. La sua sub-potenza dopo quella di Dio, come la sua bontà, ci invita a ricorrere a lei con una fiducia filiale. Secondo san Bernardo non riceviamo alcuna grazia che non sia passata dalle mani di Maria[53].

Le reliquie. Da sempre tutti i popoli hanno trattato con rispetto le reliquie dei morti. Gli egiziani veneravano le mummie. Presso la città di Tebe vi era una grande necropoli, che non era invidiabile alla città dei vivi per la bellezza dei monumenti. I cimiteri sono piccole necropoli, ove l'orgoglio umano si sforza di stabilire delle differenze in base al fasto delle tombe. Ma questo rispetto che noi teniamo verso i morti, deve avere un impulso maggiore se rivolto a personaggi più insigni, o più famosi. Non è strano perciò che si renda il culto alle reliquie dei santi, o ai loro vestiti, o ai loro ornamenti. È un culto fondato sui miracoli operati da questi preziosi oggetti. Così il profeta Eliseo divideva i campi al di là del Giordano con il mantello di Elia. Alcuni malati furono guariti al tocco del mantello del Signore Gesù, o al solo passaggio dell'ombra di San Pietro. I corpi dei santi per di più sono templi dello Spirito santo e risorgeranno gloriosi alla fine dei tempi, quando si riuniranno alle anime sante che li hanno abitati. Se abbiamo la fortuna di possedere delle reliquie, dobbiamo venerarle con rispetto e fidarci delle virtù recondite in esse e recarle su di noi con rispetto. Dobbiamo conservare quelle che sono autentiche, cioè autenticate dal vescovo. O quelle che recano un bollo di riconoscimento.

Immagini. Questo culto non è differente da quello che gli uomini hanno tenuto da sempre verso le immagini dei loro antenati o di personaggi celebri per i loro talenti o le loro virtù. Noi non adoriamo le immagini, come i protestanti ci rimproverano, ma ciò che queste rappresentano. Sarebbe ridicolo tacciare di idolatria l'onorare la memoria dei santi, dei quali manteniamo sempre vivo il ricordo. Sappiamo che Dio si serve di questi preziosi oggetti come cause secondarie ed accessorie per operare dei miracoli. Si dice che si adora la croce. Ma non si adora il legno della croce in sé, ma Gesù Cristo che è morto per noi sulla croce. Ci si serva di questa espressione - adorare - per elevare il culto che rende prezioso questo strumento per la nostra salvezza e che è sempre inferiore a quello dovuto alle effigi dei santi, come alle loro reliquie[54]. Il culto delle effigie dei santi è una nota distintiva della religione cattolica, che abbraccia l'uomo nella sua interezza, accattiva i sensi attraverso gli oggetti esteriori, per facilitare allo spirito il raccoglimento e l'unità a Dio. Forse non ci sente più portati nelle nostre chiese decorate a rendere culto a Dio che non in una chiesa che offre una semplicità fredda ed anaffettiva? Attacchiamoci con pietà alle pratiche della nostra santa religione, alimentiamo il sacro fuoco della carità, così soddisferemo tutti i bisogni del nostro cuore.

Preghiera

Amare il prossimo, sopportare le offese, quale eccellente pratica per piacere a Gesù. Voglio formarmi a questa scuola di amore, voglio imitare questo divino modello. Eccitare il mio amore verso Gesù Cristo ed amare i fratelli fino a versare il sangue per loro. O divino Gesù, voglio imitare la vostra condotta, imitare tutte le virtù di cui foste ornato. Mi sforzerò di essere amabile, caritatevole, buono, compiacente verso i miei compagni e sono certo che lavorando così, attirerò i vostri più dolci riguardi, dal piccolo Bambino Gesù. O Maria, mi butto ai vostri piedi, vi scongiuro di vegliare sempre su tutti i piccoli, come avete vegliato sul vostro Piccolo Dio. Non abbandonatemi mai e soccorretemi e correggetemi da tutti i miei errori.

Infans Deus noster, miserere nobis.

III
NON NOMINARE IL NOME DI DIO INVANO

[53] Bern., *De exult. Mariae*, a. 2, c. 3: «Nihil nos Deus habere voluit, quod per Mariae manus non transierit». Noi non riceviamo alcuna grazia da Gesù Cristo, che non passi per la S. S. Vergine.

[54] L'iconoclastia si era sviluppata prima nell'impero bizantino, e poi fu usata dai musulmani, dai protestanti, dai calvinisti.

1. Il giuramento

Il giuramento propriamente detto è un atto attraverso il quale si prende Dio a testimone della verità di ciò che si è detto, o della sincerità di una promessa che si è fatta. Ci sono delle circostanze in cui questo giuramento è ingiunto. Esempio quando si è chiamati a prestare testimonianza in un giudizio: un militare verso il suo superiore, un suddito verso il suo re. I requisiti del giuramento sono: 1) La verità. Lo spergiuro o fellonia è un peccato orribile, per cui prendendo a testimonianza per qualsiasi cosa, si cade nel falso, o menzogna. Dio, che è la verità stessa, quale temerità! 2) La giustizia. Se il giuramento promette una cosa contraria al diritto, o alla giustizia, qualcosa che non è permessa, cioè che non si può fare, prendendo a Dio per testimone per commettere un atto malvagio, ci si macchia di empietà. Così fece l'empio Erode. 3) Il discernimento. Allo stesso modo che non si oserebbe far intervenire una persona rispettabile per decidere una questione relativa a giochi di fanciulli, così sarebbe un oltraggio alla maestà di Dio il fatto di prenderlo a testimone con leggerezza sulla verità di una cosa poco importante. Bisogna anche evitare certe espressioni che sono dei veri e propri giuramenti che paiono esprimere seriamente l'intenzione di un impegno. Ci sono menzogneri di professione che abusano in proporzione del loro poco di rispetto della verità. Ad esempio: *Parola d'onore!* Il carattere distintivo delle persone sincere è al contrario di dire semplicemente, secondo il precetto evangelico: *Sì, sì! No, no!* Gli oggetti sacri, o benedetti, sui quali si giura molto ordinariamente, sono un segno esteriore pregno di senso, del giuramento che si fa. Così colui che giura sul vangelo, pare che dica: ciò che affermo è tanto vero quanto la verità confermata in questo libro. Così il militare, giurando su di una bandiera s'impegna ad essere fedele all'onore di cui questo stendardo è segno. Ma questi segni esteriori non aggiungono nulla alla santità del giuramento. Così fece Luigi XI giurando su di una croce[55]. Per fare un giuramento non è necessario esprimerlo nominalmente, basta fare un segno di croce.

2. Le ingiurie

Si intende per ingiuria, come dice la stessa parola, che usiamo abitualmente, tutte le parole di offesa alla morale ed alla religione, pronunciate anche inavvertitamente o in stato di collera. L'ingiuria può assumere differenti aspetti, designate da diverse parole: quando si attacca lo stesso Dio, si chiama blasfemia, o bestemmia. Ad esempio: *Dio non è giusto*! Parole insensate ed empie! Si nega un attributo di Dio, che coincide con Dio stesso, cioè la giustizia. Chi pecca di bestemmia è come un pazzo che lancia del fango contro il sole, senza capire che questo gli ricade sul suo capo. Se l'ingiuria attira una maledizione su colui che la pronuncia, o su qualche altra persona, si chiama imprecazione. Esempio: - *Voglio che Dio mi punisca se ciò che dico non è vero.* Come non tremare dinanzi al fatto che Dio possa all'istante esaudire questo desiderio, soprattutto se pronunciato da un menzognero. Ogni provincia, ogni paese ha la sua maniera, più o meno rivoltante, più o meno disgustosa di giurare. Non comprenderanno mai coloro che proferiscono certe bestemmie e certe imprecazioni. Bisogna interdirle assolutamente. La bocca che pronuncia queste parole offensive è come una finestrella dell'inferno. Che dire se queste parole sono proferite da una donna, o da una ragazza? Si proverebbe meno orrore a veder vomitare dei serpenti! Si deve evitare di impiegare ogni parola unitamente al santo nome di Dio: ciò vale in particolare per tutte le parole pronunciate con collera ed in generale con tutte le parole grossolane ed equivoche. Bisogna tenersi in guarda dall'abuso del santo nome di Dio, impiegato di proposito nelle conversazioni, come in questa altra espressione: - *La mia fede sia da giuramento se io parlo con serietà!* Si commette peccato ogni volta che si pronunciano certe espressioni, anche per inavvertenza, o per ignoranza. Sono cattive abitudini che la civiltà, come pure la religione condannano. Quando si sente una bestemmia sul santo nome di Dio bisogna fare un atto interiore di riparazione, e di adorazione, per l'oltraggio arrecato, pregando

[55] 29 agosto 1475. Luigi XI, re di Francia ed Edoardo IV, re d'Inghilterra, giurano la pace sopra il messale e la croce. *Teatro universale*, n. 9, Anno I, Agosto 1834.

per quegli infelici, che non conoscono questo Dio tanto santo o che non comprendono la portata delle loro espressioni. Infine bisogna dare testimonianza, assumendo un'aria triste e serie, afflitta quando si odono queste imprecazioni, domandando a coloro che si beano di queste espressioni, se ne sono risentiti o se essi stessi intendano ciò che realmente pronunciano, senza alcun rispetto, apportando anche dei paragoni, come disprezzando il nome del loro padre e del loro benefattore.

3. I voti

Il voto è la promessa che si fa a Dio di una cosa che si crede a lui gradita, e di cui ci si obbliga. Esempi di voti sono quelli degli ordini sacri: di povertà, di obbedienza e di castità, come pure i pellegrinaggi, le adunanze, le preghiere particolari, in breve, tutte le opere di supererogazione che ci si impegna a fare, sia per ottenere da Dio una grazia speciale, sia per ricambiare per un beneficio ricevuto. Si distinguono diversi tipi di voto: 1) i voti condizionali, cioè quelli che ci si impegna a compiere per ottenere dei favori celesti o per sollecitare l'intervento divino; 2) i voti assoluti, cioè senza alcuna restrizione; 3) i voti solenni, fatti in un ordine religioso, approvati dalla Chiesa; 4) i voti semplici, fatti o in un'associazione, oppure individualmente. I voti del battesimo sono delle promesse solenni fatte da ogni cristiano, per ovviare alla violazione originaria, commessa in virtù del peccato originale e consistono essenzialmente nell'evitare ogni peccato mortale, il quale rompe il sacro vincolo che ci lega a Dio. Con quale indifferenza e leggerezza si manca spesso verso Dio, vantandosi di essere sul punto d'onore. Ecco molte regole importanti concernenti i voti: 1) Non bisogna fare mai un voto senza il consenso espresso di un confessore acclarato, perché accade spesso che un peccato veniale senza un voto diventi un peccato mortale sotto condizione. 2) Non bisogna mai fare dei voti temerari o voti che non si riescano poi a osservare ed evitare l'infedeltà verso i voti espressi: in questi casi occorre sempre avvisare il confessore. 3) Si deve accusare l'infedeltà verso un voto al confessore come se fosse un peccato mortale. Ricordate che gli eredi sono obbligati a compiere i voti espressi dai cari defunti. La questione della locazione è legata a quella dei voti. Senza svilupparla estesamente, diciamo solo che è di ultima importanza per la salvezza di poterla conoscere e seguire: ogni giorno dobbiamo chiedere a Dio le grazie e le illuminazioni necessarie a che noi possiamo rispondere generosamente ai suoi disegni su di noi.

Preghiera

Dio mio, voglio applicarmi ad avere il massimo rispetto per le immagini che rappresentano Nostro Signore e la Santa Vergine ed i Santi. Mi applicherò soprattutto a conseguire le virtù di cui essi rappresentano il modello. Voglio che per la mia condotta di vita, possa dire non solo che sono un piccolo religioso, ma che sia anche un piccolo pio. Maria, madre mia, ogni volta che mi recherò presso una tua effigie, penserò alle virtù che essa rappresenta e mi impegnerò ad imitarle ed a praticarle. O Maria, pregate il Bambin Gesù per me.

IV
ONORA TUO PADRE E TUA MADRE

1. Quarto comandamento

Questo comandamento, il primo che riguarda il prossimo, è il più importante e più perentorio, dopo quello che ci prescrive i doveri verso Dio. In effetti, secondo il pensiero di San Giovanni Crisostomo, che definisce i genitori degli Dei visibili, sembra che Dio abbia voluto che noi, nella loro persona gli rendiamo il culto, l'onore, il rispetto e l'amore che dobbiamo a lui, come a nostro Creatore ed a nostro primo padre. Mancare solo ad uno degli obblighi verso nostro padre, o nostra madre, significa mancare a Dio, di cui essi sono l'immagine ed i rappresentanti. Facciamo notare che la parola pietà egualmente serve ad esprimere l'amore che ci porta a rendere a Dio il culto dovuto. Questo ci induce a compiere tutti i nostri doveri verso i genitori: in effetti la pietà filiale è come un culto che partecipa nello stesso tempo del culto divino. La parola onore, usata nel testo di questo comandamento, conferma tutti gli obblighi che dobbiamo adempire verso i nostri genitori, come la parola adorare riassume quelli che ci impone di adempire il primo comandamento verso Dio. Ma pare forse sorprendente, o umiliante che Dio abbia imposto un tale comandamento? Si capisce che egli ci ha ordinato di amare i nostri nemici, perché un sentimento naturale e quasi istintivo, ci porta a repellere senza rifletterci tanto tutti coloro che ci sono sgraditi, o ci nuocciono. Ma qui la natura stessa non parla al nostro cuore? Non ci induce a rispettare ed amare i parenti? Come fanno gli stessi cuccioli di tutti gli animali? Vediamo i piccoli uccelletti con dei gioiosi battiti d'ali accogliere la madre, che porge loro il becco, testimoniandole anche la loro riconoscenza. Ammiriamo la prontezza colla quale i piccoli pulcini, dispersi lontano dalla loro madre, si rendono docili al primo richiamo che essa fa loro intendere. Possiamo citare un sacco di altri animali, come le cicogne, le quali con assiduità agli autori della loro esistenza rendono grazie. Un celebre legislatore della Grecia giudicò inutile fare una legge contro il parricidio: era impossibile! Ma l'esperienza non ha troppo provato il contrario, perché oilà! Scrive Floriano: il crimine è sconosciuto presso gli animali, ma l'uomo lo commette. Napoleone, esaminando il famoso Codice, redatto secondo i suoi voleri, aggiunse di proprio pugno il parricidio: nessuna circostanza poteva attenuarlo, né scusarlo. Questo crimine è certamente il più grande di tutti e l'immaginazione ne respinge inorridita la sua rappresentazione, pertanto occorre allontanare il fanciullo da simili propositi, o riprenderlo al solo affronto che osa commettere contro i genitori, desiderandone la morte. Come si è potuti giungere a questo degrado, a questa insensibilità, accrescendo gli atti di eccessiva familiarità, di disobbedienza, di insubordinazione? Il giogo dei suoi genitori è divenuto insopportabile all'uomo, che aspira all'indipendenza e spera d gioire alla loro morte.

2. *Doveri verso i genitori*

I doveri che dobbiamo assolvere verso i genitori sono quattro: amore, rispetto, obbedienza e assistenza. 1) Amore. Se il grande precetto della carità ci ordina di amare il nostro prossimo, a maggior ragione dobbiamo amare i nostri genitori. Quale prossimo ci sarebbe più vicino? D'altronde presso Dio essi sono considerati ciò che abbiamo più vicino nell'ordine temporale. Come dobbiamo tenere in considerazione l'inapprezzabile beneficio di un'educazione cristiana? Cosa potremmo fare per loro che eguagli ciò che essi hanno fatto per noi? Quali penose premure, quali terribili angosce, quali veglie assidue abbiamo procurato, soprattutto a nostra madre? Se i nostri genitori si alzano, permettendo loro le forze, per un lavoro incessante, non lo fanno forse per assicurarci un benessere, che ci hanno acquistato al prezzo di innumerevoli sacrifici? Lo Spirito Santo insiste soprattutto sull'amore che il piccolo deve tendere a sua madre: onorate vostro padre e non dimenticate i gemiti di vostra madre[56]. In effetti il cuore di una madre è qualcosa di indicibile e di misterioso, proprio come Dio stesso. Chi potrebbe esprimere ciò che esso rappresenta in amore, in tenerezza, in dedizione? Una madre non conta nulla, né sofferenze, né privazioni, dimentica perfino tutta la propria vita per quella del suo figliolo, dacché giammai si potrà conoscere un amore che lo eguagli in generosità e devozione. Ma di quali consolazioni potrà riempirsi il cuore di questa buona madre, se non degli atti di obbedienza a lei, soprattutto nelle prove non equivoche della sua pietà filiale? In effetti la condotta dei piccoli è come un termometro, che indica molto più delle parole il loro grado di affetto per i loro genitori. Pensate che tanti li colmano di lacrime, e se vengono a mancare ne fanno una malattia. Ma molti li maltrattano e perciò Dio su di essi ratifica una maledizione per l'eternità. Maledetto il figlio che esaspera sua madre![57] Ma pace e bene a coloro che meritano la loro benedizione. 2) Rispetto. Il rispetto è un dovere necessario e generale che dobbiamo verso i nostri genitori e tutti i parenti in generale, benché a volte l'eccessiva tenerezza, che può divenire cieca, verso i genitori, li fa scordare del loro ruolo davanti a Dio, tant'è che essi si equiparano ai loro figli ed i figli non ambiscono di più che una semplice amicizia coi loro cari. Di più un tempo infelice d'anarchia

[56] *Gemitus matris tuae ne obliviscaris* (Eccl. 7,29).
[57] Sir 3,18

e di disprezzo di ogni forma di autorità ha tolto l'uso della necessaria severità e serietà, il che permette a un gran numero di piccoli oggi di dare del "tu"[58] in molte famiglie ai loro cari. Così sembra stabilirsi tra padre e figlio un'eguaglianza perfetta, la quale priva l'autorità della sua forza e facilita al figlio l'uso di espressioni poco rispettose. Lungi dall'abusare di questa eccessiva condiscendenza dei genitori, i piccoli dovrebbero, da parte loro, al contrario, esercitare maggiormente la venerazione, ed evitare di ricevere quei segni di tenerezza, di modo che la troppa intimità non degeneri in familiarità: *la troppa familiarità genera il disprezzo,* dice il proverbio e non c'è niente di più vero. Il rispetto è la base dell'amore e quando non c'è più rispetto vedrete che l'amore presto cessa di esistere. Il rispetto che noi dobbiamo ai nostri genitori si deve fondare sul fatto che essi sono immagine di Dio nei nostri riguardi. Niente è più capace di farci mancare nei loro confronti: né i difetti di carattere, né la povertà, né le infermità della vecchiaia, che essi debbono sopportare rispetto a noi, quanto la mancanza di rispetto. La pietà filiale, come un largo manto, deve coprire tutte le loro miserie, ricordando ciò che essi hanno fatto per noi, nonché tutto ciò che noi abbiamo loro procurato in termini di pene, di sacrifici. Tutto questo è ben sufficiente a renderci indulgenti nei loro confronti, come essi lo sono stati spesso e per molto tempo verso di noi. 3) Obbedienza. L'autorità dei genitori è la stessa di quella di Dio, rivela, per così dire, un carattere sacro, che li rende immagini viventi della sua Provvidenza. Egli dona loro tutti i mezzi necessari per sostentare e far crescere i figli e per preservarli da tutti i pericoli di cui è cosparsa questa età di fragilità e di ignoranza. I genitori stessi, quando rimproverano i figli, facendo loro notare i loro difetti, più o meno gravi, debbono limitarsi a dare dei buoni consigli ai loro figli: Dio lo permette per farci capire che malgrado le loro miserie, inerenti alla natura umana, essi non cessano per questo di essere i suoi organi e i suoi rappresentanti sulla terra. A quante madri cristiane potremmo applicare ciò che Agostino disse della sua: - Mia madre, dopo aver deposto nel mio cuore colle sue parole i precetti della salvezza, li condisce con le sue lacrime e le feconda coi suoi esempi. Felici quelle madri che dopo aver gemuto delle mancanze dei loro figli, sono consolate dal loro ritorno a Dio come fu per Santa Monica. Felici soprattutto i figli che danno questa soddisfazione ai loro genitori. Ma quanti figli, al contrario, rendono inutili gli aneliti dei loro genitori! Non si spiega la loro disobbedienza se non attraverso l'azione perfida del Demonio sulle loro giovani anime... nulla è scusabile! O i figli riconoscono che disobbedendo misconoscono il diritto che i loro genitori hanno su di loro, o preferiscono le loro piccole volontà alla volontà divina, rendendosi indegni della salvezza eterna. Si facciano condurre dalla loro propria saggezza in ciò. Oilà! La leggerezza e la forza dell'abitudine impediscono troppo spesso a tanti giovani di fermarsi, di meditare e di capire l'importanza dell'obbedienza cristiana. Felice l'anima obbediente: è un fiore che produce sempre frutto, anche nella spensierata vecchiezza. Nessuno può eguagliarla ed esce con tutta sicurezza alla via che conduce dritto al cielo. 4) Assistenza. L'amore e il rispetto di un figlio per i genitori sarebbero sterili se non si manifestassero attraverso l'assistenza, cioè l'intraprendenza attraverso la quale dobbiamo soccorrerli, se essi vengono a cadere in uno stato di infermità, o di povertà. È un dovere di cuore, ma anche un dovere di giustizia. Quanti sacrifici hanno fatto i buoni genitori per non mettere i loro figli in stato di difficoltà, di sofferenza. Tuttavia capita che i piccoli, nel mezzo delle delizie dell'opulenza, dimenticano le asprezze dei giorni tristi, allorché per farli stare bene hanno vissuto nella miseria. Dio si compiace di istruirli e di umiliarli con gli esempi degli animali. Si racconta che un naturalista osservava a più riprese una compagnia di topi che venivano avidamente a nutrirsi delle briciole del suo pasto. Faceva qualche rumore ed essi fuggivano, ma poi tornavano arditamente. Ma ciò che lo stupì fu il fatto che mentre essi scappavano e svanivano nelle loro oscure dimore, uno di essi, vecchio, sporco e che pareva cieco, si trascinava con pena, né poteva ritrovare la sua strada. Ebbene! Cosa ammirevole! I giovani ratti, compatendo quel povero anziano lo guidavano, lo tiravano e per orecchie lo indirizzavano verso il buco che a loro era di rifugio. Altri animali ci forniscono certamente esempi simili, perché, secondo una nota di Sant'Ambrogio, non v'è uccello così vanitoso, o così vile, che lascia morir di fame i suoi vecchi genitori. Oltre il soccorso dovuto, l'assistenza conferma tutti i riguardi di previdenza, di compiacenza che i giovani debbono rivolgere

[58] *Tutoiement*: cioè troppa confidenza.

ai loro cari, particolarmente nelle loro malattie. Me se siamo obbligati a soccorrere per i bisogni temporali i nostri cari, con tanto più zelo siamo ancora obbligati a soccorrerli nei loro bisogni spirituali. Dio si compiace molte volte ad accordare alla preghiera di un figlio la conversione di un padre o di una madre: con qual fervore egli deve domandare una grazia così preziosa. La nostra riconoscenza per i nostri cari deve ancora seguire dopo la morte: non si può negligere nelle preghiere, in tutte le buone opere che possano alleviare le loro sofferenze dell'aldilà e renderli felici, in attesa del momento che vengano accolti nel seno di Dio, in ricompensa di tutto ciò che essi hanno fatto per i loro piccoli. Infine, Dio si impegna per chi osserva il quarto comandamento, onorando il padre e la madre, ad assicurare una lunga vita[59] ed a ricompensare, già su questa terra, la pietà filiale, con le più abbondanti benedizioni. Coloro che avranno fedelmente adempiuto a tutti i sacri doveri, meriteranno di avere a loro volta una famiglia pia e riconoscente. Al contrario, quanti terribili esempi ci mostrano che Dio fa provare ai figli gli stessi dispiaceri, gli stessi malvagi trattamenti, che essi hanno fatto provare ai loro genitori. Dopo questa seria riflessione, sforziamoci allora di onorare sempre i nostri cari, di non renderci colpevoli di falli verso di loro, e se sbagliamo di chiederne perdono, di consolarli sempre, seguendo l'educazione cristiana che essi hanno voluto donarci. Siamo sempre loro sottomessi e rispettosi.

O Maria, mia buona madre, degnatevi di benedire questi propositi e fate che sia sempre in essi fedele al vostro esempio. A Gesù e a Maria per sempre. Céline Herard.

3. *Doveri verso i superiori*

Partiamo dai superiori ecclesiastici che sono, in ordine, il Papa, i vescovi, i curati, i confessori e i preti. Siamo tenuti a rispettarli con gli stessi onori che noi dobbiamo ai genitori. Essi sono i nostri padri nella fede. Noi infatti come li chiamiamo? Non maestri, non principi, ma pastori e padri! Perché ci guidano con durezza ed austerità, ma anche con carità. È il pastore divino che ha affidato loro le nostre anime ed essi le conducono come pecore nei pascoli divini e le amano e le proteggono dai lupi feroci. Quale riconoscenza dobbiamo a loro! Non potremmo salvarci senza il loro ministero. Quale deve essere il nostro rispetto per essi, che sono realmente i coadiutori di Dio! I difetti che possiamo notare in loro non debbono stupirci, perché come dice Paolo, essi operano presso gli uomini, anche se non sempre sono di esempio colle loro debolezze, ma Dio li lascia fare, al fine che siano sempre trai suoi eletti, e che siano soprattutto sempre tra le sue mani, pieni di questa umiltà, che dà alle loro opere un tocco divino. Bisogna che essi riconoscano che noi sappiamo anche che essi sono un nulla per se stessi, ma tutto per Dio. Dio li lascia fare cosicché essi comprendano anche le nostre miserie e siano indulgenti verso di noi. E siccome, malgrado queste infermità, inerenti alla loro natura, sono per eccellenza i rappresentanti di Dio, che Egli riveste delle disposizioni attribuibili a se stesso, debbono essere tutti colmi di bontà, di zelo, di dedizione per noi. Egli dona loro la luce necessaria per guidarci, e quando noi lo cerchiamo con cuore sincero, ecco che parla a noi per loro bocca. Avendo riconosciuto che sono nei nostri riguardi gli organi dell'autorità di Dio, dobbiamo comprendere che per noi è un'obbligazione estrema il doverli obbedire. San Paolo conferma: «Obbedite ai vostri capi e state loro sottomessi, perché essi vegliano su di voi, e devono renderne conto, affinché lo facciano con gioia e non lamentandosi. Ciò non sarebbe di vantaggio per voi»[60]. Comprendiamo la loro responsabilità e comprenderemo la loro sollecitudine e non ci stupiremo se talvolta essi agiscono come pastori vigilanti, i quali dopo aver invano richiamato l'indomita pecorella, la ricaricano sulle spalle per menarla nel gregge, perché nello smarrimento della vita ritrovino la giusta strada. Essi gioiscono dei nostri progressi e si rattristano per i nostri errori, essendo a loro cari solo gli interessi eterni. Essi reclamano la nostra obbedienza perché il cielo ne è il prezzo. Ma se noi la rifiutiamo ecco! Essi avranno d'addolorarsi della nostra resistenza ed i loro gemiti saliranno fino a Dio. E quando il sovrano giudice domanderà loro conto della loro amministrazione, prima di decidere se essi avranno

[59] *Onora tuo padre e tua madre, perché si prolunghino i tuoi giorni nel paese che ti dà il Signore Dio tuo* (Es 20,12).
[60] Eb 13,17

la ricompensa del buon servitore o il castigo dell'infedeltà, vorrà sentire da loro: - Signore, io mi sono stancato di seguitare quest'anima, perché essa persevera nella sua iniquità. Allontaniamo da noi un cattivo compagno, siamo docili ai loro avvisi, abbiamo dei cuori ben fatti, siamo ripieni di venerazione per essi e approfittiamo delle loro generose imprese! Abbiamo detto che i nostri doveri verso i superiori ecclesiastici sono gli stessi di quelli che dobbiamo attendere verso i nostri genitori. Dobbiamo pertanto assisterli nei loro bisogni. I sacerdoti hanno rinunciato ad ogni carriera, è una giustizia allora, che coloro ai quali essi hanno consacrato tutto il loro operato, a sua volta li soccorrano nei bisogni della vita, nelle infermità, nei malanni e nella vecchiaia. Tutte le volte che abbiamo occasione di offrire loro qualche onorario, nelle differenti funzioni del loro ministero, dobbiamo farlo subito, con tanto di delicatezza e di rispetto. Si suborna nel mondo una serie di assurdità a riguardo, le quali sono empie e irriverenti. Se un giorno queste sobillazioni dovessero gettare oscurità nel nostro spirito, dobbiamo immantinente schiarirci le idee. La principale assistenza che reclamano i nostri superiori spirituali è quella delle nostre preghiere: non dobbiamo mai considerarle tanto abbondanti, perché essi lavorano per i nostri interessi. Sforziamoci allora di praticare verso i pastori delle nostre anime tutti i doveri di cui abbiamo parlato. Guardiamoci soprattutto da questa leggerezza imperdonabile, la quale ci porta a parlare di loro in maniera sconsiderata, biasimando la loro condotta, calunniando le loro intenzioni, ridicolizzando i loro discorsi, sarebbe mancare a sua volta di buona educazione, nonché del rispetto che è loro dovuto. Spesso nel momento in cui la bocca pronuncia parole inconcludenti, il cuore ne risente il peso, infatti innanzitutto è dovuto il rispetto a questa persona, giovane o vecchia che sia, tanto pia e riconoscente, e questo deve indurre a trattenerci da questi miserabili propositi. Bisogna capire che i nemici della chiesa permettono di proferire nulla di vero, spesso s'inventano calunnie pur non sapendo un bel nulla. Ah! Il più grande peccato è mormorare contro i preti[61]: niente contribuisce di più a far perdere la fede. Ricordiamo cosa dice il Signore: «Chi ascolta voi, ascolta me, chi disprezza voi disprezza me»[62].

4. *Doveri verso i maestri*

Noi maestri, scelti dai genitori per aiutarli nell'opera più importante che è l'educazione, siamo i loro rappresentanti presso di loro. Gli allievi verso i maestri hanno gli stessi doveri che verso i genitori. 1) Noi dobbiamo amarli. Come provarlo? Si potrebbe spiegare ad un agonizzante la grande devozione che egli dovrebbe avere verso colui che lo soccorre? No, no! Non c'è bisogno che si ecciti un bambino che ha un cuore ad amare i suoi genitori, né le persone che contribuiscono al suo bene, presente o avvenire. A tutti coloro che ricevono dei benefici da altri, servono forse argomentazioni possibili per ricambiare con l'amore? Potrebbe forse non amare perché gli manca lo strumento con cui amare? È vero che c'è un triste proverbio che ci tocca tutti, giovani e vecchi. Dice: *la gente di scuola è ingrata*. Oilà! Ciò non somiglia forse alla grande umanità tutta intera, miserabile e povera? Dobbiamo provare terrore per l'ingratitudine e prendiamo per modelli questi cari antichi, che noi maestri gioiamo nell'aver elevati. Come non potremmo amare i nostri maestri, quando essi ci amano ogni giorno? Forse incontreremo per la strada giorni difficili, delle situazioni sconcertanti, quando il mondo intero ci abbandonerà[63], allora sovverranno gli altri, nella casa dove si saranno passati anni felici: lasciamo sempre la porta aperta ai cuori amici e devoti. Succede spesso. Un giorno si è colmati d'affetto e l'altro già tutto è cambiato. Succede anche coi maestri. Si ama questo perché è un buonuomo, l'altro si detesta perché è troppo severo. È l'amor proprio che tiene questo linguaggio, perché prova orrore per tutto ciò che gli è contrario. Cerchiamo di capire però che un maestro che non ci dice i nostri difetti ci ama poco, ma quegli che ce li farà osservare ci ama sinceramente. Colui che ci ama sinceramente e secondo Dio corregge la nostra pigrizia, la nostra negligenza, perché egli ci rende un grande servizio, per quanto gli sia possibile, che è quello di renderci più perfetti.

---

[61] Es 17,1-7: ricordiamo le mormorazioni del popolo contro Mosè a Massa e Meriba.

[62] Lc 10,16

[63] Fa da eco Ovidio: *Cum fueris dives multos numerabis amicos, tempora si fuerint nubila solus eris* (*Tristia* I,9).

Dovremmo forse ritenerlo cattivo? No! Perché non potremmo ricevere un segno di affetto più grande di questo. 2) Noi dobbiamo loro il rispetto. L'amicizia che merita sinceramente questo nome, non esiste se non a condizione di essere unita al rispetto. I proverbi che ci richiamano la saggezza delle nazioni lo dicono apertamente: *la familiarità genera il disprezzo*. Tanto è vero che i più nobili sentimenti del cuore si alimentano attraverso queste forme esteriori di grazia e di rispetto, che sono come i fiori di una buona educazione. Una giovane ragazza si studia davanti ad uno specchio di trovare il modo come piacere: come dimenticare colei, invece, che concilierà il cuore del suo amato, sicuramente più che coi vani ornamenti possibili, con una beltà[64] semplice e naturale, con delle buone maniere, ripiene di grazia e di amenità. Poiché la toilette non fa tutto! I mercanti sanno vendere di più i loro oggetti più luminescenti, o di lusso, certo non per se stessi, ma per il modo di presentarli. Esercitiamoci, dunque, quando ci troviamo faccia a faccia coi nostri maestri, a questa grazia, che costituisce lo charme della società. Avviciniamoli con rispetto, non abusiamo del regime materno, delle nostre case, allontaniamo la troppa familiarità. 3) Noi dobbiamo loro obbedire. Non c'è niente di più giusto, nessuno dovrebbe in discussione ciò, anche se tutti vorrebbero dispensarsi da questo obbligo. Cosa succederebbe se coloro che debbono obbedire ad un certo punto declinassero l'autorità? O se fosse messa in discussione la potenza di coloro che hanno il penoso compito di comandare[65]? Quale spaventevole confusione! Vogliamo incorrere nell'ennesima delle nostre preoccupazioni, nei disagi, nei pericoli nelle tentazioni dei nemici? Allora dichiariamo guerra alla disobbedienza. Quanti giovani, quante ragazze, hanno raccolto più tardi i frutti acerbi della disobbedienza! Perché non dobbiamo imitare coloro che disobbediscono, siamo destinati ad obbedire l'intera vita e l'obbedienza non ci sarà mai così dolce come ora. Il segreto di una donna, per essere felice nella sua vita, è l'obbedienza. Se ella non si è esercitata in questa virtù sublime dalla buona ora, ella non sarà che una femmina ribelle, e non tarderà a divenire una donna schiava, degna di pietà, disprezzata da tutti, perché la vera emancipazione non deriva dalla disobbedienza. Il miglior mezzo per onorare i maestri è obbedire, non fare ciò che si vuole. La nostra obbedienza verso i maestri deve essere filiale: l'orgoglio potrà farci dimenticare di obbedire, ma se non siamo capaci di ciò, saremo incapaci neppure di guidare noi stessi. Siamo felici quando amici pii e devoti si consacrano alla nostra direzione. È Dio che confida ai maestri la sua potenza: in Dio essi tengono la loro autorità. Obbedienza dunque con buona volontà, gioia, prontezza. Se volete che tutto vada bene in una casa, ci debbono essere dei bambini di Dio, imitatori del Bambino Gesù. Ricordiamo: coloro che si lasciano condurre dallo Spirito di Dio sono veramente piccoli di Dio. Non parliamo del quarto dovere, l'assistenza. Non è in nostra portata per quanto concernono i beni temporali, per cui non potremmo in qualche modo praticarla verso i maestri. Ma il nostro cordoglio ci porta comunque ad un'altra assistenza, quella spirituale, di cui raccoglieremo i primi frutti. Preghiamo molto per i nostri buoni maestri, affinché Dio benedica il loro tenero zelo ed il loro senso materno.

5. *Rispetto degli anziani*

Si fa entrare in questo comandamento anche il rispetto per gli anziani. Forse che non è dovuto il rispetto a loro? I loro capelli bianchi per l'età o per i patimenti, le loro mani usate per il lavoro, sembrano soccombere sotto i piedi delle lunghe miserie, la loro fronte corrugata dagli anni, sulla quale si sono abbattute tante tempeste, ma ciò che li deve soprattutto rendere rispettabili è il fatto che essi sono l'immagine della maestà di Dio, per la loro gravità, la loro bontà e la loro esperienza. Il più delle volte Dio ha permesso di essere raffigurato sotto le sembianze di un vecchio venerabile. Essi sono di un consiglio superno e la loro saggezza ci addita alla Sapienza infinita. Dice lo Spirito Santo: «Alzati dinanzi al capo canuto, onora la persona del vecchio, e temi il tuo Dio. Io sono l'Eterno»[66]. Chi non rispetterà il vecchio avrà tutto da temere dai giudizi di Dio. Nell'Antica Legge si riportava

[64] *Politesse*.

[65] Ecco perché Aristotele osservava che non si può comandare bene senza aver prima obbedito.

[66] Le 19,32

un esempio rimarchevole: nei momenti difficili si radunavano gli anziani alle porte della città e davano consigli a tutti. Ciò accadeva presso tutte le civiltà antiche: i Romani, gli Egizi e i Greci. Lo stato quasi infantile in cui decadono a volte i vecchi non può farci esimere dal rispetto per loro. Ci si deve disperare, perché vi è solo fragilità laddove la luce della ragione brilla ordinariamente senza tutto il suo fulgore, cioè si affievolisce fino a diventare fioca. Piangiamo se ci troviamo dinanzi a vecchi derisi o disprezzati. È un grave oltraggio al quale saremo sottoposti, a sua volta, noi stessi.

6. *Rispetto dei pari*

Il rispetto dovuto ai nostri pari è tutto contenuto nel precetto della carità cristiana. In famiglia una sorella, o fratello, amato che è pio e buono ha un influsso molto potente sui suoi fratelli, o parenti. Man mano che si cresce questa influenza potrebbe diventare molto importante, se si scopre che abbiamo dei parenti felici e virtuosi. Un piccolo più giovane deve ai suoi cari, non solo rispetto, ma anche deferenza: il suo dovere ed il suo bene deve essere di ricevere in buona amicizia i loro avvisi ed i loro consigli fraterni. In una parola, rimanendo nei termini della familiarità, egli deve avere verso i fratelli e le sorelle tali riguardi e convenienze che si intrattengono in verità per il vero affetto. Tra compagni bisogna che ci sia disinvoltura, ma sempre con grazia e con buon tono. La troppa familiarità genera il disprezzo. Bisogna, ad esempio, non cedersi troppo volentieri, guardarsi dall'indelicatezza che abusa di un compagno inabile per farne burle da mocciosi, evitare i soprannomi ridicoli e i giochi di mano sconvenienti. Infine bisogna essere sempre in buoni rapporti, per quanto possibile, gli uni verso gli altri. Prendere ciascuno un po' di pena dell'altro e sacrificare l'amor proprio, per evitare le contestazioni, gli imbarazzi ed i piccoli disagi, che turbano la buona armonia ed alterano troppo spesso l'amabile carità. La giusta educazione permette ai bambini di apprendere i doveri utili da adempiere verso i pari. Saranno più seri, ma diverrebbero più leggieri, se non ci siamo dati da fare nella buona vigilanza e nell'abnegazione. Non si deve credere che un fanciullo che si sia mostrato sempre egoista e dominatore, tutt'a un tratto, e senza genio, potrà essere un giorno una persona condiscendente e dolce, graziosa e riservata. Un giovane sarà lo stesso di quello che diverrà da anziano se non si sarà impegnato nella virtù e nell'ascesi, perché chiunque raccoglie i frutti che ha seminato.

7. *Doveri dei padroni verso i servi*

Questa questione è anche più importante, anche se trattata alla fine, perché un piccolo non ha altri doveri che quelli della riconoscenza, della deferenza e della bontà. Che pensare dei genitori, o superiori, o padroni, che trattano i loro figli, o inferiori, o dipendenti con altezzosità e disprezzo? Si dovrebbe dir loro: - Guardate, piccoli atomi, che Dio non se la tiene così! Apprezzate la loro obbedienza, ma non rendetela tanto penosa. La parola domestico significa ciò che fa parte della casa e della famiglia. Questa etimologia è molto toccante e degna di rispetto. Facciamo in modo anche di valutare i nostri doveri e le nostre buone maniere verso i domestici, o i dipendenti, o i servi, o i subalterni e per questo dobbiamo partire da un principio di fondo, cioè che noi siamo tutti figli, servi, dipendenti, inferiori, subalterni di Dio, che è nostro padre, il quale ci invita tutti alla medesima mensa eucaristica sulla terra, ed allo stesso bene infinito nel cielo. Dio per il buon ordine della società ha stabilito l'ineguaglianza delle condizioni. Egli permette che gli uni siano più elevati degli altri per facilitare l'esercizio delle buone virtù, che dobbiamo praticare mutualmente. Ma ricordiamoci che noi non abbiamo fatto niente, per meritare di esser posti in un rango onorevole, o più favorevole, in apparenza del meno favorevole, perché tutte le condizioni sono favorevoli quando si fa il proprio dovere. È Dio che ci ha donato la nostra posizione ed i nostri vantaggi, sarebbe saggio, dunque, disprezzare coloro che ne sono privi? Per un modico salario che non fa che immiserirli, perché il servizio che essi ci rendono non è commensurabile? Essi si offrono a noi, sacrificano la loro libertà per noi, le loro braccia e il loro cuore. Ci promettono di proteggerci, di curarci, di stare con noi. Ma ci sono dei padroni, o datori di lavoro, o dirigenti, che invece di riconoscere la loro dedizione li trattano con durezza, più duramente dei loro animali privilegiati. Così i poveri, domestici o dipendenti, dimenticano la vita comoda ed agiata, per quelli egoisti e senza pietà, i quali si impegnano ad aggravare il giogo che già pesa su di essi. Ah! Bisogna avere un cuore freddo, o cattivo, e molto crudele. Veniamo ora ai doveri che debbono compiere i superiori: 1) Il buon esempio. I superiori hanno davanti a Dio la responsabilità della condotta che essi assumono verso gli inferiori. Quale male se essi, tanto attenti alle nostre negligenze, dimenticassero i loro doveri verso Dio! Temiamo il giudizio del Signore, perché sarà molto severo, soprattutto per quanto concerne gli scandali. Quanti dipendenti si sarebbero potuti salvare se avessero avuto un capo cristiano. 2) La sorveglianza. Come quella di un padre e di una madre sui loro piccoli per impedire loro di farsi del male, ma per portarli al fare del bene, tale deve essere la sorveglianza verso di essi, perché noi ne risponderemo, anima per anima. Si debbono istruire i propri dipendenti, o domestici, facilitare le loro pratiche religiose. Sarebbe di buon esempio condividere la preghiera comunitaria con essi. Bisogna avere buon senno con loro, non lasciar loro leggere dei libri cattivi. Quantunque fossero degni della loro confidenza, non dobbiamo mai esporli ad eccessi di cupidigia o di sensualità. 3) Dolcezza e bontà. Non siate come leoni furiosi dentro la vostra casa. Una condotta esigente e arrogante è degna di biasimo e sarà rigorosamente punita da Dio, padre dei poveri, consolatore degli afflitti. 4) Giustizia. Non bisogna esigere da loro un lavoro al di sopra delle loro forze, così da mettere a repentaglio la loro salute, mettendoli al di fuori della condizione di servire, facendo così loro un torto. Pagate le loro prestazioni con esattezza: non fateli aspettare tanto, procurando, così un disagio reale. È importante di non lasciarsi troppo facilmente influenzare contro di loro, in base a supposizioni malfondate, o in seguito a falsi rapporti su di essi. Un piccolo, cioè inteso in senso largo, come dipendente, sarà molto più colpevole se vengono esagerati i suoi difetti, se si calunniano le sue azioni: così può succedere che i suoi genitori, o superiori, siano prevenuti e si ergano contro dei figli, o dei domestici o inferiori virtuosi e fedeli, fino a farli allontanare dalla casa, o dalla fabbrica, o dal luogo di lavoro. Infine non bisogna abbandonare un buon servo nella sua vecchiaia. Ha lavorato per noi tuttala vita. Sarebbe giusto lasciarlo senza soccorso, quando sopraggiungono le infermità ed impediscono di continuare il suo impegno laborioso? Ricordiamoci che Dio terrà conto di tutto ciò che abbiamo fatto per essi: è un dovere di giustizia che mai il cuore deve dimenticare.

Preghiera

Dio mio, ci fate intendere una terribile parola, dicendoci che colui che ricade nel peccato dopo essere stato perdonato, viola la riconciliazione. In effetti è violare il beneplacito di Dio e servirsene per commettere più arditamente il peccato, dicendo che tanto poi ci si confesserà, e si riceverà un nuovo perdono. Possibile che gli uomini siano così ingrati verso di Voi, Dio mio, e lo stesso, così ingiusti, quando non temono di procurare una nuova pena ad un amico, ad un parente, ad un dipendente, e poi esigono la vostra bontà e la vostra misericordia? Non possono allora temere di morire e di comparire innanzi a Voi, quando meno se lo aspettano? O mio Dio preservateci dal male. A Gesù e Maria per sempre.

V
NON UCCIDERE

1. Quinto comandamento

Questo comandamento difende la vita del prossimo. Possiamo concentrarci su alcuni punti, il primo è l'omicidio corporale diretto. Il divieto di uccidere i propri simili riposa su questo principio: Dio solo è il principio sovrano ed assoluto della vita di tutti gli esseri viventi. Con quale diritto pretenderemmo di privare il prossimo di questa vita, che è il primo dei beni temporali, e la condizione indispensabile di tutti gli altri? Non possiamo disporne che per ordine di Dio stesso, cioè a Dio o col permesso di Dio, cioè col permesso delle autorità costituite ed in precise circostanze: 1) come nei paesi in cui è prevista la pena di morte, la sentenza di un giudice; 2) una guerra giusta intrapresa dai capi delle nazioni cui si appartiene; 3) la difesa della propria vita, ma nelle seguenti condizioni: a) che non si possa salvare la propria vita se non con la morte dell'aggressore: basterebbe metterlo fuori delle condizioni di poterci colpire o ferire; b) che l'intenzione sia di legittima difesa e non di vendicarsi dei propri nemici, colpendoli a morte per soddisfare le nostre passioni di collera o di vendetta. Osserviamo tuttavia che sarebbe più perfetto lasciarsi togliere la vita se si è in stato di grazia, piuttosto che uccidere un uomo, venendo così a commettere un terribile peccato mortale, che ci farebbe precipitare direttamente all'inferno. Non pretendiamo qui di enumerare le mille maniere in cui si può togliere la vita al prossimo, gemiamo piuttosto su questo atto, che non dovrebbe affatto esistere, se non nei costumi degli animali feroci, ove è infelicemente comune. La pratica omicida non è frequente solo nelle infime classi sociali, ma anche in quelle altolocate, trai grandi personaggi delle nazioni più civilizzate. A quale degrado di perversione bisogna essere pervenuto per affondare le lame nella carne del proprio simile, di nostro fratello, del piccolo del nostro padre celeste. Un omicidio non meno colpevole, passato nei nostri costumi, anche se non punito dalla legge, è quello del duello, o combattimento singolare. Non è follia richiedere ragione di un'ingiuria, impiegando un mezzo che, dopo tutto, non può far riconoscere il colpevole? In effetti la sorte decide spesso la questione. E se si conta il fatto che a chi viene indirizzato il duello, spesso non ha l'abilità nel maneggio delle armi, e si ha una viltà insigne ad esercitare questa pratica contro un individuo che non ha mai toccato armi in vita sua. Tuttavia non è raro vedere degli amici, dei padri di famiglia stessi, dare questo triste esempio e questo accade, perché questi uomini così forti, per un presunto fatto d'onore, si rivelano invece così deboli, perché non sopportano di soffrire la più lieve ingiuria. E quale ingiustizia non commette chi versa il sangue del fratello in duello, privando la società di un cittadino, il quale, invece, potrebbe essere utile, per i suoi talenti e la sua dedizione. Si comprende bene così che il duello dal punto di vista cristiano deve essere considerato irrazionale, non può essere permesso, non può essere invocato a testimone affatto. Per indurre una conciliazione al massimo si potrebbe assistere ad una sfida, ma senza armi, senza ferire alcun colpo mortale. Un giovane, una ragazza, una donna, in particolare, basti che ascoltino la loro sensibilità naturale per provare obbrobrio dell'orrore di simili combattimenti. Quale triste idea hanno nei loro cuori: e l'appoggiano anche, l'incoraggiano! Il loro ruolo, invece, in queste tristi occasioni, sarebbe di intervenire presso un fratello, od uno sposo, per farli pacificare, per ricondurli alla retta ragione, facendo comprendere loro che la vera grandezza consiste nel dominarsi, che vale molto di più, nel saper sopportare e perdonare un'ingiuria.

Il suicidio, atto per il quale ci si dà volontariamente la morte, è un atto così riprovevole, che suppone o la follia o la totale depravazione. Tristemente accade spesso ai nostri giorni e si potrebbero citare esempi di giovani e di vecchi alle soglie della tomba, di ragazze e di adulti che vi sono condotti a causa dell'oblio dei principi religiosi che pure in qualche modo i loro cuori avevano ricevuti. Il solo rimedio contro la disperazione che ordinariamente porta a questo crimine è la religione, il timor di Dio e soprattutto la confessione dinanzi al tribunale della penitenza di queste diaboliche tentazioni suicide. Niente può scusare il suicidio. Offende la natura umana stessa, che ci porta all'autoconservazione della vita, offende Dio che ci ha donato la vita, la società stesso, in cui viviamo.

2. *Omicidio corporale indiretto*

Premesso che è colpevole di assassinio un omicida, ma anche un sicario, cioè un assassino per professione, l'è anche chi indirettamente attenta alla vita del prossimo. Ciò può aver luogo: 1) Per ignoranza colpevole. Esempi: un medico che fa ricerche e prova dei medicinali sui pazienti, compromettendo la vita del malato; un giudice che condanna un innocente senza avere prove certe; un architetto, un pilota, etc., i quali indirettamente mettono a repentaglio la vita del prossimo. 2) Per imprudenza, ad esempio: non esercitando una sorveglianza attenta su dei piccoli che ci sono stati affidati, lasciando a loro portata degli oggetti pericolosi, come prodotti chimici, lasciandoli cadere nel fuoco o nell'acqua. Quali dispiaceri, quali tristezze immani si preparano per la vita a causa di tali imprudenze così gravi e colpevoli! Lo stesso accade se non si accudisce un malato nelle sue esigenze, se non si attendono tutti i suoi bisogni per indifferenza, o col pretesto che non vi sono più speranza di guarigione. È allora maggiormente che bisogna praticare il precetto della carità. 3) Per violenza. La violenza spesso ci porta a danneggiare il prossimo in modo che si altera, ad esempio, la sua salute. Rischia la scomunica chi esercita violenza o assume comportamenti aggressivi, tali da procurare l'effusione del sangue di una persona consacrata a Dio.

Il suicidio indiretto è un peccato previsto dal quinto comandamento. Consiste principalmente nell'esporsi, senza alcuna necessità, a qualche pericolo, nel non essere responsabili razionalmente della propria salute. Quante persone possono attribuire la debolezza del loro temperamento e tante malattie cui sono soggette alle imprudenze della loro giovinezza! La sensualità e la vanità ne sono le cause più comuni. Per procurarsi qualche momento di benessere ci si espone ad una corrente d'aria, si beve dell'acqua ghiacciata, si cammina a piedi nudi sulla strada, ci si espone al troppo caldo, portandosi così ad una morte istantanea, di cui si è responsabili innanzi a Dio. È egualmente dannoso mangiare troppo in fretta, o serrarsi la cintura fino a sfigurare l'opera di Dio, o favorire la pigrizia dei bambini, fino a renderli malati. Aggiungiamo che la più grande docilità a seguire le prescrizioni del medico è un obbligo rigoroso, di cui non ci si deve tanto dispensare, così, alla leggera. Ricordiamo che la vita è un dono che Dio stesso ci ha affidato, la quale dobbiamo impiegare a suo servizio e di cui un giorno chiederà conto, se noi non la rispettiamo.

L'omicidio interiore è un peccato riprovevole di cui a mala pena possiamo sopportarne l'idea. Augurarsi il male del prossimo! Temiamo invece che non accada a noi per le maledizioni di Dio nel momento in cui si formula un desiderio di male dell'altro. Oilà! Si deve scendere a tal degrado di insensibilità lasciandosi andare a sentimenti di odio, di vendetta, così indegni di un buon cuore. Altro esempio di omicidio spirituale è quello dalla necessità imperiosa di reprimere il bene o il suo cominciamento a causa delle impressioni di antipatia, di collera, di acidità. Abituiamoci infine a perdonare facilmente le offese ricevute, richiamandoci a vari motivi, che ci portano a scusare generosamente il nostro prossimo, come l'età, la fragilità, l'ignoranza, l'inavvertenza. Sforziamoci a mettere in pratica la regola d'oro: trattiamo il nostro prossimo come vorremmo essere trattati noi. Rispettiamo in noi stessi l'opera di Dio ed eviteremo così tutti i peccati prescritti dal quinto comandamento.

Preghiera

Dio mio, ci dici che la quaresima è tempo di conversione, cioè dobbiamo tornare sui nostri passi, tornare dal cattivo cammino per seguire il bene. Il bene che posso fare è rendermi docile testimone di Dio, d'aver iniziato la conversione. Vi ringrazio delle grazie che mi avete accordato, per cominciare questo ritorno su me stesso e per domandarvi delle nuove grazie per continuare a camminare secondo i vostri voleri.

A Gesù e a Maria per sempre.

3. Omicidio spirituale

Se l'omicidio corporale uccide in noi il vivo onore, l'omicidio spirituale è l'atto attraverso il quale qualcuno dà morte all'anima del prossimo. La vita spirituale è altrettanto più preziosa quanto l'anima, la più elevata al di sopra del corpo. Perdere la vita fisica può essere anche una sfortuna temporale, ma perdere la vita della grazia e morire in questo deplorevole stato, è veramente un male eterno. Si deve capire bene la differenza che sussiste tra anima e corpo. Guardate a questo barbaro, che volendo avere del suo nemico una vendetta completa, l'uccide dopo avergli fatto rinnegare la sua fede, sulla falsa promessa che l'avrebbe lasciato vivere. La giustizia umana non può amministrare l'omicidio spirituale. Dio solo lo capisce e lo punirà in maniera terribile nel momento del giudizio. Si può dar morte al prossimo tramite lo scandalo. È facile ravvisare come questo si rapporta al quinto comandamento: scandalo, secondo l'etimologia, significa porre un sasso per far cadere il prossimo, consiste in un'azione che induce il prossimo ad offendere Dio. Ci si fa generalmente una falsa idea di scandalo e si dà questo nome a delle azioni talmente colpevoli ed odiose per se stesse, che lungi dall'essere commesse, se ne prova più orrore che mai. Questo è vero, ma un fatto osceno, che per una supposizione impossibile può essere commesso e può risultare un cattivo esempio può diventare un vero scandalo, quando non verrà più considerato come un fatto grave per sua natura. O una cosa da niente può diventare fonte di scandalo. Facciamo un esempio: una sola parola di dissipazione che turba il raccoglimento di un piccolo, o gli impedisce di fare le sue preghiere del mattino può avere conseguenze indicibili. Infatti in conseguenza di ciò egli commetterà nel corso della sua giornata dei fatti scoraggianti, magari i giorni seguenti lo troviamo nella stessa disposizione e così, pian piano, si perde la grazia di Dio ed è difficile poi tirarsi da questo stato. Il successo di una sana educazione ne viene compromesso. Di più, se Dio aveva accordato all'anima di questo piccolo per la sua condotta edificante una grazia, forse che l'esempio dei suoi compagni non ha messo a repentaglio la salvezza sua e della famiglia? E se costui diviene madre, o padre, a sua volta, non dimenticherà forse i suoi doveri? Queste conseguenze così gravi non sono purtroppo impossibili: a quale temerarietà ci si espone! Un altro esempio: un piccolo ha ingrandito nella sua spensieratezza l'ignoranza del male, la sua anime riflette l'immagine di Dio, la modestia riposa nel suo cuore, come una goccia d'ambra nel calice di un bel fiore, ma ecco che per un male incontra un compagno, la cui innocenza ha già ricevuto dei cattivi esempi, e attraverso una parola indiscreta, pungente, fa corrompere questa anima pura. E poi per l'ozio in questo piccolo la pietà s'affievolisce e fa spazio alla triste incredulità, il male estende le sue radici nell'anima, e chi lo fermerà più? Dopo essere stata la dominatrice delle sue passioni questa povera anima ne diverrà la vittima. Tali sono pertanto le conseguenze funeste ed incalcolabili di una conversazione cattiva, sotto la perfida apparenza di un'aperta amicizia. La morte è stata data ad un'anima, fino ad allora animata dalla vera vita che è la grazia. Questo preteso amico non è più crudele forse di un omicida che avrà affondato il suo pugnale nel cuore del suo nemico abbracciandolo? Concludiamo allora mettendoci bene in testa che la maggior parte dei fatti commessi possono provocare scandalo, se non immediato, almeno indiretto. In effetti tutti gli atti di disobbedienza, di pigrizia, di insubordinazione, snervano, se si ripetono, la disciplina, e fanno perdere, lentamente e sensibilmente, il buono spirito in una casa. Se vogliamo sapere ora quale grande male è lo scandalo, l'apprendiamo per bocca stessa di Nostro Signore Gesù Cristo: «Chi invece scandalizza anche uno solo di questi piccoli che credono in me, sarebbe meglio per lui che gli fosse appesa al collo una macina girata da asino, e fosse gettato negli abissi del mare. Guai al mondo per gli scandali! È inevitabile che avvengano scandali, ma guai all'uomo per colpa del quale avviene lo scandalo!»[67]. Nulla dovrà più preoccuparci quando esaminiamo la nostra coscienza davanti a Dio che la considerazione degli atti per i quali abbiamo potuto indurre il nostro prossimo al male. Non è meno grave di rendere conto a Dio delle offese dirette che avremmo potuto intentargli. Se pensiamo a quante anime si possono perdere a causa degli scandali, consideriamo che tutto si volge a vendetta verso chi li commette. Ma se è così grave dare il cattivo esempio, dobbiamo tenerci in guardia anche dall'impressione che questo ci può incutere. A volte, se esaminiamo bene delle azioni che ci scandalizzano ad un primo approccio, cesseremo di ritenerle colpevoli. Nostro Signore ad esempio più volte ha detto di ritenersi soggetto di scandalo per i farisei, i pagani, gli orgogliosi, i sacerdoti, che lo biasimavano, credendosi santi. Seguendo San Francesco di Sales, teniamoci pronti a perdonare l'azione stessa, ma non il motivo che l'ispira, se esso è davvero iniquo, allora compatiamo la debolezza umana e preghiamo per il nostro fratello.

4. *La maldicenza*

Non bisogna confondere la maldicenza con la calunnia, che riguarda l'ottavo comandamento e consiste nel dir male del prossimo, nel rivelare dei fatti intimi, facendo perdere la vita morale, cioè la reputazione. Senza di questa un uomo è morto agli occhi della società, la quale non confida più in lui per nessuno dei suoi interessi. Bisogna dunque guardarsi dalle manie di parlare per fare dello spirito, dobbiamo esercitare sempre la vigilanza sulla nostra lingua, questo membro così piccolo, dice San Giacomo, ma che racchiude un mondo di iniquità. Dice San Bernardo: - La lingua del maldicente

[67] Mt 18,6-7

uccide tre persone alla volta, cioè egli stesso, colui che attacca e colui che ascolta. Ci si può anche rendere colpevoli di maldicenza, anche senza parlare, ma opponendo, ad esempio, un silenzio affettato e molto eloquente e significativo verso gli elogi dati a qualcuno, allontanandolo freddamente con restrizione. Ci sono delle circostanze in cui è permesso rivelare i fatti del prossimo: e cioè: 1) quando la cosa è certa; 2) se c'è un'utilità ai fini della carità; 3) se si agisce con prudenza e discrezione. Osserviamo qui che la malvagia abitudine di riportare i fatti dei compagni non si trova ordinariamente nei ragazzi saggi, ma piuttosto presso coloro che si aspettano di ferire gli altri, e di veder punire gli altri. Niente ci rende più inclini alla maldicenza che lo spirito di critica. Non risparmia nessuno, né superiori, né ministri del culto. Trova mille difetti che divengono il soggetto delle burle meschine e di ironie piccanti. Chiunque è animato da questo in un modo o nell'altro è sempre scontento. Un giovane dominato da questo spirito cattivo, lo esercita verso una compagna se è preso da gelosia, contro un maestro che ha agito con severità nei suoi confronti. È simile al serpente che succhia la linfa delle piante e la trasmuta in veleno, così costui riassume le azioni del prossimo e le distilla in critica. È un modo di dire! Si dice spesso. Ma si vorrebbe essere trattati allo stesso modo? Colui che si abbandona a questo funesto peccato viola tutte le migliori disposizioni date da Dio e trova già quaggiù la sua punizione nell'alienazione dei cuori. E poi c'è un'altra questione: l'antipatia, cioè l'avversione irrazionale che si concepisce verso un'altra persona. Questa si genera nelle amicizie particolari, che San Bernardo definisce grandi inimicizie. Questa predisposizione così pericolosa e malfondata, può intralciarci in molte altre cose. Il miglior rimedio che si può adottare è quello di frequentare la persona che ne è oggetto, di dedicarsi a lei, mettersi al suo servizio in modo da metterla in condizioni di farsi conoscere ed apprezzare. Dopo aver esaminato tutto ciò che concerne il quinto comandamento esercitiamoci a non procurare scandali coi cattivi esempi, ad assumere sempre, per quanto ci è possibile, una condotta edificante ed irreprensibile. Se siamo caduti per caso nella maldicenza del nostro prossimo, non perdiamo alcuna occasione di ristabilirne la reputazione, facendo notare, al contrario, le sue buone qualità. Infine teniamoci sempre in guardia dallo spirito di critica e non lasciamo altro spazio nel nostro cuore, se non ai sentimenti di bontà e di carità.

5. *Il mondo*

Trattando degli scandali abbiamo citato queste terribili parole del Signore: - Guai al mondo per gli scandali. Non proviamo forse qualche spavento nell'udire questo terribile anatema uscire proprio dalla bocca dello stesso Gesù, che è passato facendo del bene, ha guarito i malati, consolato gli afflitti, accolto con tenerezza i più grandi peccatori e che, malgrado le nostre miserie senza numero, ci incoraggia ad avvicinarci a lui dicendo: *Pax vobis. Ego sum, nolite timere*[68]. Chi maledice questo divino Salvatore, che ci viene sempre rappresentato come benedicente? Il mondo. È il mondo la causa degli scandali, perché è per tante persone occasione di peccato e di perdizione. Non crediamo che quello che spesso ci viene detto per premunirci contro i pericoli del mondo sia solo il linguaggio necessario della religione e dei suoi ministri. Fissiamo meglio oggi allora le nostre idee su questo soggetto importante e senza cadere in alcuna esagerazione, ascoltiamo la voce del buonsenso d'accordo con la fede. Che cos'è il mondo? Il mondo è l'insieme di tutte le persone, di cui i pensieri, le parole e le azioni sono contrarie alle massime del vangelo, e nei quali la pietà e la virtù sono attaccate e quasi mai rispettate. Dopo questa definizione il mondo non è solamente come ce lo presenta la nostra immaginazione, cioè come un gran ballo, dove la ricchezza dei trucchi, la gara tra lo splendore delle luci, o qualche spettacolo attrae, o qualche festa divertente. No! Il mondo è relativo e proporzionato alla condizione di ciascuno: per alcuni è a corte, nei salotti delle sommità politiche o finanziarie, per molti è nel cerchio della famiglia, attorno al focolare domestico, per tutti, infine costituisce un linguaggio che oscura la pietà e la virtù. Ehilà! Dovunque ci troveremo un giorno, dobbiamo evitare le sue pieghe, sfidare i suoi disprezzi, trionfare sui suoi attacchi: felici coloro che avranno appreso a giudicarlo ed a vincerlo. Il mondo può essere paragonato ad un vasto teatro, dove

---

[68] Lc 24,36

gli uomini ridono gli uni degli altri, hanno paura gli uni degli altri. Dove la gente perbene è schiava dei pervertiti e dei malvagi. In effetti, la maggior parte dei rapporti sociali non sono altro che una pittoresca commedia, ove si viene sopraffatti dalla bellezza delle persone che lo popolano, che si stimano poco tra di loro, o niente affatto, ove si proclama il testimonio dell'amicizia, prodigandola fino al massimo dell'inopportunità, ove si lavora a volte fino all'esaurimento, ove si riceve il visitatore insistente, ove si sospira ogni ora cosa accadrà il domani. Là si avranno degli amici fino al punto di dissimulare le loro convinzioni o i loro sentimenti. Se si prova ad apparire cristiani davanti a loro, o si esita poco poco a fare il segno della croce, si violano le stesse leggi della Chiesa! Chi è che trema nel mondo? Forse chi non ha né fede né legge? No! Sono le anime rette e pure, ma fragili e senza difesa. La testimonianza del mondo è a dir poco sospetta. Condorcet dice che il mondo è la dissipazione senza piacere, la vanità senza motivo, l'ozio senza riposo. È là dove si dissipa unicamente per dissipare, cercando in tutto il tempo, ma senza mai provare una soddisfazione reale. È là dove la vanità si compiace, non senza alcuna opera di merito apprezzabile, nell'eleganza, nella ricchezza, nel lusso degli abiti, nel quale le donne, soprattutto ai giorni nostri, credono di rendersi encomiabili. Infine non conoscono mai il riposo queste povere creature che non fanno mai niente di utile, ma che si vedono sempre in movimento, sempre in agitazione, correndo di festa in festa e sacrificando il dolce sonno, pretendendo di piacere e di apparire in due o tre balli per sera. Esse sono dieci volte più stanche che l'umile madre di famiglia, che si alza prima di fare giorno, per mantenere l'ordine in casa, la proprietà e l'economia. Alla fine dell'inverno, esse sembrano alzarsi dopo una lunga malattia, tanto che sono scolorite, estenuate, spossate, né possono difendersi con un sentimento di pietà, pur volendolo. Ecco il mondo: è degno di eccitare i nostri desideri ed il nostro coinvolgimento. Ma vogliamo comprare i suoi desideri al prezzo della salvezza, della vita? Può darsi! Ma tutto in cambio della salvezza dell'anima nostra.

6. *Il mondo è un pericolo*

Per formarci una giusta opinione sul mondo non dobbiamo rivolgerci a quelli del mondo, poiché non dà un giusto giudizio chi giudica contro la sua causa. Noi siamo cristiani, discepoli di Gesù Cristo, vogliamo appartenergli eternamente? Non dobbiamo far altro che consultare il nostro maestro. Solo lui è la verità che non finisce mai. Apriamo dunque il vangelo: «Maledetto il mondo a causa degli scandali». La maledizione di Dio è paragonabile a quella di un padre: «Dio non ha mandato il suo Figlio nel mondo per giudicare il mondo, ma perché il mondo si salvi per mezzo di lui»[69]. Dio ha mandato il suo Figlio per convincere il mondo che si trova nel peccato e che le sue opere sono malvagie e saranno giudicate con equità, ma anche con severità. Il mondo odia Dio per questo, perché Gesù ha reso testimonianza contro di lui. Gesù Cristo e il mondo sono due nemici irriconciliabili. Come possiamo amare Gesù Cristo e nello stesso tempo amare il mondo? «Io prego per loro, non prego per il mondo, ma per coloro che mi hai dato, perché sono tuoi»[70]. Gesù ha pregato per i suoi carnefici e per il ladrone crocifisso con lui. Il mondo è tutto immerso nel male, tanto è vero che la pietà e la virtù sono fondate tutte sullo Spirito di Dio. Tutte le azioni e i pensieri del mondo sono ispirate dal maligno. Sì, il mondo è malvagio, soprattutto nella sua persecuzione dei piccoli di Dio: non solamente fa del male, ma non può perdonare loro di praticare del bene, anzi li costringe a vergognarsene. Ma c'è di più: il mondo non può credere alla virtù e se, per esempio, apprende che si è compiuta un'opera buona, che noi abbiamo fatto quanto più segretamente possibile, non mancherà di rimproverarci. Non agirebbe così se non ci fosse un interesse nascosto. Come un immane ragno uccide le sue vittime colla malvagità dopo averle attirate nella sua ragnatela. Non possiamo dire di più e di meglio dopo aver appreso le parole del Signore e dei santi, che l'hanno fuggito rifugiandosi nei deserti. Anche ai nostri giorni non mancano dei veri cristiani, uomini e donne, che non chiedono

---

[69] Gv 3,17

[70] Gv 17,9

beni mondani. Qualche giovane che voi conoscete, sappiamo che non sarà oggi più quaggiù con noi[71], ma il nostro più importante affare è assicurarci la salvezza celeste. Ebbene! Sarà il mondo a darci i mezzi per salvarci? Guardiamoci dal confidargli i nostri interessi eterni. E se oggi vogliamo coniugare Dio e mondo, sappiamo che la vita cristiana è il solo cammino per il cielo. Ehilà. Se la pietà e la virtù sono già così difficili da conseguire in questo ritiro del pensionato, cosa sarà mai quando per praticarle dovremo lottare contro il mondo che non le può sopportare? Di quale importanza dunque sarà per noi acquisire una solida pietà e una chiara virtù, in modo da poter resistere al mondo. Abbiamo sovente ammirato il coraggio eroico dei missionari, lo zelo ardente dei ministri di Dio. Ebbene, diciamolo gemendo: la Chiesa, malgrado i suoi sforzi incessanti, riesce almeno a salvare le anime, che il Demonio, invece, sottrae alla perdizione con l'aiuto del mondo. È per questo che non dobbiamo pensare a trucchi, a divertimenti, a letture. Sarebbe meglio la vita bucolica dei campagnoli, che non leggono libri corrotti, i quali farebbero perdere loro il rispetto della religione. Questo è uno scopo infernale, se la lettura di un tale o talaltro libro sorgesse anche dalle inclinazioni di un tenero padre, o di una buona madre, per mettere a disposizione dei loro figli un libro che facesse loro perdere gli stessi sentimenti di onore e di virtù, che invece debbono tenere così gelosi per loro. Ah! Ma chi non fremerà, pensando alla nullità ed ai pericoli che si incontrano nel mondo? Chi oserà attraversare questo mare ricolmo di naufragi senza avere Gesù Cristo nella barca del proprio cuore? Se mai ci sentissimo sedotti, o attratti dal mondo, trasportiamoci a questo momento solenne, laddove tutte le cose del mondo ci appaiono tali quali sono realmente, cioè vane e pericolose. Allora solo comprenderemo perché il Signore designa col nome di spine tutte le ricchezze ed i piaceri che i mondani stimano tanto. Sul letto di morte capiranno ben dolorosamente nel cuore il dispiacere di abbandonarle, il rimorso di non averli mai posseduti, il dolore per non averli sacrificati al servizio di Dio.

7. Nel mondo non si dà felicità

Nessuno può servire a due padroni[72]. Il semplice buonsenso ci fa comprendere che colui che si mette in una situazione di imbarazzo finisce necessariamente per amare l'uno e disprezzare l'altro. Ora, i due padroni che ogni cristiano sa che non può amare contemporaneamente sono Gesù Cristo e il mondo, Dio e il Demonio. Cosa più contraddittoria il pensare che possano regnare insieme nello stesso cuore! Tuttavia si vedono oggi molte persone che danno solo un assenso formale alla parola del Nostro Divin Salvatore: comprendiamo che solo la religione può procurare una vera consolazione ed assicurare loro il bene sia in questa vita che nell'altra, ma non avendo il coraggio di rinunciare alle vane gioie del mondo, esse s'immaginano di poter conciliare tutto e la mattina il vedi nella casa di Dio, assidue ai pii uffici, la sera corrono al tempio del Demonio, cioè al ballo ed agli spettacoli, dopo essere stati dolcemente ammoniti, ascoltando la parola di Dio, che richiama loro i suoi benefici ed il suo amore, esse si danno alla lettura di qualche altro libro malfamato, che procura tutt'altre emozioni. Alla buon'ora – dicono – ho praticato un poco di religione! Niente di più comodo. I ministri di Dio chiaramente annunciano che non si può praticare la religione e poi fare quello che si vuole. Che non si dirà a piacimento, o all'istante cristiano e devoto, e poi liberale. Tutto questo distrugge il principio che noi dobbiamo avere fisso in mente: non si può servire a due padroni. I veri mondani, dopo aver rinunciato a tutte le pratiche religiose, si librano senza freni al piacere, sono non meno conseguenti che i semicristiani che snaturano la pietà ed ai quali molto spesso si applica questa parola: maledetto il mondo a causa dei suoi scandali. Per convincerci che Gesù Cristo e il mondo sono diametralmente opposti, mettiamo in parallelo le loro massime. Cosa dice il mondo sui beni della fortuna: - Felici i ricchi che vedono l'oro e l'argento affluire nelle loro casseforti. E un gran numero dicono per i loro atti: se questa non è la loro parola, che l'onore proviene dall'argento, le parole di Gesù a che cosa

---

[71] Può darsi che si riferisce alla giovane Clémentine Nicolas, morta l'anno seguente la sua prima comunione, cfr. *Histoire des catéchismes de Saint-Sulpice*, cit. p. 258.
[72] Mt 6,24

servono? *Beati i poveri in spirito, perché di essi è il regno dei cieli*[73]. *È più facile che un cammello passi per la cruna di un ago che un ricco entri nel regno di Dio*[74]. *Il povero Lazzaro fu portato nel seno di Abramo. Morì anche il ricco e fu sepolto nell'inferno*[75]. In effetti come si può dire ad un ricco di resistere ai suoi dannati desideri, se è attorniato da tutti i mezzi per soddisfarli? Il povero, al contrario, si trova nella fortunata necessità di praticare, volente o nolente, la mortificazione e la penitenza che gli procurano i tesori celesti. Se veniamo agli onori, vedremo gli ambiziosi che non si riposano né giorno, né notte, fin quando non hanno ottenuto la tal carica, la tal dignità, e sarà sempre che in loro si ecciteranno di continuo nuovi desideri. Lavoro, affaticamento, intrighi, ambiguità: tutto a loro parrà buono per raggiungere il successo. Ma cosa dice Gesù ai suoi discepoli? *Voi sapete che coloro che sono ritenuti capi delle nazioni le dominano, e i loro grandi esercitano su di esse il potere. Fra voi, però, non è così; ma chi vuol essere grande fra di voi si farà vostro servitore, e chi vuol essere il primo tra voi sarà il servo di tutti*[76]. *Dio resiste ai superbi, ma dà grazia agli umili*[77]. *Chi si esalta sarà umiliato e chi si umilia sarà abbassato*[78]. Quanto ai molteplici piaceri, come quelli degli infanti nella culla che vengono coccolati con sollecitazioni del gusto, quanto alle feste brillanti, dietro le quali il mondo corre senza mai fermarsi, con un'agitazione febbrile, inseguendo il loro vano richiamo, le loro seducenti attrazioni, senza affatto preoccuparsi delle parole del Salvatore: *Beati coloro che piangono, perché saranno consolati*[79]. Quale contrasto vi è tra gli amici di Dio e i partigiani del mondo! Gesù l'aveva predetto: *Voi piangerete e gemerete, ma il mondo si rallegrerà. Voi sarete nella tristezza, ma la vostra tristezza si cambierà in gioia*[80]. Lo costatiamo tutti i giorni: Gesù Cristo e il mondo non hanno lo stesso linguaggio. Cosa crediamo? Il mondo ci sballotta per farci perdere, se ascoltiamo le sue promesse seducenti d'un tratto ci troveremo ai piedi della tomba. Ebbene, il divin Salvatore ci invita a seguirlo nel cammino della croce per pervenire con lui nella sede dei beati, dove si gusta la vera gioia senza fine e senza intrugli con la falsa gioia del mondo.

Si è felici nel mondo? Prima di rispondere a questo interrogativo bisognerebbe capire che non è felice chi non è libero, non è libero chi non fa la propria volontà, anzi, la subisce, come schiavo, come quando si è trattati da cani e si è costretti a fare lavori indicibili, ma è libero colui che agisce in base a ciò che abbiamo di più intimo, la coscienza! Una donna cristiana, ad esempio, vorrebbe consacrare la sua esistenza al bene ed all'educazione della sua giovane famiglia, ma il mondo la trascina su altre vie, e le dice come cattivo maestro, ai cui incantamenti è difficile resistere, di abbandonare il suo vecchio padre, di lasciare i suoi teneri in età a mercenarie balie e di andare di corsa a quella o quell'altra festa, a quella o quell'altra serata. Fin qui voi siete stati fedeli ai sani principi secondo i quali vi abbiamo allevati noi pie istitutrici, ma esigiamo che voi oggi non ci sacrifichiate la più bella delle virtù, la modestia, e la contraccambiate con il malcostume. Senza di questa virtù non vi presenterete più a noi! Si è veramente felici quando si coltivano le virtù, si sentono certe esigenze! In verità il mondo ci può ben rabbonire momentaneamente con qualche fascio lampante, con le luminosità delle sue decorazioni, però, il momento di divertimento passa presto e quale vuoto, così pungente, si prova quando tutto passa, e soprattutto quando bisogna rendere a Dio conto di tutto nell'intimità della propria coscienza! Di più questi piaceri sono stancanti. Ciò che il mondo chiama mattini musicali, cominciano alle tre del pomeriggio. Cominciando impunemente ad accettare tutti gli incanti del mondo, si contravviene alla legge di natura. Quanto tempo può resistere la natura ai suoi ritmi? Oilà! Quante persone che avrebbero potuto dedicarsi ad una carriera longeva ed utile alla società, sono invecchiate prima del tempo, perché hanno utilizzato le forze, di cui erano state dotate dalla Provvidenza, per dedicarsi, notte e giorno ai festini! Somigliano a quelle bestie

---

[73] Mt 5,3

[74] Mt 19,24

[75] Lc 16,22-23

[76] Mc 10,43-44

[77] 1 Pt 5,5

[78] Lc 18,14

[79] Mt 5,4

[80] Gv 16,20

feroci che non escono dalle loro tane se non al coricarsi del sole. Il Demonio agisce nelle tenebre perché le sue opere sono malvage. Ecco perché tutte le sue feste hanno luogo di notte! Il mondo, pertanto, non saprebbe proprio come renderci felici, perché ci priva della nostra libertà e ci spossa con fatiche inutili. E per di più ci fa disgustare le gioie dolci e pure della famiglia, le quali ci fa apparire, invece, monotone ed insignificanti, travolgendoci nelle sue incessanti agitazioni e nelle sue fittizie emozioni. Saremmo degli insensati se accettassimo un bene illusorio al prezzo del vero bene che Dio e la religione ci assicurano nella vita cristiana.

Bisognerebbe seguire l'esempio dei santi solitari e rompere definitivamente col mondo, interdire tutti i rapporti sociali che la nostra condizione potrà offrirci, rendendoceli quasi necessari[81]. Quando ci troviamo perciò ad usare la condiscendenza non dobbiamo esimerci da certe regole generali che diamo qui: 1) Essendo ben risoluti a rimanere per la propria strada, i piccoli di Dio debbono sempre tendere ad allontanarsi dal mondo per quanto è possibile e ragionevolmente. Lungi allora dal desiderare di apparire non accetteremo nessun invito che non sia consono con la nostra posizione e non dobbiamo accettare tutti gli inviti, ma solo quelli che rispondono ad una saggia referenza, o per obbedienza, e comunque dobbiamo sempre guardarci dall'apparire e dall'applaudirci, alimentando così l'amor proprio. Siccome i giovani cristiani hanno testimoniato ai loro genitori il rispetto, debbono a loro rimettere il desiderio, o il piacere di partecipare a tale o talaltra riunione. In molte circostanze, soprattutto per le giovani donne, è opportuno che il marito sia ad accompagnarle a certi eventi e comunque bisogna rimettersi al giudizio del marito. Si danno regole certe ed assolute su questo argomento: ciascuno deve innanzitutto consultare Dio, nella propria coscienza, oppure, a seconda dei casi, affidarsi ad un saggio direttore spirituale, perché alcuni permettono, altri no[82]. Ciò dipende da mille considerazioni individuali e particolari che non possono essere poste trai principi della vita cristiana. 2) Se non possiamo fare a meno di recarci tra il mondo, dobbiamo prendere tutte le precauzioni che indica la prudenza cristiana, come farebbe un esploratore che si addentra in una foresta, onde evitare che egli incappi in pericoli, o si ferisca, o perfino mettendo a rischio la propria incolumità. Ci sono delle concessioni ragionevoli che possono essere fatte, però ci sono dei valichi che non possiamo oltrepassare, pena il richiamo della coscienza e non possiamo prendere in giro la nostra coscienza perché essa ci tormenterà. Un vero cristiano dovrebbe sempre dire: - Chiedetemi tutto ciò che volete, ma l'anima appartiene a Dio. 3) Bisogna sempre difendersi da un sentimento tutto naturale, ma profondamente dannoso, che è il desiderio di piacere e di ricevere dei complimenti. Ehilà! Coloro che ne meritano di meno di solito ne sono i più avidi. L'amor proprio li rende creduli all'eccesso e gli fa commettere un sacco di inconvenienze, che non sarebbero affatto opportune, anzi contrarie al buonsenso. Si possono impiegare i mezzi più opposti in vista dei propri propositi. Una giovane ragazza, ad esempio, dovrebbe essere semplice e naturale, invece ella si circonda di arie preziose e leggere, di maniere affettate, che a volte la fanno ritrovare proprio ridicola. L'effetto che ella voleva produrre non si riscontra affatto! È triste la situazione in cui si trova un piccolo di Dio, quando deve dare spettacolo di fronte a persone che per nulla lo calcolano, perché ognuno è impegnato a seguire le proprie voglie. 4) Quando si consulta un direttore spirituale, o un confessore, sull'obbligo che si crede di avere di andare nel mondo, bisogna farlo con molta franchezza e dirittura d'animo, senza cercare di estorcere un permesso e così, per dire, mettere la coscienza a posto. Colui che un giorno ci giudicherà potrebbe essere arrabbiato di ciò! Infine, promettiamo sinceramente a Dio

[81] Fanno da eco i Padri del deserto: «Il padre Evagrio ha detto: «Tronca molte relazioni, perché il tuo spirito non sai distratto e per non turbare il tuo stato di quiete». Il padre Mosè ha detto: «Un uomo che fugge gli uomini assomiglia aduna vite matura, ma quello che rimane in mezzo agli uomini è come uva acerba»» ("Detti dei Padri del deserto", Città Nuova, Roma 1980).

[82] A proposito della necessità di una guida spirituale San Francesco di Sales raccomanda in *Filotea*, al capitolo IV: «Sceglitene uno tra mille, dice Avila, ed io dico tra diecimila: perché son più rari, che non può dirsi, quelli che siano capaci di questo uffizio. Egli deve essere pieno di carità, di scienza e di prudenza; se una di queste tre parti gli manca, c'è del pericolo, ma vi replico: domandatelo a Dio! E dopo averlo ottenuto, benedite la sua divina Maestà. Mantenetevi costante, e non cercatene altri, ma camminate con semplicità, con umiltà, con fiducia ed il vostro viaggio sarà felicissimo» (*Filotea*, Napoli 1858, p. 9).

di non sacrificare a nessun prezzo l'educazione cristiana, che la Grazia ci ha concesso di ricevere. Il nostro cuore, quando si tratta di scegliere tra il nostro Salvatore ed il nostro più crudele nemico, non può mai sbagliarsi.

VI
NON COMMETTERE ATTO IMPURO. NON DESIDERARE LA DONNA ALTRUI

1. Sesto e nono comandamento

Il sesto e nono comandamento ci mettono in guardia dai peccati contro la modestia, o castità. La castità, come tutto ciò che è divino è indefinibile. È talmente inesplicabile che solo Dio ne può essere la fonte. È come quella del cielo: ci vorrebbe il linguaggio degli angeli per poterne parlare degnamente. Sì! Bisognerebbe aver contemplato faccia a faccia il Dio tre volte santo per capire il fascino della modestia, che è una virtù celeste. Se vogliamo farne qualche flebile idea, diciamo che, tanto per fare un santo ragionamento, pertinente alla Divinità, in un cuore che è come un sole sconosciuto sulla terra, di cui si attesta la presenza solo attraverso i suoi raggi. Dio ne ha immesso il sentimento nei cuori, soprattutto in quello dei giovani, dove si sente più delizioso. Un cuore casto riflette Dio come una fonte cristallina e pura riflette la luce. Il giglio, per il suo inimitabile candore, è il simbolo della castità. Ammirate questo fiore sgargiante, elevato sopra l'orcio, per preservare il suo splendore dalla polvere del sole. Contemplatelo soprattutto al mattino, quando i suoi petali vellutati risplendono ai raggi del sole. Guardatelo nel fondo del calice per poterne al meglio ammirare i suoi raggi, che si riflettono in quelle piccole gocce di ambra che stilla. Così la castità brilla nel fondo di un cuore, di tutta la sua bellezza, di tutta la sua innocenza, in un colpo d'occhio attira la vista di Dio stesso, perché dice: - Io sono l'amico della purezza. Io sono Colui che dà santità a tutti. *Io so, o mio Dio, che tu scruti il cuore, e ti compiaci della rettitudine*[83]. La modestia è la virtù degli angeli. Dio ha fatto loro dono di una grande purità, perché il loro felice destino è di circondare senza fine il trono del Signore, infinitamente puro, infinitamente perfetto, ed è perché si presenta loro sempre nell'attitudine più modesta e più graziosa. La castità è la virtù della Santissima Vergine Maria, il miracolo della Grazia, il tesoro di tutte le perfezioni: non ha meritato di essere così privilegiata, se non per la sua purezza stessa. Dio ha scelto per suo tabernacolo la creatura che più si avvicina alla sua santità. L'amore di Maria per questa virtù è così grande che ella lo preferiva anche al dono così glorioso della maternità divina. Perciò ella è chiamata Regina delle vergini e Regina degli angeli. Aggiungiamo che la castità è la virtù dei cristiani. San Giovanni Crisostomo la definisce virtù angelica sulla terra. Rendiamone grazie a Dio. Questa è appannaggio del nostro sesso e della nostra età. I maschi hanno l'autorità, il talento, il genio, ma la nostra parte è migliore. La castità è una potenza che attira il rispetto. Ci si inchina volentieri davanti ad una ragazza modesta. Questa virtù è la nostra armatura che ci rende invulnerabili, è il nostro abito più elegante, è il nostro tesoro più prezioso. Mettiamoci dunque nella disposizione di sacrificare tutto per conservarla intatta nel nostro cuore. Ma in che consiste la modestia? *Nella diposizione del cuore, secondo la parola di Cristo: Beati i puri di cuore, perché vedranno Dio*[84]. È un errore credere che la modestia sia una qualità esteriore, consistente solamente nelle forme e nei modi di apparire. La castità è una virtù interiore, che risiede nell'anima, è un santo rispetto per se stesso, un timore salutare di offendere Dio, un sincero desiderio di non turbarlo in nessun atto che noi facciamo. L'innocenza, in una parola, è un sentimento puro ed intimo, che traspare al di fuori, per l'edificazione di tutti. Dice la Scrittura: *Uno si metterà forse del fuoco in petto senza che i suoi abiti si brucino?*[85] Prima di tutto la castità riposa nell'anima, e fuori di essa non esiste che nell'atteggiamento e nel linguaggio, altrimenti non sarebbe che ipocrisia. Il cuore che la possiede è vicino a Dio, comprende Dio e vede Dio, secondo la promessa di Gesù Cristo. Se

[83] 1 Cr 29,17.
[84] Mt 5,8
[85] Pr 6,27

uno offende la purezza è come un prisma appannato, che ha perso tutta la sua trasparenza. Se si oscura il prisma, è impossibile veder nulla attraverso di esso. Felice il cuore puro, allora, perché a questo è donato di vedere Dio santo, di gustarlo e di amarlo. Domandiamo che Dio possa trovare in noi questo cuore puro.

2. *Peccati contro la castità*

Essendo la modestia un sentimento interiore, i peccati contro questa bella virtù si commettono essenzialmente dentro il cuore. Ora Dio considera di meno i nostri atti in se stessi che le intenzioni che li accompagnano. Tiene conto di un buon desiderio, anche quando noi non possiamo realizzarlo, tanto è vero che Egli disdegna anche le opere più eclatanti, se queste sono accompagnate dall'orgoglio o dall'interesse personale. Il Demonio sa bene che Dio è geloso del nostro cuore[86]. Così tutti i suoi sforzi tendono a pervertirlo e ci riesce immettendo in noi impulsi contrari alla castità e alla modestia. Esaminiamo quali sono le cause ordinarie dei peccati contro la modestia: 1) La curiosità. Nel felice stato di innocenza, Adamo ed Eva conoscevano Dio, che si era degnato di rivelarsi ad essi. Non ignoravano nulla in natura, di cui essi erano i sovrani. La loro intelligenza non aveva nulla da desiderare. Ma per effetto del peccato originale, ecco che l'ignoranza si è diffusa su tutti i loro discendenti. L'uomo diseredato diventa subito avido di sapere, di conoscere, si mette a cercare incessantemente il tesoro della luce che ha perso. E tale è il male di questa disposizione, che ben diretta, sarebbe buona in sé, ma per noi diviene così perniciosa, a causa della parte che ci mette il Demonio. Dopo aver sedotto i nostri progenitori colla falsa promessa che sarebbero divenuti così sapienti come Dio stesso, egli si serve sempre dello stesso mezzo per far perdere le anime migliori. Sono soprattutto i giovani che induce alla curiosità. Come si spiega? I piccoli, tutti intenti nella vita dei sensi, s'inquietano poco se ignorano qualcosa. Ma dai venti ai trenta anni l'esperienza ci istruisce per osare l'invidia del sapere vantaggioso. Il giovane, la giovane, posto tra il sonno dell'infanzia e la vita adulta, caratterizzata da serie preoccupazione per la vita positiva, dà libero corso ai desideri smodati, che lo divorano nel penetrare ciò che egli non conosce. Il Demonio ne approfitta per esercitare la sua influenza malefica: è questa disposizione che ci porta a ciò che è dannoso ed iniquo. Allo stesso modo che dei ladri s'introducono in una casa attraverso le finestre, piuttosto che attraverso la porta d'ingresso, così lo spirito maligno entra sovente nei cuori attraverso gli occhi, che sono le finestre dell'anima. Un giovane o una giovane ha l'idea di vedere questo o quell'altro oggetto, così il Demonio fomenta la sua curiosità, e non gli lascia né ascoltare la sua coscienza, né i consigli della saggezza cristiana, così cede alla tentazione, distoglie gli occhi dalla Verità. Il male è fatto: uno sguardo indiscreto ed ecco una freccia avvelenata che punta diritto al cuore. E le occasioni non mancano mai al nemico della nostra salvezza. Possiamo percorrere le nostre strade, i nostri giardini pubblici, possiamo penetrare nell'intimità di molte famiglie oneste, senza trovarvi qualche quadro che non offenda i nostri sguardi? Anche nelle nostre Chiese, a volte, ammiriamo degli oggetti d'arte, in cui forse il Demonio ci ha messo mano e si serve di queste opere per pervertire le anime pure. Se ci sono veramente tanti giovani cristiani che sono casti e modesti, rendiamone grazie a Dio, il quale veglia su di loro in modo speciale in mezzo a tanti pericoli. Per quanto riguarda i musei e le opere d'arte, è chiaro che se piacciono unicamente dal punto di vista della salvezza e del timor di Dio va bene. Ma se mettono a repentaglio il tesoro della castità, non va bene. Ma come ben sappiamo la salvaguardia della modestia sarebbe materia insufficiente al mondo per interdire tutte le arti in maniera perentoria. Questa decisione sarebbe troppo rigorosa ed inattuabile, però noi dobbiamo stare molto attenti, per rimanere, a volte, se necessario, indifferenti a ciò che ci propone l'arte e a tutte le esposizioni di tal genere che ci propone l'onore nazionale. Un giovane, o una giovane, se si trova può anche andare alla visita che si fa ai vari musei, del Louvrc, dcl Luxemburg, o di Versailles, però farebbe bene a non esprimerne esplicitamente desiderio, ma a recarvisi se costretto dalle necessità e comunque a stare attento. Non dovrebbe metter piede nelle gallerie di scultura. Si rivolga piuttosto a

[86] «Io, il Signore, sono il tuo Dio, un Dio geloso» (Es 20,5).

Dio. In Francia ed in Italia per questo motivo alcuni musei sono interdetti alle donne. Una resistenza pronunciata sarebbe in questo caso un dovere[87]. Infine è d'uopo rimarcare che c'è una bella differenza tra vedere e guardare. Non possiamo impedire di vedere vagamente ciò che ci passa intorno, ma dipende dalla nostra volontà di fissare o meno lo sguardo su questo o quell'altro oggetto: è in questo che consiste il peccato, o la fedeltà a Dio. Entrando in una sala di museo, un giovane, o una giovane, allora getterà un colpo d'occhio generale, che gli sarà sufficiente per dirigersi senza timore verso questo o quel dipinto, che potrà esaminare con piacere, ed arrossirà invece innanzi a tutti gli altri che crede che gli siano di nocumento. In tutto questo ci vuole una grande semplicità e non il sentimentalismo affettato che non onora la religione. Ricordiamo la parola del Signore: *Se il tuo occhio è limpido, tutto il tuo corpo sarà illuminato*[88]. 2) L'immaginazione. È la facoltà che noi abbiamo di conservare nella nostra anima l'immagine degli oggetti che hanno colpito i nostri occhi: il prototipo immaginifico sembra essere il reale. I nostri occhi sono come finestrelle attraverso le quali gli oggetti penetrano nell'anima e vi lasciano un'impronta. Se l'immaginazione non fa che rappresentarci ciò che si è visto, siamo noi che dobbiamo saper discernere ciò che c'è di buono e di utile. Dopo che abbiamo ricevute queste o quelle impressioni, l'immaginazione possiede anche la potenza di poterle modificare, associare in maniera differente dal reale, in un insieme composito di immagini che suscitano la vanità e l'amor proprio. Così se un giovane, o una giovane, hanno visto, ad esempio un bel castello, un camerino per trucchi eclatante, avranno raccolto delle impressioni, riuniranno nel loro spirito queste differenti immagini, ecciteranno l'immaginazione, cosicché ci si ritroverà nella stessa situazione del castello, assistendo nel sogno a dei balli, ove gli elogi più dolci si riceveranno al passaggio[89]. Giustamente l'immaginazione è stata definita la pazza di casa. Se non ci fosse altro che della ridicolaggine ad essere compiaciuti in questi mille castelli di Spagna, che è così facile creare e ai quali ci si attacca per fomentare l'amor proprio, anche se ecco che poi bisogna d'un tratto ripiombare nella quotidianità, nella prosa della vita reale, non ci sarebbe nulla di male in sé. Il problema è che il Demonio ne approfitta e si serve di questa perniciosa facoltà per poter alterare la virtù della modestia, soprattutto nelle giovani donne, inducendole all'accidia. Infatti, non si ha nulla da temere dall'immaginazione, quando l'intelligenza è impegnata in un lavoro serio, ma ciò comporta dei sacrifici e si preferisce spesso questo stato di odio, o di sonnolenza, dove non si pensa a nulla di positivo, o si passa senza fine da un'idea all'altra, come tranquilli spettatori alla luce di una lanterna magica. Ehilà! Non ci si abbandona a lungo in questi deliziosi e dolci lidi senza che subito l'amor proprio e la vanità non abbiano subito devastato l'anima. In questo modo inconsciamente e senza neppure volerlo quella povera anima si abbandona all'azione del Demonio. Notiamo, soprattutto alle giovani ragazze che hanno un carattere facile alla distrazione, che spesso la sensualità si lega alla pigrizia ed all'immaginazione. Le vedi preoccuparsi incessantemente solo del loro benessere materiale, dedicarsi a eccessive accuratezze, non badare che a ciò che soddisfa il proprio gusto. La loro anima è tutta assorbita in questa atmosfera terrestre, si perde nei labirinti dell'immaginazione, e diviene incapace di elevarsi a Dio, divenendo preda del Demonio[90]. Salviamoci dal male non

[87] Questa platonica insofferenza per l'arte di mademoiselle Cologne, va letta comunque in chiave cristiana.

[88] Mt 6,22

[89] La vita è sogno: un tema caro alla letteratura. Ci basti citare Calderon del la Barca, Cartesio, Schopenhauer, Nietzsche, Freud, Pirandello e tanti altri.

[90] Proprio come un uccello, che incapace più di volare diviene preda facile, esempio riportato da san Francesco di Sales e da altri santi: «Lo so, è vero, si vedono morir bene, e senza spaventi, molti che han fatta vita scandalosa; ma chi l'intende quindi appunto prende argomento di tremare gli artifici del Tentatore: chi è pratico della caccia resterà persuaso di quello che dico. Un cacciatore, bramoso di prendere alla pania molti tordi, che fa? Con ogni sollecitudine procura che i tordi caduti nella pania non schiamazzino, onde, appena caduto l'uccello, corrono, gli schiacciano la testa, e fischiano di nuovo, per allettare il secondo, il terzo, nella pania, e lo trattano come il primo, così proseguendo, tutta la giornata, empiono le ceste e la sacca di tordi impaniati. Se facessero altrimenti, e lasciassero schiamazzare chi s'impania, fuggirebbero gli altri». Così fa il predatore infernale «per riempire gli abissi di anime depredate». «Se, quando muore un peccatore impenitente, un bestemmiatore, un concubinario, un usuraio, allora il Demonio facesse tremar da capo a piedi quella casa, facesse vedere spettri orribili, facesse udire urli tremendi, facesse comparire lampi di zolfo nell'aria... il demonio farebbe poca caccia». Ragion per cui bisogna badare più che alle forme, alla sostanza delle cose:

facendoci schiavi della nostra immaginazione, e non lasciamole prendere la direzione di tutte le facoltà della nostra anima. 3) Le conversazioni. La predisposizione che porta i giovani e le giovani a contrarre legami di amicizia non procurerà loro alcun danno se essi si comportano come degli angeli in terra. Ma l'esperienza spesso ci dimostra il contrario, cioè che è raro, se non impossibile, che certe sorti di amicizie non siano gravi inconvenienti alla vita spirituale. Ebbene questi piccoli che si legano in amicizie troppo morbose agiscono contro la volontà dei loro maestri e di Dio. Non si può benedire una disobbedienza di cui un giorno si pentiranno quando è troppo tardi per loro. Orbene se nulla è stato opposto al loro troppo avvicinamento, allora si possiamo stare certi che prima o poi costoro si perderanno. Come può succedere? Si prova quasi una dolorosa difficoltà a comprenderne la vera ragione. Ma in verità qui ci insegna direttamente l'esperienza, senza tante teorie. Si sa che mettendo insieme due frutti sani e vermigli, prima o poi non tarderanno a prenderci gusto. Così accade se mettiamo insieme troppo due giovani pii, modesti e bendisposti. Quando si troveranno soli si comunicheranno tutti i loro pensieri ed i loro sentimenti: un nemico molto più sagace, ma invisibile, si mette in mezzo a loro, interviene tra di loro per istillare delle malvage insinuazioni. Ecco che succede che prima ancora che essi si accingano a discutere di cose buone ed utili, vengono a parlare, invece di cose insignificanti e perniciose. Di solito finiscono per intrattenersi in rapporti peccaminosi. Una folla di piccole passioni addolciscono queste conversazioni: uno fa delle confidenze indiscrete che eccitano subito la curiosità dell'altro. La vanità, non permettendo a quell'altro di restare indietro, per non rimanere in torto, farà dire a costui di aver visto o non aver visto, di sapere ciò che non sa, ma che crede di sapere, e comincerà, ad esempio, a parlare di balli e di feste, alle quali magari non è mai stato. Tanto è forte il bisogno di raccontare ciò che è innato a questa età! Ed i piccoli si abbandoneranno all'immaginazione, ormai satura di pensieri malvagi, la coscienza ne risulterà intorbidita, il cuore compromesso. I loro angeli custodi si copriranno i volti con le loro ali, piangendo, mentre i demoni batteranno le mani, con un riso infernale. Oltre a questi funesti dialoghi succede spesso che nella società si sentono delle conversazioni sconvenevoli. D'altronde molti, senza alcun onore, né spirito per difendere la religione, o questa virtù delicata, osano spudoratamente palesare i loro propositi malsani innanzi alle donne sposate, o alle ragazze. Così arrivano ad offendere terribilmente la dignità di queste povere. Oilà! Diciamolo chiaramente: non sono colpevoli solo loro! Se le donne, o le giovani pretendessero il rispetto, conducendo una vita santa e con una tenuta degna e modesta, essi non si permetterebbero neppure di fare certe proposte e non si arriverebbe a certi punti! Ma essi, invece, ci provano: più si trovano davanti donne e ragazze caste e virtuose, più usano un linguaggio leggero e malsano. Esse non lo dovrebbero soffrire! Io mi troverei in forte imbarazzo! E voi? Non siate troppo sofisticate, né troppo delicate, solo per soddisfare la vanità, ma forti per resistere agli assalti del maligno. È così umiliante poter considerare certe cose. Ma dobbiamo farlo. Le madri ed i padri, i padroni di casa hanno il dovere di far cessare certi abusi, dimostrando e facendo intendere senza alcuna considerazione dei rispetti umani, i propri sentimenti cristiani e di onestà. Sarà facile così imporre il silenzio a coloro che si dimostrano troppo arditi di fare in loro presenza, o in presenza dei piccoli le loro proposte indecenti. Così non tarderanno a rendere giustizia. Dovranno stimare molto bassamente quelle donne che si abbandonano al disprezzo per compiacenza o per dar sfogo a qualche meschina voglia. Quanto a noi, riteniamoci invece felici e se capita di trovarci in società, con coloro che viviamo, teniamoci in guardia, e stiamo sulle nostre, per meritare il rispetto che deve essere sempre tenuto nei nostri riguardi.

3. *Pericoli da evitare per conservare la castità*

«Anche Adriano imperatore morì ridendo, anche Cesare Augusto morì cantando, eppure erano due tizzoni d'inferno, San Simeone stilita morì colpito da un fulmine ed è santo canonizzato, San Francesco di Sales morì di un accidente apoplettico, senza potersi sacramentare, eppure è santo canonizzato, non cerchiamo l'apparenza, cerchiamo la sostanza». (P. Sigismondo Nigrelli S. J., *Prediche morali*, Venezia 1710, p.289).

Dopo l'impero che il peccato ha dato al diavolo sugli uomini, egli non ha cessato di fare gli sforzi più molteplici e variegati per menarli alla perdizione. Il suo costante impegno è nel pervertire gli spiriti e corrompere i cuori, una volta che è entrato in essi, intaccando il sentimento così delicato e puro della castità. Egli si indirizza sempre alla parte più debole del genere umano, cioè alle donne ed ai giovani. La loro sensibilità più sviluppata gli assicura un facile successo nei loro cuori, perché riesce a sedurre la loro immaginazione. Di più egli conosce le influenze della società, dove la moralità dipende tutta da queste. Gli importa molto dunque di far perdere l'amore per la virtù, di cui essi sono intrisi, nonostante ispirati a rispettarla. Ora, di tutti i mezzi che egli impiega, per ingannare il loro spirito ed il loro cuore, ve n'è uno col quale riesce quasi sempre, e questo è quello della lettura. I libri cattivi al giorno d'oggi fanno danni irreparabili[91], per cui dobbiamo premunirci. Molte volte le persone sono così impegnate, o nella contemplazione interiore, o nelle attività esteriori, per dedicarsi alla lettura e trovare il tempo. Prima leggere i libri era molto raro, perché bisognava copiarseli da soli o farseli copiare, il che costava tanto. Non tutti avevano i soldi per comperarsi dei libri. Perciò acquistavano magari solo le opere religiose o i classici. Un'invenzione meravigliosa, ma funesta alla morale, opera una rivoluzione sottile negli spiriti: la stampa[92]. Questa moltiplica i libri a dismisura, per cui diviene facile il procurarseli. Così i libri hanno riempito l'universo, tutte le biblioteche ne sono piene, soprattutto quelle dei re e dei ricchi, ma non mancano i libri neppure nelle povere case. Sono sorti in breve tempo i migliori autori, ma il bello, il vero, il solido sono diventati così rari. Il numero delle buone opera aumenta poco, mentre accresce quello delle opere cattive. Per arricchire coloro che li avevano composti, si specula sulla curiosità di coloro che li leggono. E siccome questa disposizione d'animo è molto sviluppata tra le donne, esse furono le prime e le più numerose vittime di questo artificio. Ecco qui un vero disordine, perché Dio non ha creato la donna per il piacere della lettura. E come con questa passione ella potrà trovare il tempo per dedicarsi ai doveri di sposa e di madre? Questa mania non sarebbe tanto dannosa se si esercitasse su dei buoni libri, ma se essi sono cattivi, quale male ne seguirebbe? Ci sono due tipi di libri cattivi: i primi sono quelli contro la fede. Questi sono i meno dannosi, perché in genere sono molto seri, e vengono poco letti. Ci sia sufficiente sapere che non possiamo esimerci dal leggere i libri di religione e di pietà, tuttavia dobbiamo stare attenti che vi sia l'approvazione del vescovo, o che siano di un autore conosciuto per la sua ortodossia. Gli altri sono i romanzi, la maggior parte dei quali sono stati scritti contro la morale, e siccome sono la maggior parte, ci soffermeremo maggiormente su di essi.

Il romanzo è il racconto di un'avventura chimerica inventata per allettare il lettore, stimolando le sue passioni. L'origine di questo genere di opera si trova presso i popoli più antichi. Per dominare le loro passioni, essi le divinizzarono, così la superstizione, unita alla corruzione produssero le grandi favole della mitologia. Gli autori di questi miti, per esercitare un grande fascino sull'immaginazione, cercavano di renderli il più seducenti possibili. Con l'avvento del cristianesimo in parte fu arrestato il corso che produceva questi generi letterari, ed anche se si continuava a comporre, o a scrivere, si era in qualche modo imbrigliati, sotto l'influenza della religione, la quale in definitiva illuminava le intelligenze e dirigeva le menti ed i cuori. Ma arriva il medioevo, con il suo carattere cavalleresco e la sua brillante immaginazione. Allora giravano dei poeti, detti trovadori, che cantavano le avventure e le imprese degli eroi, esagerandone le azioni per eccitare la curiosità, e così far brillare il loro talento. Questi poemi furono scritti in lingua romanza. Da questa lingua deriva poi il nome che generalmente indica qualsiasi tipo di produzione letteraria. I romanzi sono dannosi per lo spirito e per il cuore. In che consiste il danno? 1) Essi offuscano lo spirito. Ciò è facile a comprendersi, in base ad un semplice ragionamento: tutto ciò che fa parte della letteratura è inventato, non ha riscontro nella verità storica, anche se non mancano i riferimenti. Non bisogna cercare la verità umana, o verosimile: i romanzi riportano fatti possibili, sentimenti mediati da altri: questi offuscano la mente ed eccitano la curiosità. Dimostriamo con esempio: prendete un'eroina dotata delle più sentite qualità seducenti e ponetela in una situazione ideale, interessante. Oggetto di una ammirazione entusiasta, ella vede, per così dire, il

[91] Oggi aggiungeremmo la televisione, internet, il cellulare.

[92] Oggi potremmo aggiungere la rivoluzione digitale.

mondo cadere ai suoi piedi. - Oh come vorrei essere al suo posto! Gli verrebbe da dire a chi legge naturalmente queste avventure meravigliose. E subito comincia ad esaltarsi, a fare mille progetti insensati. Crede addirittura di essere anche lei un'eroina! Ehilà! Ecco che qualcuno la fa ridiscendere dalle nuvole dove svolazza, o dal palazzo dove credeva di abitare con tutte le sue delizie, e la fa tornare nella modesta intimità della sua famiglia. Le verrà quasi fastidioso cominciare poi a capire di ordine, di economia, di queste, o altre commissioni, di lavoro, di tutti gli affari di cui dovrebbe occuparsi una donna. Ecco che comincerà a sdegnare tutto ed a trovarsi bene con spiriti più volgari. Aveva creduto di potersi scegliere una compagna delle sue preoccupazioni e delle sue pene, ma cosa ci si potrà attendere dalla licenza dei romanzi? Non avrà riscontrato di poter trovare il soggetto più inutile che si possa immaginare? 2) Essi corrompono il cuore. Dobbiamo convincercene. Se non ci credete, possiamo citare un autore, per noi non poco sospetto, Jean Jacques Rousseau, il quale ebbe a dire: - Non ho mai letto di una giovane casta in un romanzo. E si mette egli stesso sulla bocca alla fine di una delle sue opere più nefande: - La giovane ragazza che avrà letto questo libro è perduta![93] L'esperienza ci conferma troppo questa intuizione. La lettura dei romanzi difficilmente s'accorda colla solida virtù della castità. Quanto disordine ha causato! Quante famiglie ha gettato nel male e nella desolazione! 3) Essi fanno perdere la pietà. Questa giovane, ad esempio, che passa gran parte delle sue giornate a leggere questi romanzi, non ha il tempo di applicarsi agli esercizi di pietà: d'altronde in questi non troverà più alcun gusto, anzi questi l'affaticheranno. Ed allora chiederemo a lei perché mai non frequenta più i sacramenti, che erano per lei una fonte di consolazione e di gioia. Ah! Perché le è impossibile di servire a due padroni, d'essere un piccolo di Dio o del Demonio allo stesso tempo. Desideriamo allora di mai abbandonarci ad una passione così pericolosa. Ricordiamoci della sensibilità con cui Dio ci ha riguardato: come la pupilla del suo occhio, come un tesoro prezioso, e non ricambiamolo rigettandogli come alimento quotidiano certe letture che inzozzano il cuore e ci fanno perdere la fede, la pietà e soprattutto la grande virtù della modestia.

4. Risposta ad alcuni dubbi

Bisogna leggere alcuni romanzi per perfezionare la lingua, per studiare la letteratura e formarsi un buono stile.

La nostra risposta sarà semplice. Trovatemi qualche autore di merito, il cui genio si sia sviluppato in seguito alla lettura di romanzi. Sono forse le opere classiche? Non certamente. Questi romanzi favoriscono soprattutto l'immaginazione, ma non il perfezionamento dello stile. E poi i romanzieri dei nostri giorni si mettono poco d'impegno nell'arte letteraria. Essi lo fanno come se si trattasse di un mestiere. Senza attendere all'ispirazione del genio, essi si danno da fare a fornire nelle librerie le loro operette in un breve lasso di tempo, calcolando approssimativamente il numero potenziale dei lettori che dovranno nutrirsi delle paturnie che gettano in pubblico. D'altronde, quale povera ragione, quella che si intenerisce a simili letture! Non sarebbe meglio per lei mille volte non aver mai comprato, né letto qualcosa, col rischio di dare la morte alla propria anima. Quale giovane vorrebbe possedere il talento di tutti questi scrittori messi insieme a condizione di non avere una piaga diffusa sul viso? È lo stesso vale per l'anima: chi vorrebbe presentarsi a Dio con l'anima sfigurata, che è a sua immagine?

Si legge per distrarsi, per rilassarsi un po' dal lavoro quotidiano.

Nei momenti di riposo non si leggano queste opere. A quale vantaggio? Ci sono, ad esempio, opere storiche, capaci di interessare un giovane che ha ricevuto l'istruzione. Almeno questi giovani nutriranno il loro spirito della verità, invece che ingolfare il loro spirito con messaggi dell'errore. I romanzi, al contrario, hanno un effetto totalmente opposto a quello che ci si propone di riposarsi e di rilassarsi dalla fatica e l'esperienza dimostra che essi provocano il disgusto della vita reale.

[93] Frase attribuita a Rousseau: *Toute jeune fille qui lira ce livre est perdue* (cfr. Gérard de Nerval, *Aurèlia, ou la Rêve et la Vie*, Paris 1868, p. 109).

Occorre tenersi al corrente delle opere letterarie di cui il mondo parla, o si sarebbe umiliati nel non poter parlare neppure di sé.

Il miglior mezzo per non esporsi a questo disagio è di non frequentare persone che fanno professione di leggere, e che questa mania deve rendere ben sospetti. Un libro cattivo rende cattiva la società in modo permanente. Leggendo romanzi è impossibile vivere nell'intimità e nel raccoglimento, perché sempre le impressioni più nefaste sono pronte a distrarci. Fuggiamo con eguale terrore i romanzi e coloro che li leggono. Non si deve provare affatto vergogna a riconoscere di non conoscere un'opera, visto che l'autore si è preso gioco sia del buon senso che della morale. E la virtù della pietà non vale forse di più del preteso merito di conoscere questi romanzi? Quando tutti i giovani leggono romanzi, mettiamoci allora un po' d'amor proprio a distinguerci da loro, non leggendoli.

Io non credo a queste avventure.

Dirà un giovane, o una giovane, il quale non vuole certo offendere Dio scientemente, o con conoscenza, ma il male passa attraverso la curiosità e l'eccessiva confidenza in se stessi, che procurano dannose soddisfazioni. Penserà: ho troppo buonsenso per credere alle chimere, lo faccio per distrarmi qualche momento. In effetti quando egli comincia a leggere quel libro, la ragione si rivolta contro le menzogne che contiene, ma a mano a mano che avanza nella lettura quelle stesse menzogne gli paiono sempre meno impossibili e così, pian piano il suo spirito comincerà a pensare: questo potrebbe anche essere. E il suo cuore aggiunge: come vorrei che ciò fosse vero! Ecco precisamente uno dei più dannosi effetti della lettura di romanzi.

Grazie almeno ai romanzi storici, come quelli di Walter Scott!

No! Questo titolo non deve deviarvi! Il suo scopo è quello di sedurvi e danneggiarvi sicuramente, perché a fianco della verità storica non se ne presenta una chimerica, o qualche fatto principale si trova perduto nel mezzo di avventure straordinarie, che non hanno mai avuto luogo. Così in questi romanzi storici non v'ha di storico niente, se non il nome dei personaggi. Non sono più veri della storia ed attraverso di essi non apprendiamo nulla di storico[94].

Tutti i romanzi non sono egualmente cattivi.

Ciò è vero per un verso, ma l'esperienza dimostra che ciò che si definiscono i buoni romanzi sono a volte più pericolosi dei romanzi evidentemente cattivi. Infatti, date a un giovane pio ed onesto un romanzo scandaloso, non avrà letto che la prima pagina e lo getterà lontano da lui. Ma presentatelo ad uno leggiero e lo leggerà fino alla fine e poi ci prenderà gusto in questa lettura e ne leggerà degli altri ed insensibilmente giungerà a leggere senza stupirsi i romanzi più cattivi, come un uomo, il cui palato è disincantato, ingerisce liquori sempre più forti senza neppure sentirli.

Ho letto molti romanzi, ma non mi hanno fatto niente.

Dirà. Non c'è confessione più triste. Troverà che il male non è più da farsi, ma è già stato fatto e ci si troverà in uno stato disperato, simile a quello di un malato che non sa più nulla, né sa stesso valutare la sua deplorevole situazione.

Quando un giovane si sente attratto alla lettura di romanzi, c'è una ragione profonda per cui subito deve allontanarsi da questo proposito, c'è una prova troppo evidente per cui non può leggere così, impunemente. Sono desideri che ci debbono far tremare. Un romanzo nella camera di un giovane, subito entra in rapporto con lo spirito ed il cuore. E se dovesse morire in quell'istante, quale penosa impressione dovrà incutere in coloro che lo trovano. Non esponiamoci a simili mali. Mai nessuno si è ravveduto dalla lettura di romanzi, soprattutto quando è giunto alla fine della sua carriera: un colpo d'occhio ad una vita piena di opere buone. Ma come ci sta male di essersi dato alla lettura

[94] In effetti l'arte è imitazione di avvenimenti colti nel loro poter accadere, interpretazione di vita che si avvale della verisimiglianza immaginifica, come conferma Aristotele: «Compito del poeta è la narrazione non dei fatti avvenuti, ma di quelli che sarebbero potuti essere, verisimilmente e necessariamente. Non è l'uso del verso o della prosa che distingue storico da poeta: si potrebbe infatti mettere in versi la storia di Erodoto, e pure in versi sarebbe storia come in prosa. La vera differenza sta in ciò: che l'uno racconta ciò che è stato, l'altro ciò che sarebbe dovuto essere. Per questo la poesia è più importante e più filosofica della storia: questa esprime il particolare, quella l'universale» ("Poetica" IX). Naturalmente Madamoiselle Cologne è più platonica, perché non riconosce la funzione catartica dell'arte che si riscontra in Aristotele.

funesta! Ci vorrebbe un miracolo a che la grazia possa toccare il suo cuore, oramai intaccato. Ho visto tanta gente che ha letto, ma sul letto di morte, difficilmente purtroppo i libri che ha letto hanno risvegliato il pensiero della fede. Non prendiamo mai tra le mani un libro sospetto, in qualunque modo ci si presenta: non ascoltiamo il nostro amor proprio, che ci fa credere di essere proprio noi pronti ad accettarlo. Cominciato col primo libro, poi non ce ne allontaneremo più. Il giovane che osa solamente guardare il titolo del primo libro che gli capita tra le mani non si ferma là. Subito percorre l'indice, i capitoli, per soddisfare la sua curiosità. Senza esitare lo legge, anzi lo divora, e fino a che il libro gli cada dalle mani ha perso l'innocenza e la pace del cuore, come Eva, dopo aver mangiato del frutto dell'albero della scienza del bene e del male. Ella si taglia la testa colle sue mani e vorrebbe sottrarsi a tutti gli sguardi. Sembra che le si legge sulla fronte i danni che il Demonio ha procurato alla sua anima. Un giovane prudente eviterà sempre anche di toccare un libro cattivo. Resisterà alla tentazione, anche violenta, di leggerlo, elevando il suo cuore verso Dio ed invocando il soccorso di Maria. Già questo primo atto di fedeltà sarà ricompensato da una sovrabbondanza di grazie, promesse di bene ai cuori puri.

5. *Gli spettacoli*

I popoli antichi come i popoli moderni hanno sempre ricercato spettacoli con un'estrema avidità, a causa dell'attrattiva che offrono alla curiosità, disposizione che il Demonio è sempre abile a manipolare. Un lucido esame di questo genere di piacere ci farà riconoscere i suoi pericoli. Le rappresentazioni teatrali, che potrebbero essere definiti dei romanzi in azione, si fondano sulla finzione e sulla menzogna. Non vi troviamo né verità religiose, né verità morali, né la stessa verità storica, perché un autore, pur facendo riferimento ad un fatto storico, ne altera spesso le circostanze, o ne inventa delle nuove, il che lo fa sia per facilitare il suo lavoro, sia per assicurarsi un sicuro successo. Senza queste modifiche l'azione sembrerebbe fredda, ordinaria e non eserciterebbe alcun interesse. Niente di meno, in teoria, gli spettacoli potrebbero essere buoni, se gli autori si proponessero un fine utile, in modo da ridicolizzare i vizi, al fine di correggere i costumi, se mettessero in scena dei fatti eroici, capaci di ispirare l'amore per la virtù, ma in pratica la maggior parte di essi si propone dei fini contrari alla morale ed alla religione. In effetti il loro fine ultimo è di allettare, e per allettare bisogna soddisfare il gusto degli spettatori. Siccome gli spettatori sono sotto l'influenza delle passioni, l'autore deve sforzarsi di favorire le loro passioni. Egli così alletterà il pubblico rappresentando dei fanciulli insubordinati e mettendo in ridicolo l'autorità paterna, o rappresentando i popoli impazienti del giogo dei principi che innalzano i vessilli della ribellione per sottrarsi alle odiose tirannie. Che si può dire? Queste rappresentazioni sono state il preludio delle scene sanguinose che hanno affollato la nostra storia. Quante volte hanno deposto nei cuori i semi funesti dell'incredulità. Le verità della religione e della morale non vengono in questi rispettate. La società è afflitta da suicidi frequenti, perché gli infelici che si danno a questo madornale peccato ne hanno inculcata la prima idea di disperazione proprio assistendo a questo o quell'altro pezzo di tragedia teatrale. Un autore se ne importa di questi risultati. A lui interessa solo vedersi aperta la porta delle anime per riscuotere la sua gloria, frutto della sua ambizione. Ciò che rende gli spettacoli più pericolosi dei romanzi è il fatto che tutte le scene sono ben disposte insieme in modo da creare un'atmosfera di seduzione: le luci artificiali ingannano i sensi, una musica esaltante, un calore eccessivo e l'accorso di una folla numerosa, che finisce per rimbambirsi. Quando tutto questo ambiente è ben preparato, ecco apparire un attore che spara massime pericolose, le più immorali, con il costume ed i gesti più sconvenienti. Ah! È allora che il Demonio trionfa e che stabilisce il suo regno nei cuori. È allora che agli angeli custodi dell'innocenza non resta che volare, e piangere sulla sorte delle anime che erano state loro affidate. Quale difesa possono opporre a tutti questi attacchi del nemico? Il giovane è stato temerario ad esporsi a tal pericolo. Quale buon pensiero può giungere al suo cuore? Quali sono i danni che provocano gli spettacoli? 1) Esaltano e ci rendono deboli nella grazia, perché non solo influiscono sull'immaginazione, ma anche sui sensi esterni. Sono più pericolosi dei romanzi, perché provocano il disgusto della vita reale per l'impossibilità di realizzare la vita ideale, dalla quale si è incantati. 2) Ti fanno irrimediabilmente perdere la fede e la pietà. Niente è più opposto allo spirito del cristianesimo che l'assidua frequentazione degli spettacoli, talmente contrastante colla pratica dei doveri religiosi. Come si fa a recitare la preghiera della sera dopo aver preso gusto a questi smodati piaceri? Non si sarà affranti dalla fatica e assediati da mille distrazioni? L'indomani e gli altri giorni a seguire, come si riprenderà la pratica della pietà? Oh! Non ci crediamo più forti dei primi cristiani, che interdicevano questo genere di divertimenti. Diciamo sempre con il salmo: *Per me un giorno nei tuoi atri è più che mille altrove, stare sulla soglia della casa del mio Dio è meglio che abitare nelle tende degli empi*[95]. 3) Smussano la sensibilità. La sensibilità è più delicata nel cuore della donna, in che Dio l'ha lasciata sviluppare maggiormente per l'interesse della società e della famiglia. È questa disposizione che le fa provare le dolci emozioni d'amicizia, di compassione, che le ispira le più generose emozioni. Ma la sensibilità, come la modestia, è una veste lucente che s'infeltrisce facilmente. Proprio come l'uso frequente dei liquori forti rende il palato insensibile, così la ricerca di emozioni troppo vive fa perdere la sensibilità. È così che tale giovane, dopo che è preso sempre dalla lettura dei romanzi, vuole vedere subito il teatro, la rappresentazione delle scene tragiche, che l'impressionano di più. I pezzi ordinari non gli sono sufficienti a lungo. Così vuol vedere dei drammi dove è rappresentato il crimine, e i più deplorevoli disordini. Beh! Presto si abitua anche a questo e diventa sempre più avido di emozioni ed allora andrà, ad esempio, nelle piazze ad assistere alle esecuzioni capitali, sempre popolate, soprattutto di donne. Là soltanto forse verserà qualche lacrima, ma parlategli della sofferenza del suo vecchio padre, o della miseria dei poveri, fategli venire le stesse crisi dei suoi piccoli figli. Egli sarà diventato insensibile. Pare che non abbia più cuore. Ah! Non prodighiamo così i doni di Dio, facciamone un giusto uso e che tutta la nostra ambizione sia quaggiù di prendere il posto che ci è stato assegnato. L'immaginazione in un'anima deve avere un ruolo secondario rispetto alla ragione. Dobbiamo dominarla, affinché non ci domini lei! Il giovane cristiano non deve mai manifestare il desiderio di andare a vedere gli spettacoli, né il disappunto di esserne stato privato. A maggior ragione, se ha avuto la fortuna di non essere stato a teatro, non deve dimostrarne ribrezzo, né parlarne coi coetanei, istillando così il gusto di andarci. Sarebbe così lo strumento del Demonio per attirarli nelle sue trappole. Non deve mai andare ad assistere spettacoli, a meno che sia un impegno proprio moralmente impossibile. In tal caso dovrà consultare un confessore chiaro, senza cercare di estorcere un permesso, di cui poi potrà pentirsi per aver scandalizzato. Esporre i propri motivi e ricevere con docilità la sua decisione. Infine abbiamo presentato lo spirito dei due padroni che regnano su questo mondo. Conosceremo le anime che sono appartenute a loro in questo mondo: qualcuno, dedito ai sacrifici, porterà il glorioso titolo di piccolo di Dio, solo così sarà ammesso nell'ovile come pecora fedele.

6. Il ballo

Il Demonio, secondo l'espressione stessa di Gesù, è il Principe di questo mondo. Ha le sue regge, i suoi templi, ove regna e domina. I suoi servitori e i suoi schiavi portano i libri suoi tra le loro sacche, per raccattare qualche piacere fuggitivo. E a quale prezzo? Grande Iddio! Escludendo e sacrificando l'ineffabile castità. È nei balli e gli spettacoli che il Demonio inizia a riempire il suo calderone con un gran numero di anime. Così acciuffa i suoi fedeli e fa innumerevoli vittime. La danza in sé non è condannabile. Essa è sempre esistita, è una dote naturale come la musica e l'armonia. Sia l'una che l'altra hanno una misura, una cadenza, un ritmo. La musica in guerra, ad esempio, fa la sua parte nel trionfo dei soldati, il suono del tamburo cadenza le marce dei militi, e toglie loro parte di affanno. La gioia e l'entusiasmo religioso si esprimono talvolta nei canti e nelle danze. Con un sentimento di riconoscenza Davide danza davanti all'Arca. La danza come la musica è buona nei suoi principi, il problema è quando se ne abusa. Sarebbe un'illusione considerare la danza in sé per decidere sulla questione del ballo. Vediamo come si pone oggi la questione e giungiamo alle debite conclusioni. Ci sono persone dominate dall'amore per il piacere, che non vivono per l'ordinario, né guidati dalla saggezza, dalla riflessione, dalla pietà: da costoro che cosa ha da

[95] Sal 83,11

guadagnare la società civile? Veramente il mondo stesso desidera persone serie, posate e sagge? Voi credete che il mondo condannerà la presenza di una persona religiosa e pia che ha fatto la comunione il mattino e la sera si trova ai balli? Se non ci vanno certamente saranno meno esposti, ma il mondo, secondo voi, confesserà che queste sorti di piacere sono sconvenienti ai piccoli di Dio? Mai! Cosa pretendete allora? Nel desiderio di piacere e di essere notati s'intende eclissare l'altro, si vuol brillare a tutta carica, nel turbine del piacere ci si leva subito con una leggerezza di tono, di linguaggio e di maniere, che in altre circostanze è molto difficile che si assume. Ecco, davanti ad un pubblico così severo nel giudicare le apparenze ci si sforza di adeguarsi al massimo, e subito le critiche si spifferano! Ma perché ci si comporta così? Donde viene l'oblio del proprio essere? Ah! Dal fatto che ci si è cominciato a spogliarsi di questo rispetto puro ed irreprensibile. Se perdiamo il rispetto per gli altri, perderemo anche quello per noi stessi. Non si può andare al ballo se non in un costume obbligato, ove la castità è violata senza pietà, essendo schiavi di una moda scandalosa, ove si osa apparire davanti a mille persone mondane, con molto meno pudore di cui non si oserebbe fare se si andasse a visitare delle persone oneste. Dove si mette allora la propria delicatezza e la propria dignità? Circostanze che accompagnano il ballo: 1) Preoccupazione. L'immaginazione fa mille voli prima di prender parte realmente al ballo. Di qui sorge la negligenza verso i doveri del proprio stato, distrazione nella preghiera, il disgusto verso le occupazioni serie ed utili per la vita. Sono dispense inevitabili ed esorbitanti che purtroppo non servono che per una sera. Ma queste inficiano il rigore. Come arriverà al cuore il grido del povero? Si ha ragione di dire che sono le donne che elevano le fortune, o le demoliscono. Una donna mondana è la rovina della casa. 2) Trucco. È l'affare capitale da cui dipende tutto il successo che si spera, più di quanto si possa immaginare. Questo affare comporta affaticamento, stress ed impazienza. Quel giorno là? Non se ne parla! Questo interesse di primo ordine deve essere sempre soddisfatto! Ehilà! Tutte queste esigenze derivanti da sbalzi d'umore, da capricci mi hanno portato a perdere ore ed ore nel bagno per l'abbellimento, così importante da diventare una ridicola perfetta. 3) Delusione e fuga. Giudicate ora il piacere che si può gustare dopo tanto di preparativi onerosi, ma come si arriva al ballo, accade tanto spesso che il trionfo che questa giovane persona si aspetta non risponde alle proprie aspirazioni, e ci si trova in una situazione umiliante, di forte patema d'animo. La fatica di una notte che doveva essere donata al sonno, l'aria corrotta che si respira, i danni che si procurano alla salute: tutto questo non ci dovrebbe far disgustare queste feste? No! Il mondo ci si trova talmente incatenato, che ricomincia una seconda, una terza, una ventesima, un'ennesima volta, convincendosi che non vi sia nulla di più dolce e non comprenderà mai il danno senza rimedio che ha provocato, per cui la salvezza eterna e non solo, anche la salute fisica resterà fatalmente compromessa, l'innocenza sarà perduta, il bene sarà calpestato. Ci sono diversi tipi di ballo: *orge, saturnali.* Queste sono indegne per una donna onesta. Non si può mai ammettere ciascun pretesto, o argomentazione che giustifichi l'adesione a metter piede in tali tipi di feste, neppure per pura curiosità.

Balli in maschera. Sono molto comuni, ma non si saprebbe dire il danno che essi provocano! Uscire dalla propria condizione, sia pure per qualche ora, è un disordine che Iddio non tollera e che indica una leggerezza di poco onore per la persona che si permette tali divertimenti.

Balli pubblici. Se una donna maritata, vi capiti qualche volta con suo marito, anche per pura curiosità, non esiti a condannarla, credendo di essere troppo severa. Ma andarci per ballare e per balla re con uno sconosciuto, è un atto incomprensibile e impossibile da tollerare.

Ballate in società. Offrono gli stessi inconvenienti dei precedenti balli. Non c'è nessun vantaggio. Se si è qualche volta obbligati a prendervi parte con parenti, o amici, bisogna osservare un'estrema riservatezza. Un giovane, o una giovane, elevato non accetta di ballare se non col permesso della madre, che non si deve mai allontanare[96].

[96] Ricordiamo i tempi antichi quando i nostri genitori ci accompagnavano ai balli innocenti che si facevano nelle sale, o negli stessi vicinati. Erano momenti di stacco, molto belli, ove accanto alla fisarmonica girava qualche lieta pietanza ed il goccio del vinello.

Feste di famiglia. Sono feste dove ci si riunisce in pochi ed in gala semplice e modesta. Sembrano meno dannose, ma dipende sempre dalle circostanze che possono riscontrarsi. La coscienza retta e delicata percepisce subito certi inconvenienti, per cui sarebbe opportuno dopo subito ricorrere ad un padre spirituale saggio ed onesto. Meglio seguire per quanto riguarda i balli queste regole generali: a) Il cristiano se può deve evitare il valzer, la polka e tutte le danze analoghe. Senza dubbio per queste riserve s'espone alla singolarità. Evitare la singolarità: non è onorevole per lui! Certamente non s'addice nella sua anima alla virtù della fortezza, della solidità e del coraggio. b) Un giovane, o una giovane, che ama Dio e custodisce la castità come un tesoro si deve guardare di chiedere ai suoi parenti di accompagnarlo ad un ballo. Se sarà obbligato a farlo si presenterà in una posizione conveniente, senza singolarità. Tenderà severamente ad una condotta modesta, con abiti semplici e danzerà sotto gli occhi di sua madre. La consulterà per tutto ciò che si presenta imbarazzante. Il pensiero di Dio, lungi dal restargli estraneo, l'accompagnerà soprattutto per preservarlo dal male. Infine i suoi esercizi di pietà non dovranno soffrirne alcuna pena. Citiamo il motto famoso di un autore pagano, anche se sospetto, il quale parlando di una matrona romana, di cui vantava le alte qualità, diceva a proposito: è molto strano che ella ama la danza più che usare verecondia verso una persona onesta! Domandiamo subito a Dio di attaccarci a Lui in tal modo, che mai i vani piaceri del mondo possano farcene allontanare. Se fossimo tentati a volte dai desideri, ritorniamo subito in noi stessi e pensiamo all'ora della nostra morte. Giudichiamo come se dovessimo giudicare nell'ultimo momento, dove vediamo svanire tutte le vanità del mondo e riteniamo un nulla tutto ciò che è contrario o non ci parrà degno della virtù e della pietà.

VI
NON RUBARE. NON DESIDERARE LA ROBA ALTRUI. NON PRONUNZIARE FALSA TESTIMONIANZA

1. Settimo e decimo comandamento

Questi due comandamenti difendono il bene del prossimo, che non può essere preso, né desiderato. Il furto in sé è uno dei peccati che più eccitano l'indignazione e la riprovazione. È ordinariamente accompagnato dalla menzogna ed è legato al pozzo senza fondo dell'avarizia e dell'insensibilità. Quale violenza bisogna fare alla coscienza per rubare, visto che questa ci ordina di rispettare la proprietà del proprio simile? La tendenza a questo peccato deriva da una profonda perversità. È molto importante reprimere fin dall'infanzia la predisposizione che si potrebbe avere a rubare[97]. La storia della società ci dimostra che i ladri più famosi, coloro che sono spirati con l'ultimo supplizio per la molteplicità dei loro crimini hanno cominciato col derubare i parenti, o i compagni, di oggetti insignificanti, o di poco valore. Questo difetto si riscontra non solo nei poveri, ma in coloro che hanno raggiunto ranghi elevati e che per le loro fortune dovrebbero stare lontani dal furto. Presso costoro questa mania è molto colpevole e disonorante, e dolorosa per le loro famiglie. Si può rubare il bene altrui in diversi modi: 1) Per violenza, come fanno i ladri di professione. 2) Per sorpresa, come fanno coloro che scalano i muri per introdursi in una casa durante la notte. 3) Per astuzia, come i mercanti e i venditori in cattiva fede. I piccoli si rendono ordinariamente colpevoli di questo comandamento prendendo il denaro ai loro genitori, come se essi ne avessero qualche diritto. Nessuna pretesa può giustificare questa indelicatezza. Colgono l'occasione di fare qualche spesa superflua che a loro pare indispensabile, o approfittando delle spese che sono necessarie per la loro educazione, oppure apportandovi qualche applicazione ad arte per attrarre il consenso su certi studi che fanno passare per meno utili rispetto ad altri, o usando troppo di fretta vestiti, o libri, o altri oggetti, per mancanza d'ordine, danneggiando tutto il mobilio che è messo loro a disposizione, come lavagne, sedie, banchi, etc., di cui è permesso di servirsene, ma non di distruggere. La vanità ci mette molto del suo in tutte queste ingiustizie, che non si rimproverano mai abbastanza. Si vuol fare bella mostra

[97] Agostino a proposito narra il furto delle pere (*Confessioni* II, 4,9).

della fortuna dei propri genitori, non prendendosela tanto per rovinare oggetti che sono facilmente sostituibili. Ma i genitori non la pensano allo stesso modo, siccome sono stati spesso impediti di dare ai loro figlioli l'educazione che avrebbero desiderato, perché un figlio amato morbosamente ha dato loro occasione di fare il doppio o il triplo della spesa necessaria. Quale è dinanzi a Dio la responsabilità di costoro? Più tardi ne uscirà una ragazza disordinata, che spenderà tutto per il trucco, e dopo aver mandato in rovina la sua casa, prenderà a credito dagli usurai, pur sapendo che non potrà pagare. Non è forse questo un furto tanto manifesto? Bisogna pentirsi amaramente di aver commesso un furto e confessarlo per ottenere il perdono di questo peccato, inoltre, come dice Agostino, non può essere rimesso se non si restituisce ciò che si è preso. Quante anime si sono dannate per non aver riparato le ingiustizie che avevano commesso. Si pecca di furto anche con omissioni al bene e con pensieri, come nel caso del desiderio della roba altrui. 1) Non pagando ciò che si è dovuto o non facendo tutto il possibile per mettersi apposto. Ci sono persone che non si fanno mancare i piaceri inutili, anche se sono crivellati di maledizioni per non aver restituito il dovuto. 2) Non pagando l'operato dei domestici o il salario degli operai. Quante famiglie si vedono mancare il necessario, mentre ci sono dei riccastri che differiscono nei pagamenti dei loro dipendenti, a volte per tempi memorabili, o non assolvono mai i loro pagamenti. Molti abusano della loro posizione rispetto ai loro simili che si sono sfiniti per servirli: costoro sono più colpevoli agli occhi di Dio di certi ladri di cui la giustizia umana si è saziata. Ma - si dice - io mi vergogno di restituire un tale oggetto! Come faccio a confessare un tal peccato? Certo dobbiamo preservare la reputazione, ma mai a spese della nostra coscienza. Bisogna a proposito consultare il proprio confessore: può darsi che egli sia ad offrirsi in questa restituzione, per cui l'autore rimarrà sempre ignorato. Qualcun altro dirà: la persona cui ho fatto torto è così ricca! Questo sarebbe un principio malefico che permetterebbe di derubare i ricchi. Non c'è nel vangelo alcun pretesto che ci autorizzi a conservare per noi ciò che appartiene ad altri. Sarebbe una falsa carità quella di derubare ai ricchi per dare ai poveri, anche se fosse una somma eguale di quella che i ricchi hanno derubato ai poveri[98]. Non è nella borsa altrui che bisogna trovare i mezzi per elemosinare ai più bisognosi. Infine sarebbe davvero imprudente caricare gli eredi o i familiari di debiti che non si è riusciti ad assolvere. A parte che costoro non si preoccuperebbero affatto della nostra salute spirituale, quanto noi, in questa vita, siamo chiamati ad occuparci della salvezza dell'anima, facendo del bene e riparando noi stessi i nostri danni.

Bisogna poi non desiderare il bene altrui, come ci commina il decimo comandamento. Il furto, come tutti i peccati, ha origine nel cuore. Infatti, quanto siamo impossibilitati ad accaparrarci il bene del prossimo, che succede? Allora accade che desideriamo di derubare il prossimo dei suoi beni materiali. Questo è un furto che accade nell'anima, anche se non accade realmente. È come l'adulterio che si commette nel cuore, anche se non si commette realmente. Perciò il desiderio dei beni altrui ci è impedito da un altro comandamento e costituisce un peccato più o meno grave. Si può domandare a Dio e desiderare ciò che è necessario alla vita, per il miglioramento della propria fortuna, ma ciò va sempre fatto con cristiana rassegnazione, né col minimo pregiudizio per il prossimo. D'altronde niente è più relativo dei beni temporali. Un grande segreto per essere felici è quello di guardare sempre al di sotto di sé, piuttosto che al di sopra, elevando un occhio di invidia verso coloro che ci sembrano più favoriti di noi.

2. *Questioni particolari*

Compravendite.

Molte persone si vantano con una puerile vanità che hanno fatto a basso prezzo queste o quelle altre compere o frutto della loro industria e di cui rimangono quasi estasiate. Vale a dire che hanno lasciato a causa delle loro istanze un mercante, che così ha perso il profitto di una vendita che era stata pattuita, o promessa. D'altra parte molti mercanti vogliono guadagnare troppo e stanno sulle loro, senza mai cedere, si sforzano di vendere le loro mercanzie al prezzo più elevato possibile. Dove

[98] Un po' alla Robin Hood o come facevano prima i briganti: rubavano ai ricchi per dare ai poveri.

sta allora la buona fede? Il mondo intero non è forse una foresta dove gli uomini cercano di spogliarsi gli uni gli altri? La regola generale è: vendere e comperare gli oggetti al prezzo giusto, senza rischiare di commettere un'ingiustizia reale.

Eredità.

Il rispetto della legge per i testamenti prescrive anche quello per le eredità. Gli eredi debbono conformarsi fedelmente alle intenzioni del testatore, senza permettersi di interpretarle, secondo i loro interessi e di cambiare nulla. Se si ha la certezza che la fortuna ereditata è stata male acquisita, si ha l'obbligo della restituzione. Se si hanno dei dubbi bisogna consultare e restituire in proporzione dei danni commessi. Il bene male acquisito non porta mai profitto, anzi porta sempre alla rovina ed alla dannazione.

Oggetti trovati.

Non ci appartengono per nulla. Bisogna cercare il proprietario e se non si riesce a trovarlo, meglio farne profittare i poveri, a meno che non si è poveri se stessi. Non bisogna farsi mai giudici della propria causa.

Scommesse.

Non bisogna mai fare delle scommesse se non si ha una certezza positiva di ciò che avanza. Bisogna fare porzioni eguali delle parti, per evitare di commettere un male evidente, nella riscossione del palio della scommessa. Infine bisogna confermarsi alle leggi per tutto ciò che concerne prestito ad interesse, tasse, contrabbando, tutte questioni che le esperienze della vita prima o poi vi sbatteranno in faccia. Ci si rende colpevoli di complicità al furto dei propri domestici, o uscieri, o impiegati, per la negligenza di lasciare sotto i loro occhi oggetti di valore, ma se essi soccombono alla tentazione si ha il diritto di accusarli. Infine dobbiamo conservare nella purezza tutta la delicatezza di coscienza che noi abbiamo ricevuto da Dio, usiamola anche fino allo scrupolo, pur di non commettere delle ingiustizie.

3. *Ottavo comandamento*

Questo comandamento difende la giustizia nella vita pubblica e privata e difende soprattutto la verità. Dobbiamo chiedere a Gesù, come Pilato, ma non con meno leggerezza di lui: che cos'è la verità? Ascoltiamo quello che risponde Gesù: - Io sono la Via, la verità e la Vita. Dio è onnipotenza[99], verità e carità. I veri sapienti ricevono la verità direttamente da Dio, fonte ed eterno principio di tutte le cose[100]. Per trovare la verità dobbiamo andare da Gesù Cristo, che è la Verità incarnata per illuminare gli uomini. Si può giungere alla verità seguendo la voce di Gesù Cristo. La verità dà vita alla nostra anima. Oh! quanto è bella la Verità! Ella è il sole della nostra intelligenza, il quale ci illumina, ci scalda e ci vivifica. Maledetto colui che ama la menzogna, avvolto da spesse tenebre[101], cammina a tastoni su una via piena di inciampi. Se vogliamo il bene dobbiamo cercare la luce, allora non temeremo l'occhio di Dio, ma se facciamo il male, allora cerchiamo le tenebre. Troveremo mai una guida? Il padre della menzogna ci trascinerà negli abissi senza fondo. Oh! Siamo dei piccoli della Luce: amiamo la Verità! Diciamola senza paura, senza pena e soprattutto amiamo chi ci dice la verità, principalmente per mostrarci i nostri difetti. Che bello quando un avviso, un rimprovero, una lezione anche, ci sono utili in ciò e ci aiutano nella correzione della nostra anima. Apprezziamo questa rettitudine del cuore, che accetta la verità con riconoscenza e chiediamola incessantemente a Dio. Come violiamo la verità? Con la falsa testimonianza. Che cos'è? È una testimonianza falsa o un giuramento che si presta davanti ad un giudice per attestare una falsità. Non si può commettere un crimine più enorme che prendere Dio a Testimone di una menzogna! Anche le pene ecclesiastiche,

---

[99] La vera volontà di potenza (*wille zur macht*), che Nietzsche attribuisce al superuomo, appartiene solo a Dio e a Cristo, vero uomo e vero Dio, ed ai santi, che sono i veri superuomini.

[100] «Ti rendo lode, o Padre, Signore del cielo e della terra, perché hai nascosto queste cose ai sapienti e ai dotti e le hai rivelate ai piccoli» (Mt 11,25).

[101] «La luce venne nelle tenebre, ma le tenebre non l'hanno accolta» (Gv 1,5).

come quelle civili e penali sono severissime contro un tal crimine. Se per malaugurato caso dovessimo procurarci questo terribile inconveniente, dobbiamo subito parlarne, senza timore, con semplicità ed in tutta onestà. Non è mai permesso, per rendere servizio a qualcuno, di deviare, omettere o attenuare la verità. Se capita di accusare un parente o un amico, allora in tal caso è meglio rifiutarsi di testimoniare, piuttosto che di attestare il falso. In nessun modo si può attestare il falso, contravvenendo all'ottavo comandamento, né con falsi atti, né con false attestazioni, anche di compiacenza, né con falsi titoli, né con firme false, o timbri.

Un altro modo con cui si viola l'ottavo comandamento è il giudizio temerario. Giudicare il prossimo temerariamente significa giudicarlo colpevole o senza motivo, o sulla base di motivi insufficienti. È una menzogna dello spirito per soddisfare la malizia dei cuori. L'abitudine di questo peccato presuppone un'anima maldisposta. È una propensione umiliante, perché si giudica l'altro attraverso il proprio cuore. Se il cuore è puro i giudizi saranno sempre favorevoli, ma se è malvagio, i giudizi saranno sempre maldicenti. Avviene proprio come il malato di itterizia, il quale crede che tutto il mondo sia malato di itterizia, come lui. «Non giudicate e non sarete giudicate, non condannate e non sarete condannati, perdonate e vi sarà perdonato»[102]. Adottiamo questa saggia regola: mai giudicare! Se non possiamo scusare l'azione, scusiamo l'intenzione. Seguiamo la regola d'oro: fai agli altri ciò che vorresti fatto a te. Ma anche in senso negativo: non fare agli altri ciò che non vorresti fatto a te. Così ci prepareremo grandi consolazioni nel momento della morte.

L'altro modo è la menzogna. Mentire significa parlare in altro senso da ciò che si pensa con l'intenzione di danneggiare il prossimo. Dobbiamo sempre provare orrore per questo peccato, ma come è possibile che qualcuno vi cada? L'anima è fatta per la verità come l'occhio per la luce. Capite allora quale disordine la menzogna ci intromette, quando la volontà perversa forza l'intelligenza ad inoltrarsi nelle tenebre per non vedere il male che ella commette. Quante menzogne seguono dalla prima menzogna! Ci si incatena spesso in un labirinto dal quale è difficile uscire più, coperto di disperazione. Questo vizio riunifica in sé la bruttezza di tutti gli altri. Ne porta dietro infatti molti altri: l'accidia, la disobbedienza, la golosità, a volte il furto. Chi non conosce il proverbio? - Mentitore: ladro! Si dice che la menzogna è il peccato dei piccoli e dei piccoli spiriti. In effetti questa indica una poco sviluppata capacità di giudizio. Indica un'anima debole, timorosa, incapace di sentimenti elevati, di mezzi generosi. Il mentitore prende sempre vie storte, dissimulatrici, non ha fiducia in sé. Come potrebbe fidarsi perfino di un piccolo? Il proverbio dice: la verità esce dalla bocca degli infanti. Ma se invece della verità c'è la menzogna, quale perversione, quale corruzione, in tutti i sensi! Felice ancora quel bambino che arrossisce mentendo, vuol dire che ancora non ha preso familiarità con questo vizio. Non commette mai colpa sotto il mantello laido della menzogna. Ci vuole dignità per riconoscere le proprie colpe e per espiarle con un sentimento sincero. Che ne facciamo dell'educazione che abbiamo ricevuto se non troviamo nel fondo della nostra anima la stima per l'amore e per la verità. Ci sono tre tipi di menzogna: 1) Menzogne scherzose. Hanno per scopo l'eccitazione dell'interesse e l'effusione dello scherzo. Il mondo le condona dicendo che non fanno male a nessuno. Gli scherzi, o le bugie di scherzo fanno un danno a chi le riceve ed un danno a chi le commette, disponendolo a fare di più grandi ed a sacrificare alla verità la vanità. 2) Menzogne ufficiali. Sono quelle fatte per rendere servizio a se stesso e agli altri e non sono mai permesse, neanche nelle circostanze più gravi. San Paolo ammonisce: non far neppure il più piccolo male per il più grande bene. 3) Menzogne dannose. Sono quelle che portano a pregiudicare il prossimo e si chiamano calunnie. Questo vizio nefando è provocato dall'invidia, dalla gelosia, dalla vendetta e tutte le passioni più basse. È impossibile ottenerne remissione senza riparazione. Questo comandamento difende ancora dagli equivoci e dalle restrizioni mentali, le riserve che non inframettiamo tra la verità e la persona che deve ricevere la verità che ci viene richiesta. Ci sono mille scappatoie che i piccoli prendono per procurarsi delle soddisfazioni o per evitare il dolore. Non si può entrare nel dettaglio dei fatti che la coscienza può rimproverare a questo riguardo, senza che esse siano positivamente delle menzogne, ma un'anima delicata respingerà sicuramente tutto ciò che è contrario ed offensivo

---

[102] Lc 6,37

della verità. Quando l'uomo si trova sul terreno dell'amor proprio, allora soprattutto sarà d'accordo con il padre della menzogna, per una via d'illusione e di ipocrisia, da cui è difficile allontanarsi, quando ci si è incamminati. Dobbiamo essere sempre prudenti come serpenti e semplici come colombe[103], per raggiungere il candore e la pace. Non abbiamo detto però la più grave delle menzogne, che è quella di mentire allo Spirito Santo. È il peccato più grave di tutti[104]. Dobbiamo sempre temere questa fortissima tentazione del Demonio al santo tribunale, al contrario, dobbiamo aprire il nostro cuore, liberarlo da ogni male, e imparare a camminare davanti a Dio nella sincerità e nella verità.

Preghiera

Dio mio. Sono passati già dieci giorni di ritiro. Posso veramente dire che in questo periodo mi sono applicato nell'osservanza della tua legge? Forse mi sono perso? Se fosse così, Dio mio, imploro la tua grazia, per ritrovare la giusta strada. Aiutatemi ad essere fedeli alle buone risoluzioni che avevo preso durante i giorni della misericordia. Me ne ricorderò in questi otto giorni, trai quali celebreremo la festa del Sacro Cuore di Gesù. In questa bella festa Nostro Signore fa esplodere la sua misericordia e la sua bontà per tutti noi. O Maria, madre buona, venite in nostro soccorso ed intercedete per me presso il Divin Figlio, al fine che Egli mi accordi tutte le grazie di cui ho bisogno.

A Gesù e a Maria per sempre.

VIII
I COMANDAMENTI DELLA CHIESA

1. I comandamenti della Chiesa

Perché la Chiesa fa dei comandamenti? Quelli di Dio non sono sufficienti? Nello stesso modo che Dio, donando a Mosè i dieci comandamenti della legge, aveva voluto rendere gli uomini sensibili alla legge naturale, già iscritta nei cuori, così la Chiesa emana dei comandamenti che sono lo sviluppo di quelli di Dio. Questi non introducono nulla di nuovo per la dottrina, ma esplicano solo la maniera con cui dobbiamo osservare la legge di Dio. Facciamo le stesse osservazioni che per i precetti evangelici: - Siate santi, perché io, il Signore Dio vostro, sono santo[105]. Come possiamo far riscoprire all'anima questa santità che ella ha perso a causa del peccato? Come mantenere poi questo felice stato di rassomiglianza con Dio? Ecco allora i comandamenti della Chiesa: *tutti i peccati confesserai, riceverai il tuo Creatore almeno a Pasqua*. Innanzitutto la Chiesa ci invita a riscoprire i sacramenti, che sono le porte della santità, che Dio ha stabilito per la nostra salvezza eterna. Santificate la domenica, ci dice il legislatore ebraico, che è il giorno del Signore. La Chiesa aggiunge: *santificate la domenica e tutte le feste comandate*. Viene poi il precetto così grave, esteso e formale della penitenza: «Se non vi convertite perirete tutti allo stesso modo»[106]. La chiesa ci deve porre, per fuggire il peccato, l'inquietudine di non poter mai soddisfare la giustizia di Dio. Ed ecco il comandamento: *venerdì tu carne non mangerai e per tutto il tempo di quaresima*. Ammiriamo la saggia tenerezza di questa madre, la Chiesa, come possiamo trovare abusi, o usurpazioni nell'esercizio di questa materna sollecitudine? La Chiesa può fare dei comandamenti? Tutte le società, tutte le istituzioni, le assemblee, i governi di qualsiasi genere, repubblicano o monarchico, sono sottomessi all'autorità legislativa, che provvede al loro mantenimento, conservazione e prosperità. Ora tra tutte le società, la Chiesa, la più numerosa, la più perfetta, la sola divina, sarebbe privata del diritto di amministrare e di

---

[103] Mt 10,16

[104] Mt 12,31. Secondo Tommaso D'Aquino (*Summa Th.* II,14) e il *Catechismo Romano* (II,5), i peccati contro lo Spirito Santo sono: impugnazione della verità, invidia della grazia altrui, disperazione della salvezza, presunzione della salvezza senza merito, ostinazione nel peccato, impenitenza finale e superbia di vita. In questo caso Mademoiselle Cologne si riferisce alla grave colpa di mentire nella confessione.

[105] Lv 19,2

[106] Lc 13,3

conservare? Ad ella sola sarebbe interdetto di fare delle leggi utili alla sua conservazione nell'unità, a favorire la sua durata e la sua estensione? Gesù, che è la saggezza incarnata, avrebbe abbandonato al capriccio delle passioni umane una società, che deve sussistere eternamente, quando tutte le altre saranno cadute nella polvere? *Chi ascolta voi, ascolta me*[107]. Dunque alla Chiesa dobbiamo la stessa obbedienza e lo stesso rispetto che dobbiamo al Figlio di Dio. Ella ha il diritto di comandarci e di governarci. La ribellione, l'eresia, possono contestarla, ma non annullare il suo comando. I comandamenti della Chiesa obbligano sotto pena di peccato mortale? L'autorità della Chiesa è la stessa di quella di Dio, non è meno grave di violare i comandamenti di Dio. Tanti si fanno illusione a questo riguardo e soddisfano solo in parte, o non proprio i doveri religiosi. Non temono, ad esempio, di mancare alla messa domenicale. Si dispensano dalle astinenze coi più frivoli pretesti. Dicono: non facciamo torto a nessuno! Ma non sanno che fanno torto, un torto immenso, alla loro stessa anima, rendendosi colpevoli dei più gravi peccati mortali, trai quali il più funesto è resistere alla stessa volontà di Dio. Non dimentichiamo mai il detto: - Colui che non ha la Chiesa per madre, non saprebbe aver Dio per padre. Riconoscere l'autorità della Chiesa è riconoscere l'autorità di Dio. Sottomettiamoci senza mormorare alle leggi della santa Chiesa. Ispiriamoci ai motivi che l'hanno ispirata e rendiamo sacrifici graditi a Dio in umile obbedienza.

2. *Ricordati di santificare le feste*

Il terzo comandamento è unito al secondo comandamento della Chiesa: *la domenica onorerai, servendo Dio devotamente, e tutte le feste comandate*.

Il settimo giorno della settimana è consacrato al riposo ed al servizio di Dio ed è antico quanto il mondo stesso. Tutti i popoli, anche idolatri, hanno conservato la tradizione primitiva del riposo di Dio dopo i sei giorni della creazione. Presso di essi è in uso la settimana ed ampliano il settimo giorno per onorare le divinità. Gli sforzi dell'empietà per sopprimerla e rimpiazzarla con la decade rivoluzionaria[108] non sono serviti a nulla, anzi hanno ancor di più confermato che l'istituzione divina è nella natura umana. È forse troppo consacrare il settimo della nostra esistenza a Dio, che ci ha dato la vita e ce la conserva? D'altronde il riposo è necessario all'uomo dopo un lavoro di sei giorni. Secondo Chateaubriand anche gli animali dimostrano di reclamare il riposo. Il bue muggisce e si risente se è attaccato al carro dopo sei giorni di lavoro. La terra stessa si rifiuta di produrre se dopo sei anni di coltura non si concede un anno di riposo. Presso gli ebrei il giorno di riposo è il sabato, ma nella nuova legge è la domenica, che è il giorno del Signore, per onorare la resurrezione di Cristo. Cosa bisogna fare per santificare la domenica? 1) Sentire la santa messa. Non è una pratica accessoria, ma un obbligo sotto pena di peccato mortale. Sfortunatamente molti si fanno illusione a questo riguardo. Anche se hanno tanti sentimenti religiosi non temono di mancare alla messa con i più futili pretesti: una visita inattesa, un tempo cattivo, un leggero malanno, un ritardo per truccarsi alla toilette. C'è bisogno di più gravi motivi per non osservare questo precetto. L'assistenza alla grande messa non è un obbligo assoluto, benché il concilio di Trento la raccomanda con insistenza. Per entrare nello spirito della Chiesa, bisogna, a meno di una grave impossibilità, almeno una volta al mese ascoltare la messa, profittando degli spirituali vantaggi, che sono tanti: la presenza del parroco che i fedeli debbono conoscere per tutte le necessità generali o particolari, per i malati, i viandanti; l'intenzione della messa parrocchiale che è sempre offerta per i fedeli; l'omelia, o istruzione familiare sul vangelo, spesso più utile dei discorsi più eloquenti, perché così si entra nell'intimo della vita cristiana; l'annuncio delle feste, dei giorni di digiuno e di astinenza, la lettura dei mandati del vescovo; infine l'edificazione generale risulta dalla riunione dei fedeli sotto lo stesso spirito di pietà e di sottomissione

[107] Mt 10,16

[108] Nel 1794 Robespierre impone il culto dell'Ente Supremo, con una forte azione di scristianizzazione. La festa dell'Ente Supremo, retaggio del deismo illuminista, viene celebrata a Giugno. La cattedrale di Nôtre Dame diviene il tempio della dea Ragione. Viene imposto il nuovo calendario: il mese è diviso in tre settimane, da dieci giorni. Anche i nomi dei mesi sono cambiati: vendemmiaio, brumaio, frimaio, nevoso, piovoso, ventoso, germinale, fiorile, pratile, messidoro, termidoro, fruttidoro.

alla Chiesa. Sarebbe desiderabile che per ciascuna famiglia almeno una persona, o più, assistesse alla santa messa parrocchiale al fine di tenere gli altri al corrente di ciò che è stato detto. 2) Assistere all'ufficio della sera, cioè al vespro, al sermone ed al saluto, o almeno ad una di queste parti. Benché non sia un obbligo rigoroso, come quello di andare a messa, l'abitudine di mancarci sembra incompatibile con lo stato di grazia: perché la Chiesa celebra i suoi uffici? Perché vi assistano i fedeli e sappiano trarre tutti i frutti di pietà e di salvezza. Si potrebbe scegliere poi la domenica per darsi alla pratica delle buone opere, come di visitare i poveri e gli ammalati, consolare gli afflitti, istruire i piccoli e gli analfabeti. Dopo aver assistito ai sacri uffici si può prendere parte colla propria famiglia ai piaceri permessi, che un cristiano sa: pia ed amabile gioia che conviene al giorno sacro. Vediamo alcune questioni pratiche.

Si soddisfano i precetti quando si sente male la messa?

Assolutamente no. Dio ci chiede di nulla anteporre a Lui, pertanto attenzione di spirito e di cuore. Le distrazioni volontarie durante una buona parte della santa messa ci pongono serie inquietudini.

A qual momento bisogna giungere rigorosamente a messa?

Bisogna sempre seguire la messa dall'inizio fino al momento in cui il prete lascia l'altare. Pertanto, se per cause involontarie, ma non per azzardo, si giungesse al vangelo, non facciamoci problemi: si può sentire un'altra messa. L'abitudine al ritardo è però colpevole. Si esige troppo se si chiede di consacrare una mezz'ora a settimana al servizio di Dio?

Quali sono le ragioni che possono dispensare la messa?

Uno stato di malattia molto grave che possa compromettere la salute recandosi a messa. Altri motivi sono: l'obbligo di guardare ammalati e bambini, o l'inconveniente di non lasciar nessuno in una casa. Si potrebbe fare a turno ed accedere ad altre messe, laddove vengano celebrate, in modo che una stessa persona per due volte consecutive non possa mancare.

In caso di viaggio o di permanenza in campagna bisogna prendere la sana abitudine di non partire senza aver prima assistito alla santa messa. Si corre molto, col rischio di mancare, andando in paesi sconosciuti. Un piccolo che non ha l'abitudine di andare a messa deve adeguarsi ai genitori. È dovere manifestare il più gran desiderio di non venir meno ai precetti. Invece di aspettare la domenica mattina per farne richiesta con esigenza e rigore, i piccoli dovrebbero chiedere alla vigilia con dolcezza circa le loro esigenze e se sia possibile soddisfarle. In caso di rifiuto assoluto, invece, da parte dei genitori del permesso di recarsi in chiesa, il piccolo dovrebbe prendere questa precauzione, così non sarebbe più responsabile di questa infrazione della legge, di supplire infatti leggendo le preghiere, sentendosi unito a Dio durante tutto il giorno, perché egli deve ricordare che è il giorno del Signore.

3. Ciò che bisogna evitare per santificare la domenica

Per santificare il giorno festivo bisogna evitare: 1) Il peccato. La domenica è un giorno che appartiene a Dio, che ci ha ordinato di consacrarci interamente a Lui. Un peccato mortale acquisisce un grado estremo di gravità se è commesso la domenica: di questa circostanza bisogna sempre dar notizia al confessore. È un sacrilegio compiere le opere del Demonio il giorno dedicato a Dio. Anche il nemico della nostra salvezza in questo giorno è più armato contro le anime, estende con profusione i suoi piaceri malevoli e le strade dei suoi templi sono colmi di una folla compatta, che si percepisce come il flusso di un torrente senza fondo. Oilà! Tra questi insensati si trovano dei cristiani che la mattina hanno assistito alla messa, all'immolazione della santa Vittima. Deplorevole illusione è la pretesa di servire Dio e poi servire al Demonio! 2) Lavori servili. Sono quelli in cui il corpo ha più parte dello spirito ed inoltre vengono fatti per guadagnare soldi. Tali sono: il commercio, l'agricoltura, l'artigianato, la sartoria. Dio ci ha dato sei giorni a settimana da impiegare per il nostro profitto, ma ci ha ordinato di preservare il settimo giorno. La Chiesa autorizza qualche eccezione, come alcuni lavori particolari, tesi a garantire l'ordine e la proprietà, o altri come la preparazione dei pasti etc., è anche permesso di pulire un giardino, di curare le piante, anche se non coltivarle, né piantarle. I mercanti che vendono beni di prima necessità possono esercitare la loro professione per una parte della giornata, per permettere di comprare a chi ha bisogno, però questo è concesso in generale per assicurare il necessario, che però è opportuno che si procurino la vigilia. I lavori pubblici, la cui esecuzione creerebbe degli inconvenienti reali, sono esentati dall'obbligo domenicale: ad esempio la pavimentazione di una strada molto frequentata. Si può chiedere all'autorità il permesso di rimandare i lavori per la minaccia di un temporale. Se non si può vendere non si deve neppure comprare, se non si può lavorare, non si possono neppure fare affari, o opere estemporanee, o ordini che, in estremo, debbono essere conclusi prima della domenica. Sono molto più responsabili coloro che abusano della loro posizione, mettendosi nella necessità di violare la legge di Dio. Anche i vanitosi sono colpevoli se dedicano il giorno santo a fare toilette. Ci si può occupare di musica e di arte, pittura ed altro, in genere, purché non siano di professione. Caccia e pesca sono concessi come rilassamento. Per chi abita in campagna e si reca in paese solo la domenica, è concesso fare delle commissioni necessarie per sé o per altri. Sono permessi passeggiate, rinfreschi e dolci. Si possono comprare oggetti nei mercati delle feste patronali dei paesi. In tal caso l'interesse dei mercanti è circoscritto a circostanze occasionali. Non ci si deve fare scrupoli a cucire un bottone, o uno strappo o a fare lavoretti che richiedono poco tempo. Occorre astenersi da opere di tappezzeria e di uncinetto. Si può lavorare un poco per i poveri e per la Chiesa. Non entriamo in tutti i dettagli dei casi di coscienza che possono presentarsi e per i quali occorre consultare il confessore, che solo potrà giudicare i casi particolari. La violazione della domenica è per le famiglie e per le nazioni la causa dei flagelli che le colpiscono, per cui Dio oltraggiato, ritrae la sua mano benefattrice. Come i popoli possono osservare i comandi dell'autorità civile, quando non obbediscono a quelli di Dio? Non rispettano i santi? E Dio può sopportare impunemente che non gli sia dovuto da queste sue creature l'onore? Non violiamo mai la legge della domenica senza alcun pretesto e soprattutto non diamo il cattivo esempio ad altri che potrebbero trasgredire.

Preghiera

Dio mio, ci fate una grande grazia, di cui possiamo profittare, con questa istruzione, con cui ci parlate dalla bocca dei vostri ministri. Che io ascolti e ne tragga frutto. Abbiamo ricevuto il vostro dono, l'abbiamo messo a frutto e non temiamo un giorno di renderne conto. Prendo, Dio mio, tutte le buone risoluzioni che oggi ho tratto coi suggerimenti del vostro ministro per compiere tutto ciò che ti è dovuto, sotto la potente protezione e l'aiuto della Santa Vergine, che non ci abbandonerà mai con ferma confidenza. A Gesù e Maria per sempre.

4. *Terzo e quarto comandamento della Chiesa*

Tutti i tuoi peccati confesserai almeno una volta l'anno.
Il tuo Creatore riceverai almeno a Pasqua.

La Chiesa è saggia in tutto ciò che fa e tuttavia si osano criticare le sue leggi. Si dice che ella forzi le coscienze, ma non è vero, perché alla fine ognuno agisce secondo coscienza. ognuno. Bisogna ben comprendere lo spirito della Chiesa ed il bisogno che noi abbiamo di essere richiamati al bene con un certo tono. Rimproverai una madre che riprende i suoi figli? O che loro impone i doveri per il loro bene? Così appartiene alla tenera sollecitudine della Chiesa di esercitare su di noi un sano controllo morale, affinché non si cada nell'indifferenza più funesta alla nostra salvezza. In effetti non ci si perverte tutto d'un colpo. Supponiamo un giovane che vive nel mondo per necessità, o per divertimento: la sua vita dissipata non gli lascia un momento per rientrare in sé. Ma arriva la quaresima, essa ci richiama alla penitenza ad al comandamento di riavvicinarci a Dio. Di qui la necessità di esaminare le proprie disposizioni, perché come si potrebbe prendere parte al banchetto degli angeli senza essere confessato? Così egli anche se si trova nel mondo comincia a scandagliare il suo cuore, a deplorare le sue infedeltà ed a convertirsi. Ora, se la voce della Chiesa non si fosse fatta sentire, avrebbe riportato quella povera anima al linguaggio della ragione e della fede? O l'avrebbe lasciata sul bordo dell'abisso? Eccola rientrare all'ovile, questa pecorella perduta, e quandanche non perseverasse a lungo sulla buona strada, che ella ha ripreso, è sempre una cosa eccellente una santa sosta. È un istante derubato alla vanità ed alla menzogna. È Dio che viene presso la gioventù, a meno che essa non ha rotto con la Chiesa! Speriamo che il suo ritorno a Dio sarà costante. La Chiesa si farà sentire contro queste incombenze alternative che rimettono sempre in discussione gli interessi eterni. Non attaccheranno mai l'eterno Maestro, che dona bene e pace. Sulla confessione annuale il concilio Laterano I afferma che tutti i fedeli di entrambi i sessi, quando saranno giunti all'età della maturità, dovranno confessare i propri peccati almeno una volta all'anno. Il principio esiste dunque per tutti ed obbliga tutti, anche coloro che hanno solo peccati veniali da confessare. C'è il proprio pastore, che rappresenta il vescovo, ci sono tutti i preti ed il vicario della diocesi. A che età obbliga? Almeno dai sette anni. È preferibile il tempo di Pasqua. La Chiesa dà sempre l'assoluzione, però bisogna evitare una confessione cattiva o incompleta.

Lo stesso concilio Laterano precisa: i fedeli devono ricevere almeno a Pasqua, con rispetto, l'eucarestia, a meno che, per qualche causa ragionevole, consultato il proprio confessore, egli non ritenga più opportuno astenersi dalla comunione per un certo periodo. Se egli contravviene a questo precetto, gli deve essere interdetta l'entrata in Chiesa per tutta la sua vita e dopo la sua morte sia privato della sepoltura cristiana. Il precetto obbliga di comunicarsi a Pasqua anche se durante l'anno si è fatta la comunione altre volte. Se la comunione viene differita per propria responsabilità e senza un valido motivo, o per negligenza, si cade in peccato. È un dovere assoluto, la cui mancanza va confessata. Dopo la prima comunione tutti i fedeli debbono rispettare questo precetto. L'età per ricevere la prima comunione varia a seconda delle esigenze, ordinariamente avviene verso i dodici anni. Se si fa la comunione durante la quindicina d Pasqua il precetto è da ritenersi soddisfatto. La quindicina di Pasqua comincia otto giorni prima di Pasqua e finisce otto giorni dopo, quindi comprende la settimana santa. A volte qualche vescovo dilata anche questo periodo dandone notizia. Per le confessioni non aspettare a Pasqua, quando c'è più folla, ma cercare di provvedere in tempo. Inutile raccomandare che i precetti della Chiesa vanno osservati con obbedienza e non insubordinazione. La comunione pasquale va fatta nella propria parrocchia. In caso di viaggio si può rinviare. In caso di malattia bisogna consultare il confessore. Deploriamo la triste necessità che ha dovuto rimediarci la Chiesa a provvederci un comandamento per farci avvicinare alla divina eucarestia una volta l'anno. Donde viene questa indifferenza? Da ciò che si nasconde dietro uno specioso pretesto di rispetto simulato. Non per rispetto ci allontaniamo dalla tavola santa, ma perché bisogna fare degli sforzi per meritarsi questo bene. Qualcuno potrebbe dire: meglio non far Pasqua che fare una cattiva Pasqua? Sarebbe preferibile, ma è ancora meglio ciò che la Chiesa vi comanda da parte di Dio per combattere quella rilassatezza, che ci induce a disertare il banchetto del Signore, per timore dei sacrifici richiesti in preparazione di questo. Spesso capita che il giovane, che era pio e fervente, comincia ad allontanarsi dalle confessioni, poi viene qualche annata di tiepidezza, o di aridità, ed egli non farebbe più le pasque, se questo precetto non l'obbligherebbe. Qualche anno dopo il Demonio, profittando della sua debolezza, comincia ad insinuargli che potrebbe differire il precetto pasquale, e così lo salta. L'anno dopo ancora non si presenta proprio alla mensa del Signore. Pian piano un muro invisibile s'eleva tra Dio e quel giovane. Ci vorrebbe allora solo un miracolo della grazia per riportarlo ai suoi doveri. Se non lusinghiamo, allora, queste disposizioni, malgrado le nostre fragilità, saremmo in totale arbitrio della tentazione. Verrà un giorno in cui il Demonio ci dirà: - Lascia stare queste pie pratiche! Preservale per la pensione! Ah! Come sarebbe più buono il mondo! A misura che i danni aumentano bisogna vivere con maggiore attenzione. È così che si opera la salvezza. Ah! Respingiamo queste voci insolenti, da qualunque parte ci provengano, preserviamo la nostra pietà intatta, finché sia possibile, manteniamo la pietà familiare, serviamo Dio con coraggio e costanza, per meritare la grazia inestimabile della perseveranza.

5. *Quinto e sesto comandamento della Chiesa*

Digiunerai la quaresima e ti asterrai dalla carne.
Digiunerai ogni venerdì in ricordo della Passione e ti asterrai dalla carne.

Questi due comandamenti ci ordinano l'astinenza e il digiuno, come mezzo per soddisfare il precetto della penitenza. L'astinenza, come ci dice la parola, consiste nel privarci di certi alimenti. L'uso risale alla creazione del primo uomo. Dio pare farne la condizione del suo bene e di tutto il genere umano, quando Egli disse ad Adamo di conservare la sua amicizia e di tutti i beni che gli aveva posto accanto, quando gli comandò di privarsi del frutto di alcuni alberi. Proprio perché il nostro progenitore ha infranto questa regola, siamo tenuti ad una astinenza più rigorosa di quella imposta ad Adamo. Così la Chiesa ci obbliga a sottometterci dopo la ribellione del peccato originale, attraverso un mezzo di cui Adamo rifiutò di servirsi, ed a riscoprire i beni che abbiamo perduto, obbedendo alla legge che Adamo doveva osservare e a cui doveva essere fedele. Aggiungiamo che per non volersi attenere ai comandamenti della Chiesa, molti infelici soffrono nel purgatorio e nell'inferno i mali, di cui non c'è proprio paragone col mondo di quaggiù. L'astinenza che la Chiesa ci prescrive consiste, in genere, di interdire l'uso della carne, cioè di qualunque essere vivente e di ciò che da lui proviene. Fanno eccezione il pesce, il latte e le uova. Ha luogo il venerdì per onorare la passione e la morte di Nostro Signore, cui cooperiamo colla nostra pratica penitenziale, per la nostra redenzione in un giorno che a Gesù ha procurato molte sofferenze. Anche il sabato siamo tenuti all'astinenza per onorare la sepoltura di Nostro Signore, e per prepararci alla santificazione della domenica.

Il digiuno, di cui vediamo tanti esempi, nel popolo di Dio, e che la chiesa ha praticato fin dai tempi degli apostoli, consiste nel fare un solo pasto al giorno, e di non farlo se non nell'ora prescritta, solo cogli alimenti prescritti in tempo di astinenza. Notiamo che il digiuno presuppone sempre l'astinenza, perciò è prescritto solo in alcuni giorni, venerdì e sabato. Nella Chiesa primitiva il pasto avveniva dopo il tramonto. Dai tempi di Carlomagno era fissato a dopo il vespro. Carlomagno ottenne che i suoi dipendenti potessero fare il pasto anche più tardi, dopo di lui, ed arrivava mezzanotte, finché mangiavano tutti i suoi vassalli. Oggi il pasto si fa verso mezzogiorno, ma si potrebbe anche una mezz'ora prima. Dipende dalle usanze dei luoghi dove ci si trova. Per ricordare i tempi antichi la Chiesa canta i vespri prima del pasto. Oggi forse un digiuno così forte non si può smorzare colla debolezza dei temperamenti, e si aggiunge una colazione. L'origine risale al IX secolo, quando un'assemblea ad Aquisgrana concedeva un bicchiere d'acqua dopo una piccola ristorazione, detta "collatio", da cui deriva colazione, la quale aveva luogo presso alcune comunità monastiche prima della celebrazione dei vespri. I religiosi avanzati negli anni ne avevano fatto richiesta per far fronte alla sete ardente che li accompagnava durante i loro lavori faticosi. Questo piccolo sollievo bene presto divenne insufficiente e così la Chiesa fece ulteriori concessioni. I pasti concessi consistevano maggiormente in frutti, legumi ed insalate. Si deve far notare però che circa la qualità e la quantità delle astinenze la colazione doveva essere tale da non costituire un secondo pasto, senza apparecchiare le tavole con cibi superflui o soddisfare l'appetito. Bisogna sempre alzarsi da tavola con un po' d'appetito. Il digiuno è prescritto. a) Durante la quaresima. Bisogna unirsi al digiuno che fece Nostro Signore per quaranta giorni nel deserto, per prepararsi alla settimana santa ed alla passione di Gesù. Quaranta giorni sono la decima parte dell'anno: costituiscono così la decima che i fedeli debbono al loro Signore altissimo, in preparazione della comunione pasquale. b) Ai Quattro tempora: sono tre giorni di digiuno all'inizio di ogni stagione per santificarla. c) Le vigilie di alcune feste, per purificarci dei nostri peccati colla penitenza. La quaresima è il periodo migliore per il digiuno, come confermano molti medici d'Europa, consultati da papa Gregorio, per evitare anche tante malattie.

Se non si potesse ottemperare alla regola del digiuno il cristiano non può venir meno comunque all'obbedienza alla Chiesa. Bisogna ottenerne il permesso dal proprio confessore, cui esporre i propri motivi senza esagerarli e senza deformare lo spirito del precetto. Non si deve mangiare fuori dei pasti stabiliti, né bere, né concedersi inutili rinfreschi, né cercare cibi raffinati, come pesci squisiti, il che sarebbe una ricerca di sensualità. Inoltre ricordiamo che il fine è la penitenza, soprattutto la penitenza interiore, con un sincero ritrattamento dei nostri peccati. Asteniamoci dagli alimenti grassi, che eccitano il nostro gusto. In questo tempo di penitenza dobbiamo soprattutto fuggire i piaceri dannosi che favoriscono le passioni. Se curiamo troppo il corpo, il giovane interiore non ci fa rompere le catene che trattengono il nostro spirito ed il nostro cuore, impedendogli di elevarsi verso Dio. Accompagniamo dunque questo uomo interiore all'astinenza ed alla mortificazione delle tendenze malvagie e le inclinazioni perverse, per la correzione dei nostri difetti. Siamo fedeli alla Chiesa come ad una buona madre, osserviamo le sue regole per la nostra salute spirituale. Viviamo in una società inquieta, cui non importa soddisfare la giustizia divina. Secondo i consigli dei nostri confessori, allora, condiamo le pratiche della penitenza con le preghiere e le opere buone, fatte nello spirito della fede. Infine dobbiamo sempre essere contenti di obbedire alle leggi della Chiesa. Cerchiamo di attenerci, per quanto ci è possibile, alla tradizione apostolica ed evitiamo le molteplici dispensazioni, che inficiano la santa disciplina.

IX
IL PECCATO

1. Il peccato

Fino ad ora ci siamo occupati dei comandamenti di Dio e dei precetti della Chiesa, di ciò che Dio ci ordina attraverso la rivelazione ed attraverso al Chiesa. Ma ehilà! Gli uomini osservano poco le obbligazioni che loro vengono imposte, disobbediscono alle sante leggi e questa disobbedienza si chiama peccato. Che cos'è il peccato? Il peccato è ogni pensiero, parola, omissione ed opera contraria alla legge di Dio. Nel mondo risulta quasi piacevole un furto, uno spergiuro, un'ingiustizia, così si cita in giudizio colui che si rende colpevole, lo si condanna, l'opinione pubblica lo riprova come disobbedienza verso le leggi dello stato. Ma, cosa strana! Si tratta con tanta leggerezza il peccato. Forse perché rivolto a Dio? S'ignora chi è Dio, quali diritti sono dovuti a Lui dalla creazione e quali sono i crimini che l'offendono. Cerchiamo di capire bene di cosa ci si rende colpevoli con il peccato: 1) Ribellione a Dio. Quando commettiamo un peccato che cosa facciamo? Dio ci ordina di adorarlo, di rispettare i genitori, di amare il prossimo; la Chiesa ci ordina la santificazione delle feste, la penitenza. Ebbene! Noi osiamo rivoltarci contro Dio, contro la Chiesa. In una parola peccato significa: - Io non obbedisco![109] Insensati che siamo! Rabbrividiamo se commettiamo un atto che potrebbe comprometterci una pena temporale, se ci attiriamo una cattiva reputazione da parte del mondo e non temiamo la collera del sovrano Giudice, ed osiamo di eludere, o rivoltarci contro le sue leggi. Dimentichiamo che se possiamo sfuggire alla condanna umana, non possiamo sfuggire alla condanna divina. 2) Disprezzo di Dio. Conosciamo bene la differenza tra Dio e il Demonio, tra Dio ed un volgare piacere? Una soddisfazione passeggera? Cosa diremmo se vedessimo una madre che abbandona suo figlio per adottarne un altro? Un atto simile non ci farebbe indignare? E come non saremmo indignati se ci comportassimo così verso Dio, il più tenero dei padri, il più sincero degli amici? 3) Il peccato è un atto di follia. Supponiamo di non amare Dio, ciò fa già inorridire di per sé, ammettendo che tutte le prove d'amore che ci ha dato non ci toccano, faremmo i nostri interessi? E chi non ha provato che il peccato è come una lunga catena, o come dice Paolo, un carrello sporco che ci trascina in tutta la vita? I rimorsi annegano tutte le gioie della vita, e spesso desideriamo più accettare questi terribili patimenti, che fare una leggera violenza per rimanere fedeli a Dio. Passiamo subito dal tempo all'eternità! Consideriamo cosa ci può provocare un piacere illegittimo, una soddisfazione criminosa: siamo così deboli! Delicati! Insensibili! Una eternità di sofferenze per l'anima e per il corpo! Cioè la somma di tutti i mali che durerà per sempre, finché Dio sarà Dio. Questa è la nostra follia, il nostro accecamento, che per un vile piacere ci espone all'eterna dannazione. 4) Il peccato è disordine. Dio prescrive delle leggi ed il peccato è il pervertimento di queste leggi. Il mondo spirituale ha le sue leggi come il mondo fisico ha le sue leggi, la natura ha le sue leggi ed aborrisce il disordine. Le leggi fisiche sono ineluttabili. Così il mondo spirituale ha le sue leggi. Se disubbidiamo a Dio l'ordine spirituale viene compromesso. Se tutti i giorni violiamo l'ordine morale, ecco, anche il mondo spirituale ne viene infranto. Dobbiamo essere più saggi. Dobbiamo capire l'enormità del peccato e soprattutto a chi è rivolto. Il peccato è commesso contro la

---

[109] Il "non serviam" di Satana.

potenza e la grandezza di Dio, ma da chi? Dalla parte della debolezza, dalla parte dell'orgoglio. Dio potrebbe con un solo cenno distruggerci, eppure non lo fa. Cosa dovremmo fare noi? Opporre alla sua collera le lacrime del pentimento. Facciamo oggi il proponimento di non più peccare, detestiamo il peccato come il mal di Dio, il nostro unico male, il nostro solo male, perché tutti gli altri mali derivano da lui.

Ci sono due tipi di peccato: il peccato originale, che è innato, ed il peccato attuale, quello che commettiamo con la nostra volontà, quando abbiamo l'uso della ragione. Commettiamo peccato attuale tutte le volte che disobbediamo a Dio. Ma c'è differenza nella disobbedienza: una è molto grave e provoca il peccato mortale. Si dice mortale perché provoca la morte dell'anima. È un colpo che la porta ad allontanarsi da Dio e dall'unione con Lui, principio della vita. Se l'anima si stacca da Dio, rompe il rapporto con Lui, inevitabilmente diventa nemica di Dio, schiava del Demonio, dannata negli abissi dell'inferno. Ci sono due condizioni per avere un peccato: la gravità della materia ed il perfetto consenso. Evitiamo tutte le illusioni del Demonio che cerca di farci cadere facendoci credere che un tale o talaltro peccato non è mortale. Sarebbe una grave imprudenza da parte nostra fare simili valutazioni. Se la disubbidienza è lieve si ha il peccato veniale, che Dio perdona facilmente, perché dipende dalla nostra fragilità, ma che tuttavia bisogna espiare, in questo mondo, con la penitenza e nell'altro, con il purgatorio. Per il peccato veniale è sufficiente una delle due condizioni. Per il peccato mortale si presuppone la perfetta conoscenza del male e la materia deve essere grave, ma se anche la materia fosse grave, ma il consenso non fosse perfetto, sarebbe lo stesso mortale. Il peccato veniale però comunque non è da sottovalutare, perché indebolisce la vita dello spirito impedendo alla grazia divina di operare, paralizza l'azione di Dio e predispone al peccato mortale. Come si vede questi effetti sono nefasti nell'anima, perciò dobbiamo impegnarci ad allontanare il peccato, benché veniale. D'altronde la differenza che sussiste tra questi due tipi di peccati è talmente difficile da stabilirsi, che sarebbe una follia a cercare di capirci. Cosa dovremmo pensare di una persona, che obbligata ad attraversare una foresta abitata da serpenti velenosi, si mettesse, invece di sorvolarla velocemente, a cominciare ad esaminare una specie di piante o di animali, o un'altra specie, quando sa che questa selva è abitata da nemici da tutte le parti? Non dovrebbe forse temere di avventurarsi sprovvedutamente in certe situazioni che potrebbero metterla in pericolo? La si accuserebbe di follia! Una persona saggia, al contrario, fuggirebbe ad ogni minimo fruscio di foglie. Così dobbiamo fare col peccato: non possiamo pretendere di avere la misura di Dio. Perché? Ciò che si osa fare per una vita miserabile e peritura non si oserebbe mai fare se si capisse che si fa per una vita eterna. Supponiamo che questa persona sia morsa da un serpente nella foresta. Subito si dovrebbe provvedere, ma se, per caso, si ritarderebbe per rimediare altri, ad esempio, otto giorni, per offrirgli una medicina, un rimedio per lenire le sue ferite, allora quello sarebbe messo in pericolo di vita. Così avviene col veleno del peccato. Subito bisogna ricorrere a Cristo, vero medico delle anime. Più si aspetta più il veleno entra in circolo. E ci vuole il medico che prescrive tutte le cure necessarie. Certo! Dio ci offre i soccorsi. Dio è il nostro medico caritatevole, è il vero direttore della nostra anima. Affidiamoci dunque a Lui per ogni peccato, ed Egli saprà cosa fare per la nostra salute. Non ci rivolgiamo a Lui con un "forse". Stiamo certi che ci salverà. Infine capiremo come si è felici quando si è in grazia di Dio e come il suo giogo è leggero. Fuggiamo le apparenze. Siamo semplici come colombe e prudenti come serpenti. È lo stesso consiglio di Gesù Cristo.

2. *I peccati capitali. Superbia*

I peccati capitali, denominati così perché sono il principio, per così dire la testa di tutti gli altri, sono sette. Ecco come un santo padre ce li dipinge: i peccati capitali sono come tanti muri di cinta di una città abitata dai demoni. La città è il cuore dell'uomo, le muraglie che la circondano sono così costruite: la prima è la più ardua e difficile da scalare ed è l'orgoglio. Poi c'è una muraglia tutta rivestita d'oro e d'argento, che è l'avarizia, la terza sormontata da dolci meleti, è la lussuria, la quarta, costruita con durissimi sassi, è l'invidia, la quinta, cosparsa di laute vivande, è la gola, la sesta, bagnata dal sangue umano è la collera e l'ultima, con un disordine totale e tutti oggetti sparpagliati, è l'accidia. Quando la grazia vuole attaccare la fortezza del nostro cuore, il Demonio contrappone dalle sue muraglie, tutti i suoi più formidabili bastimenti. Il muro è l'impedimento che dobbiamo sormontare per giungere a Dio, ed è il peccato dominante. Vediamolo ad uno ad uno.

La superbia è una stima esagerata di sé, la quale fa sì che si preferisce sé agli altri e si rapporta tutto a sé e nulla a Dio. L'orgoglio è il peccato degli angeli ribelli, che ha causato l'inferno. È il peccato originale, commesso dai nostri progenitori, è la causa di tutta la catena del male che ci trasciniamo sempre, fino ad oggi. Siamo una specie che portiamo il marchio del peccato e non possiamo riconquistare l'antico splendore edenico se non attraverso l'umiltà. Le cose stanno così. Quel crimine della superbia, quella follia dell'orgoglio, conferma ciò e nello stesso tempo quale bassezza indica! Le conseguenze immediate sono la iattanza e l'ostentazione: l'orgoglioso fa sempre pubblicità delle sue qualità. Altre conseguenze sono la presunzione, una cieca temerità che nulla teme, l'ambizione, un desiderio smodato degli onori, della preminenza, l'ipocrisia, o attenzione ad apparire migliore di ciò che si è, a qualunque prezzo. Il disprezzo del prossimo: l'orgoglioso si ammira e gioisce delle miserie altrui; l'ingratitudine: l'orgoglioso dimentica i benefici ricevuti, perché egli piace solo a se stesso e non ha ritegno di nessuno; infine la disobbedienza che può derivare sia dalla superbia, che dall'amor proprio, o dalla vanità, tutti tristi effetti di questa passione originaria. Consideriamoli in dettaglio: la superbia è una follia che fa perdere la testa; l'amor proprio è un miserabile egoismo; la vanità è una ridicola piccolezza d'animo. La superbia rende sdegnoso ed insopportabile, l'amor proprio suscettibile e sensuale, la vanità ridicolo e insignificante. Per amor proprio un bambino, non contento del poco di attenzione che riceve, cerca di distinguersi con l'indocilità. È l'amor proprio che ci acceca e non ci fa riconoscere più i nostri torti, perché ha la pretesa di essere irreprensibili, ci incute il timore di perdere la nostra buona reputazione, che si nutre di se stessa. È per orgoglio che un piccolo non vuole riconoscere l'autorità dei maestri, è l'orgoglio che gli istilla i pensieri di rivolta, le arie sdegnose, le parole insolenti. È per vanità che un piccolo, che dovrebbe essere obbediente, si permette con faciloneria l'insubordinazione, ha timore di umiliarsi dinanzi ai suoi compagni disobbedienti, considerando una debolezza il desiderio di suffragi. Vediamo ancora: l'orgoglio si nutre di se stesso, è arrogante, altero, si crede superiore a tutti, non ci fa considerare nessuno e ci fa dimenticare del bisogno che ha di Dio. L'amor proprio si cerca senza fine, vorrebbe che tutti guardassero lui. È suscettibile, esigente, cade facilmente nello sdegno, nella tristezza, nello scoraggiamento, nella disperazione. Nemico della grazia, vorrebbe solo ricevere e mai dare. La vanità è un bisogno eccessivo di stima e di lodi. Si compiace delle futili gioie dello spirito, delle false considerazioni che si danno alla ricchezza, dei frivoli vantaggi dei tratti del viso, dell'eleganza del vestito o della distinzione delle buone maniere, delle nuove mode e degli abiti sontuosi. Dà sempre un senso di superiorità sugli altri. Un gioiello, una collana, un regalo sono sufficienti per far montare la testa ad un giovane, o ad una giovanetta vanitosa. Questa predisposizione è comune soprattutto tra le donne, a meno che il timor di Dio e la pietà non riconducono queste miserevoli tendenze al di sotto. Il solo rimedio alla superbia è l'umiltà, che non è altro che un atto di verità, che ci fa riconoscere ciò che siamo, congiunto ad un atto di giustizia, che non ci fa mai richiedere più del dovuto. L'umiltà è una virtù eminentemente cristiana che apprendiamo alla scuola di Gesù Cristo povero e disprezzato. La ragione separata dalla fede non potrà mai ispirare una tale virtù.

3. *Invidia, ira*

L'invidia è una tristezza criminosa provata per il bene del prossimo. In certe circostanze dell'esistenza è permesso provare la tristezza, quando si apprende una cattiva notizia, quando muore una persona cara, un amico, un conoscente, etc. Ma sentire questa tristezza alla vista del bene del prossimo, o dello stato raggiunto dal prossimo, ecco questo è un sentimento colpevole, un disordine, che quasi con orrore riconosciamo e chiamiamo invidia. Esaminiamo come mai questo malevolo difetto è entrato nel nostro cuore. Rendiamoci conto del sentimento che abbiamo provato nel vedere un nostro compagno ricevere un elogio, ottenere un successo: come ci sentiamo? Felici o tristi?

Rendiamoci conto! L'invidia si insinua nell'anima come un veleno che a poco a poco la corrode e quando ce ne accorgiamo ha fatto già gravi danni. Reprimiamo il primo moto di gelosia, quando appena ce ne accorgiamo, quando ancora è involontario, perciò incolpevole, ma se vi acconsentiamo, allora diventa un peccato le cui conseguenze sono nefaste. Esaminiamo le circostanze che ci hanno potuto portare a ciò. Siamo nell'epoca dei piaceri, per cui è facile che questa piaga si fomenti tra i giovani soprattutto. La vista del successo dei compagni eccita sovente la gelosia, alcuni provano invidia anche di coloro che sono legati da vincolo di amicizia, anzi usano l'amicizia come una specie di marchio che estendono agli altri, così credono di esserne privi, perché uno dei principali caratteri dell'invidia è quello di rendere ingiusto. Si contesta il merito della persona che è oggetto di questo sentimento, e si cerca di screditarla per contrastare le qualità che essa possiede. Di più l'invidia rende esigenti. L'invidioso vuole essere amato esclusivamente. Non può soffrire di compartecipare l'amore e la stima. Infine l'invidia rende cattivi. Se si vuol fare l'elogio di una persona di cui si ha preferenza, l'invidioso subito si risente e fa emergere questo suo difetto, per cui prova un piacere maligno e vile a nuocere nello spirito l'altro. Capiamo allora il male e la bassezza dell'invidia, le sue conseguenze funeste, anche nell'ordine fisico, per cui questa altera sicuramente la salute sia corporea che spirituale. Gemiamo nel vedere questo vizio, soprattutto trai giovani, il cui candore dovrebbe essere immune da tal male. Nessuno deve invidiare gli altri, pensando ai beni eterni che erediterà, secondo i propri meriti, nel regno del nostro Padre comune. Il migliore rimedio contro l'invidia è parlarne con un direttore spirituale saggio e chiaro. Egli saprà trovare i rimedi più efficaci contro questa triste e dannosa malattia.

L'ira è un moto impetuoso della nostra anima, che ci porta a rispondere con violenza a ciò che ci spiace. Pare che la collera sia più naturale per certe persone che hanno più possanza in mano. Ma donde viene che questa si pratiche tra creature così fragili come noi? Il Demonio non perde alcun mezzo per fare delle vittime. Possiamo paragonare l'anima imbronciata all'ira del mare. O l'anima calma col leggero zefiro che accarezza le onde. Ma il vento comincia a carezzare la superficie, poi le onde si agitano sempre di più, una dopo l'altra: una tempesta celata e minacciosa t'inghiotte furiosa in un istante. Questo leggero colpo di vento è una metafora che ci permette di capire una piccola impazienza conscia per una contrarietà imprevista. Se non la si controlla l'immaginazione comincia ad esaltarsi, lo scontento s'accresce e degenera subito in collera. A cosa somiglia allora? Al furore. Come dice un antico saggio, l'ira è un corto furore. È triste pensare che degli esseri ragionevoli, dei piccoli di Dio possano lasciarsi andare a simile eccesso, che non dovrebbe riscontrarsi negli esseri dotati di ragione. La Scrittura dice che non c'è testa più perigliosa di quella di un serpente e collera più feroce di quella di una donna. Meglio vivere in fondo ad un deserto che in compagnia di una femmina collerica. Non si trova il lei più né rispetto, né considerazione, ma solo disprezzo e confusione. Perché la scrittura insiste particolarmente sulla collera femminile? Niente è più contrario al carattere di dolcezza che dovrebbe avere. Chi è l'angelo della pace della famiglia se non lei? E come può misconoscere il nobile ruolo che Dio le ha affidato? Inutile dire quanto sia ridicolo poi questo sentimento in un fanciullo che è l'impotenza e la debolezza in persona! Non si può aver pietà di lui. Alla vista dei teneri sforzi che fa per rendersi temibile, si riderebbe, se non facesse orrore. Ma l'ira deforma il volto, la figura umana, e la rende da angelo ad orripilante. Preserviamo la nostra anima dalla collera. Molti sono talmente presi dall'ira che non si accorgono neppure più di essa, in quanto hanno preso talmente familiarità con questo sentimento. Rimedi contro la collera: 1) pensare alla bontà ed alla pazienza di Dio, che non ci lascia mai, malgrado le nostre infedeltà, che ci attende sempre, nonostante i nostri ritardi. Siamo misericordiosi come il nostro Padre celeste è misericordioso[110]. 2) Esercitare la pazienza, anche nelle piccole cose. Agire con riflessione, senza ascoltare il proprio umore. Così saremo più forti anche nelle circostanze più difficili. 3) Fuggire le occasioni. Evitiamo di avvicinarci al fuoco, fuggiamo per quanto è possibile o almeno assumiamo come regola generale di non far niente, né dire niente se siamo in collera, che dura un istante. Prendiamo esempio da Gesù: - Se possibile, per quanto dipende da voi, siate pacifici con tutti gli

[110] Lc 6,36

uomini[111]. *Beati gli operatori di pace, perché saranno chiamati figli di Dio*[112]. *Prendete esempio da me che sono mite ed umile di cuore*[113].

4. *Avarizia*

L'avarizia è un attaccamento sregolato ai beni terreni che produce l'oblio di Dio e del prossimo e l'insensibilità per se stessi. Di tutte le passioni che agitano il cuore dell'uomo l'avarizia è la più insensata. L'avaro non si contenta solo di attaccare il cuore alle ricchezze che potrebbero farlo vivere in agio e nel bene, ma vi si attacca in maniera eccessiva, divenendo il suo idolo e così dimentica Dio. Dio ha come ricchezza il povero. L'avaro potrebbe alleviare la miseria altrui, ma diviene insensibili perfino con sé stesso, appena pensa a nutrirsi, a vestirsi, peggio che un miserabile, purché la sua cassaforte sia piena e sia soddisfatto. Noi giudicheremmo demente una poveraccia che sempre va ad inginocchiarsi al banco del cambio per avere qualche spicciolo. Ma che differenza c'è tra il mendico che chiede l'elemosina e il più ricco avaro? Per evitare l'avarizia e tutto ciò che essa può provocare, bisogna farsi una giusta idea della ricchezza, della povertà. Coloro che vogliono diventare ricchi cadono in tentazione, nei lacci del Demonio, ed in un'infinità di desideri che li conducono alla morte. Infatti uno è felice quando si contenta di un'onesta mediocrità[114] e vive in semplicità e con onore. Ma se comincia a cercare le ricchezze, la sua felicità diminuisce e rende la vita meno gradita a Dio: spesso infatti desidera i beni terreni solo per vivere in mollezza, alzarsi quando gli piace. Infelice colui cui giungono tanti beni. La fortuna gonfia le vele del suo vascello, vaga in pieno mare e va a precipitare in un vortice immenso. L'avversità, invece, a volte ha menato i cuori più induriti verso Dio, fonte di tutti i beni. Quante volte ci ha fatto comprendere il nulla delle cose di questo mondo? Gesù ha ragione quando dice: - È più facile che un cammello entri per la cruna di un ago che un ricco entri nel regno dei cieli[115]. Il vangelo ci offre tanti esempi, come quello del giovane ricco. Gli occhi di Dio sono sempre rivolti verso il povero. Grida verso il Signore ed egli l'ascolta, se commette qualche male egli lo perdona. Il vero povero accetta la povertà con rassegnazione. Gesù ha sempre frequentato i poveri in tutta la sua vita. Pochi ricchi hanno meritato il privilegio dell'incontro del Signore. Le ricchezze sono mezzo e non fine e ci conducono al male, se ne facciamo un cattivo uso. Ricordate la parabola di Lazzaro e del ricco cattivo? Non dimentichiamoci di Dio se ci troviamo in una posizione alta nella vita. Mettiamoci al riparo dai danni delle ricchezze. Se, al contrario, possediamo dei beni in questo mondo[116], sappiamoli rendere utili, ed il modo migliore e farne carità.

La carità, infatti, prevede l'attenzione dell'anima alle miserie altrui ed una inclinazione efficace a soccorrere gli sfortunati. Per essere veramente cristiani l'elemosina non consiste solamente nel gettare qualche pezzo di moneta ad un povero che si incontra per strada. Questa deve essere guidata dall'amor di Dio e dall'amore del prossimo e fatta in virtù dei precetti di Gesù Cristo. Sarebbe un errore renderla un precetto formale e facoltativo, disgiunto dalla vera carità. Ricordate la parabola dell'economo infedele? Diciamo di più: l'avaro è un ladro, perché Dio gli affida le ricchezze per distribuirle ai poveri, ma se non ne fa questo uso, le sue ricchezze si trasformeranno in un tesoro di collera divina contro di lui. La tignola e la ruggine dei suoi tesori si attaccheranno alla sua carne per divorarla nell'eternità. Ah! Piuttosto dovremmo farli tramutare in tesori di grazia. E poiché è difficile, essendo ricchi, entrare nel regno dei cieli, ci basti l'esempio di questo economo infedele, usando le provvidenze per farsi degli amici che poi diverranno suoi intercessori. Riconosciamo qui la saggezza e la bontà di Dio, che raccomandando la carità, non solo ha assicurato un sollievo temporale ai poveri,

---

[111] Rm 12,18

[112] Mt 5,9

[113] Mt 11,29

[114] L'*aurea mediocritas* dei latini. Proverbio: *Chi si contenta gode.*

[115] Mt 19,24

[116] Come il canto: *Se qualcuno ha dei beni in questo mondo e chiudesse il cuore agli altri nel dolor, come potrebbe la carità di Dio rimanere in lui?*

ma anche un bene spirituale per i ricchi, che così imparano a distaccarsi dai beni temporali per assicurarsi i beni eterni.

L'elemosina per essere valida deve essere fatta: 1) Con spirito di fede, cioè non deve essere solo il risultato della nostra sensibilità, ma la fede deve guidarci. Dobbiamo vedere sempre Gesù Cristo nella persona del povero e ricordiamoci sempre che noi siamo figli di Dio e fratelli di Gesù Cristo. 2) Con umiltà. *La vostra mano destra non sappia ciò che fa la sinistra*[117]. Non imitiamo i farisei facendo l'elemosina con ostentazione, ma neppure dobbiamo cadere nell'eccesso contrario, che avrebbe per risultato di privare il prossimo dell'edificazione che noi dobbiamo a lui. 3) In proporzioni convenienti. Uno che dona il decimo di ciò che possiede rispetta il precetto, per non essere troppo severi, ma diremmo anche la ventesima parte dei beni. Regola generale: tutte le volte che è necessario è la regola. Ma se volete potete dare anche la trentesima, o la quarantesima parte, quello che credete. 4) Con discrezione. Bisogna agire con prudenza e delicatezza, tenendo conto della sensibilità, soprattutto verso coloro che sono poveri, ma che non desiderano farlo sapere agli altri e vivono con dignità la loro miseria. La carità cristiana sa ispirare mille modi per sollevare senza umiliare. 5) Con gioia. Seguiamo in ciò la scrittura: - *Ciascuno dia secondo quanto ha deciso nel suo cuore, non con tristezza, né per forza, perché Dio ama chi dona con gioia*[118]. Nessuno creda di trarre dei profitti con l'ingaggio della carità. Ricordate Gesù: *Venite, benedetti dal Padre mio, ricevete in eredità il regno preparato per voi fin dalla fondazione del mondo, perché ho avuto fame e mi avete dato da mangiare, ho avuto sete e mi avete dato da bere, ero forestiero e mi avete ospitato, nudo e mi avete vestito, malato e in carcere e siete venuti a trovarmi*[119]. Condannerà coloro che hanno fermato il loro cuore innanzi alle generose ispirazioni della carità.

5. Gola. Accidia

La gola è un amore sregolato del mangiare e del bere. È molto triste pensare che gli uomini aprono il loro cuore, la parte più nobile di essi, ad attaccarsi a delle creature, a dei beni perituri e ciò che è ancora più vile, agli alimenti. Bisogna distinguere tra la gola e la golosità. La gola consiste a mangiare con avidità una grande quantità di cibo, a rischio di ammalarsi. Si comprende facilmente che sia un peccato, perché non solamente il goloso è contrario ai disegni di Dio, che ha creato l'uomo, dotato di gusto e di appetito, per nutrirsi con ragionevolezza, donando ai suoi organi una capacità proporzionata, ma ancora misconosce il nobile fine per il quale è stato creato, abbassandosi al di sotto delle bestie. Non è un disordine, non è un peccato? La ghiottoneria, invece, è la ricercatezza di cibi che eccitino il palato. È meno rivoltante della gola, ma non meno colpevole, perché conferma tutti i caratteri umilianti che attribuiamo alla gola. Colui che è vittima di questo malaugurato difetto si mette in ricerca di tutti i mezzi per nutrirsi e per nutrirsi con cibi sempre più saporosi, per allettare il piacere del gusto e così tutte le sue occupazioni si risolvono in questo. Come si potrebbe trovare attrattiva nelle cose di Dio quando si è intenti nella gola? Gli effetti della gola sono: 1) Essa distrugge la salute. Tutte le malattie provengono dalla gola. Un celebre medico ha detto che la gola ha fatto morire più gente di tutte le battaglie che sono state combattute dall'inizio del mondo. Non v'è nulla di più deplorevole. E se non conduce alla morte comunque compromette la salute. Solo questa ragione dovrebbe farci soffrire per farci evitare questo vizio capitale. 2) Eccita le malvage passioni. La gola, colle sue conseguenze perniciose, spesso conduce alla lussuria. Per evitare questo male bisogna contrastarla con le buone abitudini. Bisogna astenersi da tutte le cose superflue, da cibi sontuosi, da leccornie, da liquori, caffè ed altre bevande che producono insonnia. 3) Indebolisce le facoltà morali. Come un goloso potrebbe applicarsi a qualcosa di serio e di utile? Assurdo. Almeno per la materia, la sua anima sarebbe impossibilitata di elevarsi fino a Dio. È come se fosse attaccata a terra come una calamita, per il peso non si riesce più a levare. A terra trova tutti i piaceri che reclama. 4) Infine la

[117] Mt 6,3

[118] 2 Cor 9,7

[119] Mt 25, 34-36

gola conduce alla morte eterna. Come un'anima così appesantita potrebbe pensare di meritare il cielo? Quali diritti potrà reclamare davanti a Dio? Ah! Che i tristi effetti della gola compromettono la vita eterna. È vero che questo triste difetto è più comune tra gli uomini che tra le donne, ma bisogna correggerlo fin dall'infanzia. Non è ancora più umiliante domandare agli animali, alle piante la nostra sussistenza? Un solo pensiero può consolarci di questa triste necessità. Ricordiamoci che siamo assimilati a tutti gli esseri creati per rendere grazie e gloria a Dio. Il rimedio contro la gola è la mortificazione cristiana, che purifica l'anima dalla schiavitù dei sensi e la rimette al servizio di Dio.

L'accidia è una negligenza ed un disgusto volontario verso i propri doveri. L'accidia non consiste solamente a non adempire ai propri doveri di rango, ma si stende a tutta la condotta e domina l'intera esistenza. Donde viene che una donna è senza ordine, senza economia, negligente, che non si occupa neppure dei propri piccoli figli? Ella ha permesso che l'accidia si impadronisse della propria anima e fin dalla sua infanzia non ha cercato di scacciarla, di estirparla. *Il pigro si crede più savio di sette uomini che danno risposte sensate*[120]. Invece noi dobbiamo apprendere la saggezza e la prudenza. Come formiche dobbiamo ammassare per la triste stagione. Felice colui che non è sorpreso senza provvigioni nel tempo della disdetta. Invece l'accidioso non s'alza, si attacca a tutte le situazioni, in tutte le circostanze della giornata si possono vedere i tristi effetti di questo vizio capitale: 1) Al mattino, al risveglio, il demone dell'accidia s'impossessa del piccolo e gli fa trovare piacere nell'inazione. Piuttosto che darsi delle pene, egli rinuncia a tutte le grazie che Dio gli ha concesso, tanto che non è più capace neppure di un atto di buona volontà, di coraggio, pur di contrastare quell'influenza del Demonio. 2) Alla preghiera. Il giorno è già cominciato. Il demone dell'accidia non lo lascia più, lo segue fin dentro la cappella. Vediamo come prende il suo libro di preghiere, come s'unisce ai suoi compagni, i cui cuori sono tutti levati verso Dio. Vediamolo infine durante la meditazione. Ehilà! È incapace di trovare un benché minimo impulso di energia per fare il proprio dovere. Dove arriva? Questo piccolo non prega più. Non ha più rapporti con Dio. Non riceve più le sue grazie e diventa tutto terreno, finché non tarderà di rigettare Dio dal suo cuore. 3) Al lavoro. Il lavoro l'uccide. Non s'alza neppure per prendere il suo fardello. Il tempo s'allunga al suo piacimento. Il dovere gli viene difficile, la lezione inintelligibile. Non è capace di applicarsi in nulla. L'attenzione cala. È incapace di tutto. È un essere inutile. Come il goloso, l'accidioso è esposto a tutti i mali, perché per un demone che tenta una persona occupata, ve ne sono cento, invece che tentano una in ozio. Perciò si dice che l'ozio è il padre di tutti i vizi. Diciamolo: l'accidia è comune a tutti gli uomini. Il lavoro è visto come un imposto patimento. Questa può avere diverse cause, anche legate al temperamento, ma qualunque siano le sue cause l'unico rimedio è la buona volontà. Con questa si può sempre superarla, soprattutto quando si è giovani, quando ancora le cattive abitudini non sono ben radicate. Allora è più facile prenderne delle buone. Bisogna solo cominciare, fare un primo sforzo, poi verrà il secondo, indi il terzo. Poco a poco si riacquisterà il piacere del lavoro. Dio odia gli accidiosi e ricompensa solo coloro che avranno lavorato, anche se fossero operai dell'ultima ora. Dio donerà la corona di vittoria a chi avrà combattuto. Combattiamo la buona battaglia della fede ed egli cingerà il nostro capo della corona di giustizia.

6. Lussuria

La lussuria è un appetito disordinato, che porta ad un uso sconsiderato della sessualità venerea. Se consumata la lussuria si dice perfetta, ma può essere anche solo desiderata. Questo perverso male può assumere varie forme: a) Fornicazione. È la sessualità consumata tra una persona ed un'altra che sia vincolata a sacramento matrimoniale, oppure tra due persone prima del vincolo matrimoniale. b) Concubinato. È la detenzione di una donna nella propria abitazione, o in altra, come se fosse propria moglie, quando in realtà non lo è. La sessualità tra concubini è illecita. Nessun concubinario può essere assolto se non espelle la propria concubina. Lo stesso la concubina che persiste a stare col suo compagno non può essere assolta finché dimori in casa sua, eccetto che se per esempio la sua dipartita

[120] Pr 26,16

possa causare danno, o fosse costretta a mendicare non avendo risorse sufficienti al suo sostentamento. In tal caso i due facciano vita casta. Così se uno dei due concubini è debitore verso l'altro dovrà saldare il suo debito. Grave è la pratica del concubinato tra gli ecclesiastici. c) Stupro. Lo stupro è la violenza carnale che viene recata ad una vergine contro la sua volontà. È un peccato gravissimo che va confessato subito. Se la donna è consenziente cade nella malizia della fornicazione, e quindi non è un peccato veniale. Se la giovane viene costretta subisce un grave dolore, un'indicibile pena, è un peccato deplorevole, ma se essa è consenziente non si commette ingiuria verso di lei, ed è comunque complice di fornicazione. È stupro se un giovane costringe una giovane all'atto carnale prima del matrimonio, è fornicazione se i due deliberatamente consumano l'atto sessuale. Lo stupro è paragonabile per la sua gravità all'omicidio: stuprare una fanciulla è come uccidere un'innocente. d) Ratto. Il ratto è il sequestro di una persona contro la sua volontà, tanto più per sfogare la libidine. Se si rapisce una donna sposata e la si conduce da un cunicolo all'altro o in un'altra casa si commette ratto. Renderanno conto gravemente a Dio coloro che rapiscono le donne, sia i mandanti che i complici. e) Adulterio. L'adulterio è l'illecito rapporto o concubinato con una persona sposata e si oppone alla castità e alla giustizia, anche se si consumasse col consenso del marito o della moglie. L'adultero e l'adultera dovranno rendere conto a Dio ed ai propri consanguinei. L'adultero se ha prole è tenuto a risarcirla ed a mantenerla, in caso di concubinato protratto nel tempo. f) Sacrilegio venereo. Il sacrilegio venereo è la violazione di un voto di verginità, si oppone all'autorità ed alla religione. Può essere reale, ma anche intenzionale, interiore ed esteriore e ciò vale anche per l'adulterio. Come dice il Signore: «Chiunque guarda una donna per desiderarla ha già commesso con lei adulterio nel suo cuore»[121]. Un religioso o religiosa che ha fatto voto di castità se consuma atto sessuale con un'altra persona commette sacrilegio. g) Incesto. L'incesto è l'illecito concubinato o rapporto carnale con persone di famiglia, o parenti affini, cugini. Si oppone alla castità ed al rispetto dovuto alle persone di famiglia, sancito dal quarto comandamento. Si commette incesto quando si ha rapporto sessuale con i parenti di primo grado, come il padre, o la madre, o il fratello, o la sorella. h) Masturbazione. La masturbazione, o polluzione volontaria, se è libera è peccato grave. Ma pecca gravemente non solo chi si masturba, ma anche chi fa discorsi disonesti, chi legge libri turpi, o guarda immagini sporche. i) Bestialità. La bestialità è un disordine carnale grave che equipara appunto l'uomo alla bestia. h) Sodomia. È il coito con persona indebita. Bisogna confessarla subito e specificare con quale persona si ha avuto il rapporto, se sia completa, frequentata. l) Dilettazione amorosa. È la semplice e volontaria compiacenza dell'oggetto, o un atto mentale caratterizzato da cattivo pensiero, anche senza efficace intenzione di conseguirlo. È amorosa perché ha per oggetto una persona che vi vorrebbe amare, quantunque in condizione non legittima. Per vincere questo pernicioso vizio della lussuria, causa di tanti mali, occorre la preghiera, il digiuno e la virtù della castità[122].

X
IL RITORNO A DIO.
MEDITAZIONI DEL PADRE FRANCESCO D'AGIRA (1916)

1. Salvatevi l'anima!

Fratres rogamus vos et obsecramus in Domine Iesu, ut negotium vestrum agatis[123].

[121] Mt 5,28

[122] Questa parte, non presente nelle Istruzioni di Mademoiselle Cologne è stata aggiunta per completezza ed è molto breve. Il brano è tratto dal "Compendium theologiae moralis", s.l., s. a., 1715, pp.100-107.

[123] Le successive istruzioni sono state tratte dalle meditazioni del Padre Francesco d'Agira, cappuccino e risalgono agli inizi del '900.

Fratelli, salvatevi l'anima, salvatevi l'anima! Queste furono le belle parole che scrisse un giorno l'apostolo San Paolo ai primi fedeli di Tessalonica; e queste sono le belle parole che con tutto l'ardore dell'anima mia rivolgo a voi. Fratelli, voi siete creati per il cielo. Questo Gesù è morto in croce perché vi salviate tutti quanti, e guai a voi se non vi salvate! La vita che noi meniamo in questo mondo è un'ombra, un sogno, un lampo, che svanisce in un momento. Gran Dio! Siamo per così dire alle porte dell'eternità che ci si spalanca innanzi. Questa eternità o è beata, o dannata! Perduta l'anima, perduto tutto e noi piomberemo dannati in un abisso di fuoco, o di tormenti, a spasimare per sempre. Eppure, a salvar l'anima, chi ci pensa proprio davvero? Chi ci pensa sul serio? Non lo vedete? Si pensa ai divertimenti, ai lavori, alla roba, agli interessi. Per questi si travaglia, si suda, si stenta, e per l'anima, neppure un passo, nemmeno taluno ne fa quel conto che si farebbe delle cose più vili, delle quali non si ha la minima cura. Fratelli, abbiamo forse fin ora operato anche noi in questa maniera? Avrebbe forse qualcuno di noi riguardato fin qui l'affare supremo di salvare l'anima come una bagattella da nulla, indegna di occupare i pensieri di un uomo del nostro secolo, tutto lumi, tutto progresso? L'avrebbe riguardato come un affare da misere donnicciole la gente sfaccendata, oziosa, ipocondriaca, che vuole invecchiare, morire innanzi tempo? Se è così, apriamo gli occhi una volta, e consideriamo seriamente quanto mai l'affare della salute dell'anima sia importante, quanto sia difficile. Deh! Che la considerazione di questa gran verità porti ciascuno di noi in questa fermissima risoluzione. Vada quello che sa andare. Venga quello che sa venire. Io voglio ad ogni costo salvarmi. *Volo animam meam.* Gridate forte! Dice Dio ai suoi ministri. Gridate al popolo cristiano affinché metta in salvo l'anima. Ma chi dà ascolto a tali parole? *Domine quis credidit auditium nostrum?* Ecco là tanti miseri cristiani, che infatuati del moderno sedicente progresso, e perduto se non la fede, certo la pratica della fede, vi rispondono che sono inezie da non occuparsene. Ecco là, tra quegli stessi credenti, quell'artista che pensa solo al lavoro, ecco quell'agricoltore applicato soltanto a coltivare la terra e tutto intento a mettere insieme raccolte copiose ed ad ingrassare animali; ecco quel mercante che spalanca cento occhi per far grossi guadagni; ecco quel capo di casa tutto ansietà per condurre bene gli interessi e rendere ricchi i figli; ecco quell'ammalato che inghiotte amarissime medicine, si assoggetta a lasciarsi tagliare piedi e braccia, per porre in salvo la vita. E per l'anima? L'anima che deve comparire innanzi al tribunale divino, come farà essa avendo per giudice un Dio e lui nemico del peccato? Ah! Per l'anima nessuno vuol prendersene cura, nessuno vuole fare il più piccolo sacrificio. Se il confessore, il predicatore, dice di star lontano da quelle case, da quei compagni: - Non si può! Si risponde: - Non si può! Oh! Che stoltezza! Che cecità! Il santo abate Pambone uscito un giorno dal deserto, dove era vissuto tanti anni in continue lacrime, penitenze e digiuni, ed avviatosi verso la città di Alessandria, vede una donna tutta vana, tutta adorna di gale, di gioielli, di fiori, che camminava qual pavonessa superba tra le occhiate curiose e gli osceni discorsi del popolo. Piange dirottamente a tal vista il santo Abate, e interrogato perché piangesse, risponde: «Piango perché per Dio e per l'anima io non faccio nemmeno la metà di quello che costei fa per il Demonio». Ah! Piangete pure santo Abate, piangete pure! Ma non sopra di voi, bensì sopra un numero infinito di cristiani. Oggi si fa ingiuria ad un uomo, dicendogli che egli non conosce i propri interessi, non sa maneggiare gli affari della sua famiglia, ma se viene accusato di non sapersi affaticare nella propria salvezza, non è più ingiuria. Ciò senza dubbio succede perché non si considera l'affare della salvezza come affare. Mio Dio! Si trascura il negozio della propria anima. Noi stimiamo l'anima nostra meno di quanto la stima il Demonio. Sarebbe cosa assai ragionevole che avessimo tanta sollecitudine per la nostra salvezza, quanta ne ha il Demonio per la nostra dannazione. Ignominiosa è la comparazione, tuttavia è vero che il Demonio più di noi fa caso all'anima nostra, benché egli sia di natura molto più nobile di quella degli umani. Per quanto sia superbo non v'è cosa di tanta umiliazione che egli a far non sia pronto affinché possa far perdere un'anima e per quanto sia lunga la di lei resistenza, egli giammai si annoia. Che assiduità nel tentarci! Quando sagacemente si serve della minore occasione per farci perire! Ah! Mio Dio! È necessario che impariamo dal Demonio quanto abbiamo a stimare l'anima propria e vi sia bisogno di far riflessione sulla sollecitudine che ha di farci perire, per somministrare ai cristiani i motivi di affaticarsi con serietà nell'affare della loro salvezza. Ah! Mio divin Salvatore! Forse per salvarmi non avete fatto abbastanza? Sarà necessario ancora andare in cerca di altre ragioni, per avere una giusta idea di quanto valga l'anima mia? Signore, volete prove per mostrarvi quanto sia importante il negozio della vostra salute? Parlate voi, o Sommo Bene, Eterno Iddio, voi per salvarci ci avete mandato Gesù, unigenito vostro Figliolo, oggetto immenso delle vostre infinite compiacenze. Voi, o Buon Gesù, Eterno Figlio, siete disceso dal cielo in terra, siete nato in una stalla, e dopo aver condotto per 33 anni, una vita povera, tribolata, afflitta, eccovi qui flagellato, coronato di spine, da capo a piedi tutto una piaga. Eccovi qui, morto in croce, col cuore spezzato, senza tenere in mezzo ad esso neppure una goccia del vostro preziosissimo sangue. Voi, Eterno Spirito, calate giù continuamente dal cielo, stillate sui nostri cuori il balsamo della grazia e dell'amore divino. Tutta la Santissima Trinità, tutto quanto il paradiso muratelo pure, fratelli miei, in moto continuo, perché ci salviamo, quasi che la salute dell'uomo fosse la salute stessa di Dio, e noi? Ah! Noi siamo del tutto spensierati riguardo all'anima nostra, e pensiamo a tutt'altro, fuorché a salvarla. Ma, dilettissimi fratelli, come si andrà a finire? Perché non volete apprezzare la vostra salvezza? Allora, signori, perché venite in chiesa? Perché addolorare il cielo tutto che perde la vostra fatica per la vostra salvezza? Perché non dite a Dio di ritrarsi da voi? Perché non invocate il demone dell'abisso che tanto con voi vuole la rovina? Vi raccapricciate voi ai miei detti? Col viso, ma non col cuore! Dimmi tu, o nobile, tu con quei tanti titoli sonori e pomposi, onde ora ne vai sì vanamente sordido e disprezzi ogni devota azione della religione, dimmi: perché non chiami tu il Demonio che ti aiuti a dannarti? Tu, o ricco, che ti servi di tutte le tue ricchezze per sfumare i tuoi brutali appetiti, dimmi: non chiami tu il Demonio, di congiurare teco contro Iddio, purità per essenza? Tu, o letterato, che usi le tue lettere a corrompere i costumi, dimmi, o scellerato, non ti unisci tu col Demonio a scandalizzare i figli di Dio innocenti? O donna vana, dimmi, non chiami tu il Demonio d'abisso con quei tanti vezzi lusinghieri, onde vaneggi e fai pompa, nelle adunanze gaie e brillanti, dimmi, o scellerata, qual brio vivace, che ti rende tanto accetta ed aggradevole alle brigate, tutto ciò che avidamente possiedi e tutto ciò che tu sei, dimmi: non è una voce continua che invoca Satana ad unirsi teco per allacciare tanti figli sventurati? Ah! Signori! Si cerca ogni mezzo per dannarsi! Che insensatezza! Ma se andiamo davvero all'inferno, se ci danniamo, *quid prodest*? *Che giova infatti all'uomo guadagnare il mondo intero, se poi perde la propria anima*[124]*?* Che vi giova, o capi di casa, patire, sudare, intisichire, martirizzarvi per condurre a buon termine gli interessi, per lasciare ricchi i figli ed i nipoti, se poi vi dimenticate dell'interesse più importante e vi dannate? *Quid prodest?* Che vi giova essere uomini di ogni ripiego, nel vostro paese occupare a scapito della coscienza i primi posti, saper mettere in pratica ogni affare, se poi perdete l'anima e la salvezza, vi dannate? *Quid prodest*? Che vi giova condurre una vita tutta suoni, balli, veglie, conversazioni, teatri, divertimenti e piaceri, se poi alla fine vi dannate? *Quid prodest?* Che vi giova, o giovinette, rendervi romantiche, essere tutta moda e gingilli, abbandonarvi ad indegni amori, insuperbirvi di quella bellezza, di quella leggiadria, colla quale vi avvisate di conquistare tutti i cuori, se poi divenite, di qui a non molto, un po' di marcia dentro una bara, avrete perduta l'anima e vi sarete dannata? *Quid prodest?* Che cosa gioveranno, donne vane, quelle ree pratiche, non curando lo scandalo che date a tante anime? Che vi gioveranno, o giovani, quei compagni, quelle società, quelle bestemmie, quei discorsi, quelle azioni nefandissime? Che vi gioveranno, o usurai, o ladri, quelle robe di mal acquisto, quei beni di Chiesa, quei sudori defraudati ai poveri? Che vi gioveranno, insomma, o peccatori, i vostri peccati, se poi alla fine, e fra ben poco andrete dannati? Ah! Intendetela bene ed una volta questa verità: l'anima ha da salvarsi, tutto il resto conta poco, o nulla! Ben si può dire: *vanità delle vanità, tutto è vanità.* Ma l'affare della salvezza dell'anima racchiude tutte le nostre più serie attenzioni, non solo perché è tanto importante, ma ancora perché è difficile. Si tiene generalmente dai cristiani di poter tenere, come suole dirsi in piedi, su due staffe, godersi il mondo giovani e vecchi, e poi infine pochi giorni, poche ore, prima di morire convertirsi a Dio, e così, con tutta facilità, ottenere la salvezza. Sentite, figlioli miei, io vorrei potervi dire, che ci vuole poco per andare in paradiso, che basta una sola *Ave Maria*, una goccia d'acqua santa, ma qual pro che io ve lo dica, se credete che questo Gesù ci predica il contrario? Ah! Egli ci grida nel suo vangelo che larga e spaziosa è la via che conduce all'inferno e che molti camminano in

[124] Mc 8,36

essa, e che, al contrario, molto stretta è la porta per la quale si entra in paradiso, e che pochi entreranno per essa. Aggiunge che molti sono i chiamati, ma pochi gli eletti. Se il salvarsi fosse una cosa così facile, come pretendono, tanti cristiani, trascurati ai giorni nostri, di salvarsi? Oh! quanto l'avrebbero sbagliata i santi, i quali dopo aver menata una vita la più pura, la più santa, si stavano in tanto timore della loro eterna salute, o facevano tanta penitenza per assicurarsela di più. Povero e sconsolato San Girolamo, miratelo! Egli ha abbandonato la città di Roma, si è ridotto ad abitare coi leoni, colle tigri e coi serpenti in un deserto, per digiuni continui, per sanguinose macerazioni, non ha più che pelle ed ossa, si batte e si rompe il petto con un sasso, e tuttavia piange giorno e notte, e grida: - Non mi salverò! Mi dannerò! E Sant'Agostino, oh! Come palpitante e tremante da capo a piedi esclama: - Oh! come mi fa paura il fuoco eterno! - Mi salverò? Diceva Santa Maria Maddalena de' Pazzi, purissima verginella, che giammai aveva conosciuta malizia alcuna, ed era un serafino in carne. - Mi salverò? Che sarà di me? Andava ripetendo Bernardo, quel Bernardo che in punto di morte chiese perdono al suo corpo per averlo troppo maltrattato. Che sarà di me? Mi salverò? Mi dannerò? E in così dire camminava col capo chino, colla fronte abbattuta, cogli occhi incavati e piangendo replicava: - Mi salverò? Mi dannerò? San Paolo apostolo che era salito al cielo tremava e castigava continuamente il suo corpo per il sommo timore che per questo avesse a perdere il cielo. Oh! Dio! I santi tremano e tu, misero e peccatore, credi di poterti salvare differendo la tua conversione? Miserabile, onde trai tanta sicurezza? O dirò meglio: tanta baldanza? Tanta presunzione? Tanta temerità? Dimmi tu, o disonesto peccatore, la trai forse da quella brutta cosa che commettesti da fanciullo di 8, o 9 anni, che per vergogna non ha ancora palesato al suo confessore? Forse la fondi in quelle malizie imparate da ragazzo, e non smesse nemmeno da ammogliato? La trai forse da quella roba rubata e mai restituita, benché tante volte abbia promesso al confessore di restituirla? Forse speri in quelle confessioni e comunioni sacrileghe? O dirò meglio: in quelle orrende bestemmie che formano il marchio più evidente della eterna dannazione? Ah! Fratelli, pensiamo al negozio della nostra salvezza. Pensiamoci seriamente, perché se perdiamo l'anima, qual riposo, qual rimedio ci sarà? Se si perde la roba si può riacquistare, se cadiamo ammalati, possiamo sperare di guarire, se perdiamo un occhio, un piede, una mano, possiamo consolarci con dire: «Ci rimane un altro occhio, un altro piede, un'altra mano,» ma se perdiamo l'anima, non è così. Dell'anima ne abbiamo una sola. E perduta quest'una, non si può salvare quell'altra, ma è perduta ogni cosa. Pensiero da tener sempre innanzi alla mente ogni volta che siamo combattuti da qualche grave tentazione e ci troviamo in pericolo di offendere gravemente Iddio: ho un'anima sola e se la perdo ho perduto ogni cosa. E quel che c'è di peggio, l'ho perduta per sempre. Fratelli vi è un mezzo a voi alcuno che ignori la morte essere unica? Ah! Morti una sola volta male, non si può morire un'altra volta bene. Chi di voi non sa che il punto estremo della nostra vita decide della nostra sorte o per sempre beata, o per sempre dannata? Saremo allora trovati in grazia del Signore? Noi avventurati! Saremo allora per nostra estrema sciagura in peccato mortale? Noi miserabili! Non ci rimarrà altro che l'inferno. Ecco la grande verità, che abbiamo imparato fin da fanciulli. Chi va in paradiso ci va per sempre, per sempre. So bene che tu, povera giovane che hai taciuto i peccati in confessione, se dovessi andare dannata, ti offriresti allora ad andare a pubblicarli nelle chiese, nelle piazze in tutto il mondo, ma troppo tardi, non ci sarà più tempo. *Tempus non erit amplius*. So che tu, o disonesto, tu, o donna, che vivi in queste pratiche, saresti pronta a chiuderti in una grotta, dove mangeresti erba, berresti acqua, ti strazieresti notte e giorno le carni, ma troppo tardi, non ci sarà più tempo. *Tempus non erit amplius*. So che tu, interessato, non solo restituiresti la roba che hai rubato, ma distribuiresti ogni cosa ai poveri, saresti lieto di vivere affamato ed ignudo nelle più estreme miserie, ma troppo tardi, non ci sarà più tempo. *Tempus non erit amplius*. Anima infelice, tu che sei all'inferno: sentono i santi, gli angeli, la Vergine benedetta le tue urla dall'inferno, ma non possono intercedere per te. Per la tua salvezza il Figlio di Dio versò il suo sangue, patì e morì sopra una croce, ora non può più salvarti. La misericordia non c'è più, non c'è remissione per te. Inchiodata in quella prigione di fuoco, coll'orribile chiodo dell'eternità, altro non ti resta che penare, smaniare e spasimare per sempre, finché Dio sarà Dio. Se è così, o fratelli, che cosa risolviamo noi? Santa Teresa, quel serafino d'amore, fu veduta un giorno piangere dirottamente, ed interrogata perché piangesse, rispose: - Piango per tre pensieri che quasi acute spine mi trafiggono il cuore. *Un Dio, una morte, un'anima*. Un Dio il quale perduto una volta, non v'è più a chi domandar soccorso, una morte, che fatta male una volta, non può rifarsi bene un'altra, un'anima che perduta una volta è perduta per sempre e senza rimedio. Ah! *Un Dio, una morte, un'anima*. Piangete, dunque, o disonesti, piangete, o bestemmiatori le vostre bestemmie, piangete o giovani quei sacrilegi, quelle incredulità, quel disprezzo della religione, della Chiesa, delle cose più sante e venerande, piangiamo tutti la nostra iniquità, e rivolgiamoci a questo amabilissimo Gesù, promettendogli di non volerlo più offendere. Deh! Diciamo con tutto cuore: - Gesù mio perdono! Pietà! Misericordia! Ma dire al Signore: - Io sono pentito! Non basta! Bisogna dire: - Io lascerò quelle pratiche, abbandonerò quelle cose, manderò quella persona, starò lontano da quei giochi, da quei compagni, insomma muterò costume di vita. Mi sento rispondere: - Ma Padre! Questo è troppo. Queste sono cose difficili, quasi impossibili! Ah! Miei cari! Così presto vi siete dimenticati che qui si tratta di paradiso, d'inferno e di eternità? Vi siete dimenticarti che si tratta di un'anima, dilettissimi miei, e per la salute dell'anima è niente patir la fame, andare a finire in elemosina, stentare, agonizzare, dare anche il sangue e la vita. Non ne siete ancora persuasi. Rimanete ancora ostinati? Non sapete ancora risolvervi a fare qualche sacrificio? E che altro adesso potrò fare io per voi, che non solo vorrei salvarvi, ma vorrei portarvi colle stesse mie mani in paradiso? Non mi resta che rivolgermi al mio buon Gesù e dirgli: - Gesù mio, salvate queste anime! Deh! Che alcune vada perduta. Non mi resta che ancora rivolgermi a voi e scongiurarvi con tutto il cuore, con tutte le forze: - Salvatevi l'anima! Ma che forza volete che abbia la mia preghiera, che è preghiera di miserabile peccatore. *Piglia il crocifisso*. Voi, voi, o buon Gesù, che siete morto in croce, per la nostra salvezza eterna, voi, supplicate, scongiurate queste creature a volersi pure ad ogni costo salvare. Figli del mio sangue, ci dice, guardate quello che ho fatto per salvare le anime vostre? Eccomi qui coronato di spine, flagellato da capo a piedi, squarciato questo cuore per voi. Sì, figlioli! Per me si è trattato di spine, di sangue di croce per voi. Per voi si tratta solo di dire un peccato in confessione, di deporre un odio, di lasciare una pratica scellerata. Sono io il vostro Dio! Ve ne prego, ve ne scongiuro, perché tutti siete i miei figli e vorrei vedervi tutti salvi. Gesù, basta, mio Gesù, ci siamo convinti, ci siamo persuasi, noi abbiamo lavorato per tutta la vita per perdere la nostra anima, ma d'ora in poi vogliamo salvarla, siamo disposti a fare una generale confessione, e vogliamo piangere i nostri peccati, come tanti Pietri e tante Maddalene. Voi, o Gesù, aiutateci a salvare l'anima nostra.

2. *Il peccato*

L'evangelista San Giovanni fu sollevato in estasi e vide dal seno di un mare magnifico uscire una fiera di terribilissimo aspetto, di smisurata grandezza, che aveva sette teste e sopra di ogni testa una corona di dieci corna. Si sforzava ella di venire precipitosamente al lido. Accorsero uomini e donne per vedere questa fiera così orribile e spaventosa e invece di fuggire e serrare ognuno le porte della propria casa, per difendersi dall'invasione di questo mostro, chi lo crederebbe? Lo guardavano tutti curiosamente. Aspettavano che giungesse al lido, e poi? S'inginocchiarono e uomini e donne, e giovani e vecchi, laici ed ecclesiastici, tutti gli abitatori della terra l'adoravano e gli offrivano ossequi, riverenza ed omaggio. Or questo mostro, secondo l'interpretazione dei Padri della Chiesa, è figura del peccato mortale, coi suoi sette vizi capitali, il quale con ognuno di essi fa guerra ai dieci comandamenti di Dio[125]. E nel mentre che i cristiani, più di tutti gli altri, dovrebbero chiudere la porta dei loro sensi per difendersi dall'invasione di questo mostro d'inferno, i cristiani appunto sono quelli che non solamente lo guardano senza spavento e senza orrore, ma l'accolgono dentro al loro cuore, e gli prestano tutta la loro adorazione e l'omaggio. L'unica rea funesta ragione di questo grande disordine è che nessuno conosce, nessuno considera seriamente che cosa sia il peccato mortale e quanto pesi nella bilancia di Dio l'enorme sua gravezza. E dopo che si pecca francamente da giovani, si pecca da vecchi, dopo che si pecca nelle case private, si pecca finanche in trionfo nelle pubbliche piazze, e nessuno l'apprende più per quel gran male, che è maggiore di ogni male. Ebbene se la cosa

[125] Apocalisse 12. Le sette teste del drago rappresentano i sette peccati capitali.

è così, si scopre quest'oggi per intero la faccia e qui del tutto la maschera di questo orribile mostro; sono certo, sicurissimo, che arriveremo alquanto a capire due cose, cioè: l'ingiuria che si arreca a Dio, e l'ingratitudine che gli si usa col peccato mortale. Considerate queste cose e non tarderete un sol momento a piangerlo e detestarlo. Il peccato mortale! Oh! che mostro terribile è mai questo? Dipingetelo un poco, dategli occhi di serpente, denti di tigre, veleno di vipere, artigli di leone, fatene un ceffo, una figura così orrenda, così torbida, da mettere schifo e spavento allo stesso inferno. Finite il ritratto, imponetegli un nome. Quale nome gli mettereste mai? Volete chiamarlo con Sant'Ignazio figlio del diavolo? Con San Dionigi morte della ragione? Con Cesario ribellione contro Dio? Attentato alla distruzione di Dio stesso? Con San Paolo nuova crocifissione di Gesù Cristo? Volete altri nomi? Chiamatelo come vi pare: sterminatore della grazia, rovina della virtù, sprone della morte, laccio d'inferno, carnefice delle anime, orrore del cielo, desolazione della terra. Date insomma contro mille nomi di disonore e d'infamia a questo mostro. E poi? Non avete trovato mai un nome, che egli si adatta, che pienamente ne faccia comprendere la malizia. Ebbene, angeli del paradiso, Vergine benedetta, venite voi giù dal cielo, e facendo la predica per me, date almeno il suo vero nome al peccato mortale. Ah! No! Voi mi rispondete: - Anche noi di questo siamo non capaci. Dio solo, il quale colla sua infinita sapienza vale a penetrare il fondo di un abisso così grande, può dargli il nome conveniente. Che cosa potrò dirvi io? Il peccato, essendo un'ingiuria, un oltraggio che fa la creatura a Dio, per conoscere la grandezza di questo male, bisogna conoscere pienamente chi sia questo Dio. Ma quale lingua è bastante a spiegare, quale mente a capire la grandezza, l'eccellenza, la perfezione di questo Dio. Vengano qui soprattutto i dottori della Chiesa, tutti gli apostoli, tutti i nove cori degli angeli e comincino a parlare delle grandezze di questo Dio, dopo averne parlato, per mille milioni di anni, non avrebbero potuto spiegarvi neppure una delle perfezioni di Dio. Orbene col peccato ingiuriamo questo grande Dio. Che ingiuria è mai questa? Ha confine il mare, ha confine la terra, ha confine il cielo, ma il peccato non ha confine. E questo male cresce ancora considerando chi sia il peccatore. Sì, cresce perché l'hai commesso tu, colle tue pratiche infami, o donna vilissima, e disprezzabilissima. L'hai commesso tu, coi tuoi amori, o fanciulla, che per quanto sii lodata e corteggiata, altro non sei che un po' di terra, e fra poco sarai quattro ossa in mezzo a stomachevole marcia. L'hai commesso tu, colle tue bestemmie, o uomo scellerato, che sei peggiore di un demone. L'avete commesso tutti voi, o uomini, o donne miserabili, ogni volta che alzando superba la testa contro Dio e calpestando la sua legge, col fatto, gli avete detto: - Via! Dio! Via! Che messa! Che Pasqua! Che Chiesa! Via questi ceppi, via queste catene. Si può dare un'insolenza, una temerità eguale a questa? Tu, miserabile peccatore, miserabile peccatrice, che non sei altro che cenere, vermi e putredine, potresti fare un affronto maggiore a Dio? A chi paragonerò io il peccato? Immaginate voi un uomo fornito di tante forze, che nessuno gli potesse resistere. Fingete che costui con una spada in mano scorresse tutta la terra e facendo man bassa di tutti, né perdonando ad alcuno, sterminasse tutto il genere umano. Fingete inoltre - per impossibile che sia - che salisse al cielo e colà facesse un generale sterminio di tutti gli angeli ed i santi, trucidando perfino, nel modo più barbaro e crudele, la Vergine benedetta! Immaginate che dopo ciò desse fuoco alla terra, incenerisse il mondo e mandasse in fumo tutto l'universo. Oh! Che orribile immensità di male farebbe costui! Eppure se tutto ciò si potesse eseguire senza colpa, sarebbe anche questo un nulla di fronte ad un solo peccato mortale. Dirò di più. Il peccato mortale è un male così grande, che se potesse entrare nell'anima dei santi, lassù nel cielo, ne farebbe sul momento altrettanti dannati. È un male così grande, che se potesse entrare nel Cuore immacolato di Maria, o di Gesù, diventerebbero sull'istante anche essi due dannati. Insomma è un male così grande che se potesse entrare in paradiso, diverrebbe un inferno. Ebbene che dici adesso tu, o uomo, che commetti tante iniquità, arrivare a dire: - Io non ammazzo. Io non rubo. Ti sembra di essere il più buon cristiano sopra la terra? Che ne dici, tu, o giovane, che vai raccontando quelle schifezze che hai fatto coi tuoi compagni e te ne vanti? E tu, o donna, che quando hai commesso quelle disonestà, sei capace di dire: che male ho fatto? Faccio quello che hanno fatto le altre. Ahimè! La vita di tanti e tanti non è che un continuo peccare. Ma Dio buono, perché? Per un po' di roba, per pochi soldi, per uno sfogo di rabbia, per una vilissima passione. Dunque per così poco, fare un affronto così grande a Dio? *O cieli stupite di questo; inorridite e restate attoniti, dice l'Eterno. Poiché il mio popolo ha commesso due mali: ha abbandonato me, la sorgente d'acqua viva, e s'è scavato delle cisterne, delle cisterne screpolate, che non tengono l'acqua*[126]. Stupitevi, o cieli, e voi beati ritiratevi dalle porte del paradiso. Spogliatevi degli abiti di festa ed indossate gli abiti del dolore e piangete a calde lacrime. Ma che dirà Iddio nel sostenere un affronto così terribile? Che dirà questo buon Gesù, padrone legittimo, amico fedele, anzi padre, sposo amantissimo delle nostre anime, quando lo mandiamo via da noi, per accogliere in sua vece il Demonio e il peccato? Ah! Questo è tale un affronto, che se Dio - dicono i santi - fosse capace di morire, ne morrebbe di puro dolore. E pazienza se le grandi ingiurie a Dio i peccatori le potessero fare di nascosto, in guisa che Dio non le vedesse, ma nulla sfugge a Dio; ma fargliele in sua presenza e sotto i suoi occhi, si può dare oltraggio eguale a questo? Peccatori, cercate pure la notte, cercate pure le tenebre ed i nascondigli, nascondete pure nel fondo del vostro cuore le vostre malizie, ma Dio vi vede, né può non vederle. E questo non vi trattiene? Nelle storie romane si legge di una giovane prostituta ed idolatra, che istigata a commettere un peccato dentro una stanza, alzò casualmente gli occhi e guardando l'immagine di un filosofo chiamato Palemone, che cogli occhi aperti, stava in atteggiamento di mirarla, tutto ad un tratto cominciò ad impallidire e tremare, e non volle affatto acconsentire alla tentazione. Una gentile! Che ve ne pare, dilettissimi? Una gentile ebbe tanto ribrezzo e tanto timore di peccare avanti un quadro di morta tela, e tu, ardisti peccare innanzi alla presenza di un Dio vivente, che in quell'atto ti rimirava cogli occhi suoi purissimi, che abbomina infino ogni ombra di piccolissimo peccato! E passò tanto oltre la sfrenatezza di quella tua dominante passione, che non ti curasti di peccare finanche in quella stanza, dove stava l'immagine del crocifisso, della Beata Vergine, e dei santi tuoi, avvocati, che ti miravano ed osservavano e laddove ti avrebbe arrestato l'occhio di un parente, di un amico e di qualunque altra creatura ancora là più vile del mondo, l'occhio di un Dio onnipotente non ti arresta? Che te ne pare di questa tua grande temerarietà? Ah! Trema, o figlio, trema! Chissà se al primo tuo peccato verrà la morte e ti manderà all'inferno. Ma facciamo ancora un'altra riflessione. Iddio ordina agli uomini la sua legge. Sentiamo che cosa dice Dio e che cosa dice il peccatore.

Dio: - Io sono il Signore Dio tuo, non avrai altro Dio al di fuori di me!

Peccatore: - No, il mio Dio è quella disgraziata colla quale tengo in piedi una relazione. È quel giovane, è quella giovane.

D.: - Non pronunciare il nome di Dio invano.

P.: - Il nome di Dio lo bestemmierò nelle piazze, nei mercati, alla presenza dei figli, anzi dappertutto, sia per rabbia, sia per vocabolo, sia per farmi tenere come un uomo grande. Lo bestemmierò nei modi più orrendi, ad ogni aperta di bocca, e me ne servirò ancora per giurare il falso, sia nei tribunali, sia fuori.

D.: - Ricordati di santificare le feste.

P.: - Le santificherò, lavorando senza necessità, lasciando la messa e profanando la Chiesa, ubriacandomi nelle osterie, consumando nei giochi quello che avrò guadagnato nel giorno di lavoro, andando con i compagni scellerati, e peccando alla disperata mille volte di più che non sono solito fare negli altri giorni della settimana.

D.: - Onora il padre e la madre.

P.: - Sì, onorerò mio padre e mia madre con dire ad essi ogni villania, coll'imprecarli e maledirli, ed anche col percuoterli, col fare sempre a modo mio, collo stare fuori la notte, col togliere ad essi di mano il regime della famiglia, col lasciar loro patire la fame, col farli morire di crepacuore e forse anche abbandonati in quanto al corpo e in quanto all'anima, senza medicine e senza sacramenti.

D.: - Non ammazzare, non fornicare, non dare falso testimonio, non desiderare la roba e la donna d'altri.

P.: - Ammazzerò collo schioppo e col pugnale, e poi peggio, ammazzerò col cuore, covando odio ed augurando altrui la morte. Correrò poi ai luoghi infami del peccato, mi ravvolgerò in ogni lordura, ruberò la roba d'altri, calunnierò il mio prossimo, gli toglierò l'onore e la reputazione, avrò

[126] Ger 2,12

sempre in capo i più turpi pensieri e in cuore i più indegni desideri. Non osserverò né vigilie, né venerdì. Insomma, o Dio, fate pure leggi e precetti. Io non ne osserverò alcuno, perché assolutamente non patirò giammai che mi facciate da padrone, e vogliate o non vogliate, voglio far tutto e per tutto quel che mi pare e piace.

Ma non vedi, o peccatore, che se osservi la legge di Dio vi è un paradiso per te? Non vedi, o sciagurato, che se non l'osservi, Iddio ha un inferno dove andrai fra poco e spasimare per sempre nel fuoco e nei tormenti eterni.

P.: - Io non mi curo né del paradiso, né dell'inferno. Prometta pure, minacci pure Dio quel che vuole, io non calcolo né le sue promesse, né le sue minacce. Prometta pure, minacci pure, Dio pensi a se stesso, io per me sono altro Dio.

Ma oltre all'ingiuria nel peccato c'è l'ingratitudine. Dimmi, o peccatore, dove mai si è letto, che un vile vassallo abbia disprezzato il suo re nel momento che veniva da esso beneficato? Iddio poteva nel momento che tu peccavi colpirti di apoplessia, colpirti con un fulmine, e farti aprire la terra sotto i piedi e piombare vivo nell'inferno, come fece cogli angeli, che appena prevaricarono furono dannati, ma tu, nulla curando, continuasti a peccare. Quando peccasti? In qual tempo? Peccasti dopo che un Dio era morto con tanti dolori e con tanto sangue sulla croce per il peccato mortale? Peccasti dopo che egli si era lasciato per te nel Santissimo Sacramento dell'Altare? Peccasti dopo che Egli si degnò di venire personalmente più volte nel tuo petto nella santa comunione? Peccasti in tempo che egli felicitò il suo negozio, felicitò la tua casa? Peccasti dopo che egli ti sollevò a quel posto, a quell'impiego di lucro e di onore. Peccasti in quel giorno in cui stavi di salute perfetta, in quel giorno in cui stavi più allegro e contento peccasti? Allora terminasti la tua allegrezza, il tuo godimento, coll'offesa di Dio, quasi non potendo tu prendere un gusto, un piacere, senza dispiacere e disgusto di Dio. Peccasti, finalmente, in tempo in cui Egli ti aveva tanto favorito e tanto beneficato? E questa è stata la tua gratitudine? Dimmi: chi è stato quello che lasciando tante innumerevoli creature, nasceva nei paesi idolatri e gentili, che dopo una vita menata da beati, va poi ad ardere per tutta l'eternità nell'inferno? Fece nascere te nel centro del cristianesimo e ti arricchì con quelle vesti dell'innocenza battesimale, che vale più di tutte le porpore dei regnanti del mondo? Chi è stato quello che ti ha conservato per tanti anni, ti ha liberato da tante infermità, ti ha sanato da tante malattie, ti ha aiutato in tanti bisogni, ti ha sollevato da tanti travagli, ti ha consolato in tante afflizioni, ti ha soccorso in tante necessità? Dimmi: chi ti ha perdonato tanti peccati, ti ha liberato tante volte dall'inferno? Chi ti ha dato tanti lumi, tante ispirazioni, tante chiamate? Tanti rimorsi? Chi ti ha dato tanti e tanti doni di natura e di grazia? Chi finalmente ti ha aspettato fino ad oggi e ti dona la grazia dei santi esercizi? Di'! Parla! Rispondi! Parla! Non è stato Dio? Sì! È stato Dio che ha beneficato te, me e tutti quanti. Ma vi è stato forse qualcuno di noi che non l'ha gravemente offeso? E che faremo adesso? Ci sarà più rimedio? Dovremo darci alla disperazione? Sarà finita per noi? Sentite. Una compagnia di giovinastri si stava divertendo in una casa, quando dinanzi ad essa passò un servo di Dio, il quale vide un giovane di bellissima fisionomia, disteso in terra, coperto di ferite, diluviante sangue da ogni parte. Il servo di Dio l'interrogò: - Figlio, figlio, chi ti ha così assassinato? Rispose: - Padre, alcuni giovinastri miei amici che si trattengono in questa casa. Il religioso entrò dentro: giocavano, bestemmiavano, facevano discorsi osceni. Cominciò a rimproverarli acerbamente, dicendo: - Perché avete rovinato quel povero giovane? Tutti allora si scusarono di non saper nulla di tale cosa, ma usciti fuori tutti insieme, l'impiagato giovane si alzò e mostrò loro le ferite delle mani, dei piedi e del costato. Si diede a conoscere per quel Gesù che era. Disse: - Purtroppo i vostri peccati mi hanno fatto queste piaghe e mi hanno levato dalle vene il sangue! Pure se volete convertirvi queste piaghe vi apriranno il paradiso e questo sangue vi leverà le macchie di tante vostre scelleratagginі. Ad un parlare così dolce di Gesù si prostrarono tutti a terra, picchiandosi il petto, sospirando, piangendo, incominciarono a gridare: - Perdono! Pietà! Intenerito a quei pianti, a quei sospiri, a quei gridi, il buon Gesù diede ad essi un'occhiata amorosa, alzando la mano sua li benedisse e sparì. Orbene, o peccatori, fratelli, peccatrici, sorelle, ho anch'io un giovane da mostrarvi questa sera, tutto lacero, ferito, diluviante sangue per ogni parte. Volete vederlo? Eccolo! - *E piglia il crocifisso* - lo riconoscete voi questo giovane, che è l'amore degli angeli ed il più bello trai figli degli uomini. Oh! guardate! Egli non è già disteso in terra, ma inchiodato nelle mani e nei piedi e in croce e piove sangue da ogni parte. Ma chi vi ha - domandiamogli - chi vi ha così lacerato, così piagato, così trafitto? Sono stati i peccati degli uomini. Risponde egli. Io crocifisso sono l'opera delle vostre mani, o peccatori, sono il frutto dei vostri peccati! Ma questo mio sangue, queste mie piaghe gridano vendetta se voi non lasciate il peccato. Convertitevi ed io vi abbraccerò.

3. *La morte pessima*

Un tremendo pericolo sovrasta le anime vostre. Rompete questo tremendo sonno che vi opprime; sorgete dalle molli piume ove indarno sperate un riposo; aprite gli occhi alla spaventevole visione che l'evangelista Giovanni a vivi colori vi dipinge. Un cavallo pallido, figura del tempo, corre rapidamente verso di voi. Forza non v'ha che possa ostacolare il suo furore. Corre sempre e mai stanchezza l'assale: a voi s'avvicina. Un mostro terribile e ferocissimo gli siede sul dorso, ed ha scritto in fronte in color oscuri, a caratteri neri il suo nome: la morte. Le sue membra scarne e spolpate, le pupille senza moto, senza sguardo, spirano orrore e stringono ogni cuore di paura. Innalza nella sua destra una falce crudele e con essa tronca il capo a chiunque sventuratamente incontra. Al duro suo cuore è ignota ogni pietà. Non l'inteneriscono gemiti di donzelle, pianti di spose, lacrime di vedove, venerande canizie di vecchi, floridezza di giovani, vagiti di bambinelli. A guisa di una tigre, giammai si sazia di stragi. Assale, ferisce, uccide, distrugge e passa oltre. Un mostro più formidabile gli tiene dietro, che ha nome Inferno, le cui membra di smisurata grandezza, da un tremito convulso, agitate, le cui fauci spalancate, i cui occhi rossi più di brace, la cui lingua arsa e sanguigna, i cui aneliti spessi e smaniosi, ben dimostrano che è insaziabile la sua fame. Misero colui che la morte colla sua falce ferisce. Peccatori, questa è la morte che a voi sovrasta, se ostinati nelle vostre iniquità, non volete una volta decidervi ad abbandonare il peccato e convertirvi al Signore. Peccatori, il tempo, a passi concitati, corre verso di voi, chissà se la morte è lontana, vicina, prossima, imminente. Chissà se la falce non è levata sul vostro capo, e già cade a ferirvi? Fratelli, pietà dell'anima vostra! Pietà di quell'anima redenta dal sangue preziosissimo di Gesù Cristo. Venite quest'oggi, venite con me, considerando la morte, ma non lontana e vicina, bensì imminente sul capo di un peccatore ostinato. Consideratelo attentamente, osservatene, parte a parte, la deformità, la turpitudine, l'orridezza: forse non abbrividite le carni dallo spavento? Forse non vorreste allontanare da voi questa morte e cangiarla nella morte preziosa dei santi? E allora, per carità: cangiate la vita, perché come si vive, si muore! Si muore, o dilettissimi, si muore. Divertitevi pure, fate pure quello che volete, abbandonatevi pure alle pratiche, ai piaceri, agli amori, ma alla fine, questa è la conclusione delle conclusioni, alla fine si muore. Dice la Morte:

- Io non risparmio né ricchi, né poveri, né principi, né sudditi, non ho riguardo, né parzialità per alcuno. Sono la cosa più giusta che sia sulla terra. La mia legge è eguale per tutti. Bisogna morire. Io oggi non voglio procedere con finezza di ragioni su questo punto. Parlerò alla vostra fantasia, al vostro cuore.

Voglio mettervi innanzi agli occhi praticamente la morte di un peccatore. E per peccatore qui non intendo solamente un peccatore cloaca di ogni vizio, ma anche un peccatore che abbia un solo peccato mortale, essendo questo causa di una pessima morte. Venite dunque, venite con me e mirate. Abbattuto da gravissimo e fiero morbo, gettato in una languidezza mortale si giace al letto di morte sdraiato lo sventurato peccatore. Guardatelo, o cristiani miei, guardatelo bene: dov'è più quel fasto orgoglioso, quell'aria sprezzante, con cui guardar soleva i mortali come gli infimi dei suoi servi? Ora sembra l'ultimo tra i viventi, il più bisognoso di soccorso, dov'è più il suo spirito vivace ed allegro, con cui soleva divertire le conversazioni, mormorando, diffamando, preferendo come piacevolezze ed arguzie le parole disoneste ed oscene? Ora non si vede più nella sua bocca fiorire un sorriso, non più negli occhi suoi brillare un guardo amoroso, ma i suoi sguardi sono melanconici, le parole affannose, spessi e dolorosi i sospiri. Fuggita è da lui ogni letizia e compagna indivisibile gli siede accanto la tristezza, l'angoscia. Lui fortunato se i medici gli avvisassero, vicina la sua morte, il pericolo di aggiustare le partite dell'anima. Ma ohimè! Questi, dominati dallo spirito di miscredenza, gli dicono che è niente e lo lusingano. Lui beato se i parenti ne avessero pietà e lo disponessero a quel passo tremendo che sta per dare e da cui tutta dipende un'eternità! Ma ohimè! I parenti stoltamente pietosi, iniquamente compassionevoli, crudelmente amorosi, per non amareggiargli il cuore, lo lasciano morire in peccato, lo lasciano precipitare all'inferno. Fate pure quello che volete, o medici, o parenti, il pensiero della morte, imminente, torbido e minaccioso, si affaccia alla mente di quel misero peccatore. I visi pallidi degli amici, gli occhi dei parenti pregni di lacrime, l'affannoso scendere e salire delle scale che fanno i servi, tutto gli annunzia che la morte ha già levato sopra di lui la falce crudele. E ahi! I torbidi fantasmi, che discorrono per la mente il misero moribondo. Vede egli i suoi tesori ammassati, frutto forse di usure e di frodi, frutto del sangue dei poveri, delle vedove, degli orfani, che per sua cagione sono morti di fame, li vede, ma ahi! Che gli fuggono innanzi andargli un mesto addio! Vede quelle ville, quei giardini, qui campi che erano il suo diletto più gaio. Li vede, ma li ascolta con voce cupa: - Non ci vedrai mai più! Vede quegli amici, quei compagni, quei parenti, quella consorte, forse la concubina, quei figli, a cui voleva tutto il suo bene, li vede ma gli sembra che cogli occhi molli di lacrime gli ripetono: amico, parente, fratello, padre, sposo, così ci abbandoni? Ed ahi! L'affanno crudele che a sì funesti pensieri stringe il cuore dello sventurato moribondo. Dunque - esclama in cuor suo - dunque dovrò morire? Dunque per me non v'è speranza? Dunque dovrò lasciare questo mondo a me sì caro? Dunque, o mie carni, tra poco esalerete da voi un nauseo fetore? Dunque, o mio cuore, è finito per te ogni sollazzo? Ogni gaudio? Ogni contento? Deh! Un altro poco di vita per pietà mi si conceda. Deh! Si prolunghi un tantino il filo del vivere mio. Deh! Si aggiunga un altro anno ai troppo corti ed infelici miei giorni. Che dite voi che mi state accanto, amici, parenti, medici, che dite? Vivrò ancora un altro poco, oppure morrò? A queste ansiose interrogazioni, a questi funesti presentimenti, una voce echeggia nell'intimo di quel cuore, che imperiosamente grida: - Morrai! Morrai! È giunto il termine dei giorni tuoi. La tua vita a guisa di un'ombra è fuggita, è svanita a guisa di fumo in mezzo a tempesta. Ah! E dove sarà tra pochi momenti questo mio corpo? Ritornerà in quella polvere di cui si compone, si discioglierà nelle sue parti ed aspetterà, otterrà la tromba orribile del giudizio. E l'anima mia dove sarà? Pensiero funesto! Tremendo pensiero che con mano di ferro stringe il cuore del moribondo! Pensiero spaventevole, che ad uno ad uno fa risvegliare tanti fantasmi, che da lungo tempo nel segreto della coscienza tranquillamente determinano tutte le scelleratezze che in vita sua commise quello scellerato, tutte si risvegliano e procedono contro quel cuore. Miraci scellerato! Così gli gridano tante usure, tante frodi, tante ingiustizie, miraci in faccia, siamo figlie tue! I tuoi figli carnali ti abbandonano, ma noi non ti abbandoniamo, né mai ci separeremo da te. Tu succhiasti per nostro mezzo il sangue di tanti poveri, gioisti alle miserie di tanti infelici e noi eternamente rideremo sulle tue miserie e lacereremo in mille guise il tuo barbaro e duro cuore. Miraci scellerato! Così gli gridano tante impurità, tante sozzure da lui commesse. Miraci in faccia. Tu non lasciasti castità intatta. Sfogasti in mille guise la tua libidine. Miraci! Non siamo più fragilità. Provo una volta nella tua incallita coscienza i fieri nostri rimordimenti. Miraci scellerato! Così gli gridano tante distrazioni, tante calunnie, tante infamie, tante bestemmie. Miraci bene, miraci scellerato! Gli gridano tante profanazioni da lui commesse in chiesa, tante confessioni e tante comunioni sacrileghe. E quel che è peggio tante eresie, tante beffe, tante satire con cui calpestava le cose più venerande e più sacre. Tanto spirito di ribellione alla Chiesa di Gesù Cristo. Miraci ed atterrito della nostra terribile ed importuna presenza muori disperato. Oh Dio! Che stato deplorabile! Oh Dio che spaventevole desolazione! Deh ministri del santuario accorrete affinché non si perda, ditegli che si penta, che si confessi e sarà salvo. Correte, correte subito, correte. Miratelo! Sudar freddo gli scola dalla fronte. Gli occhi sono impietriti, il respiro è affannoso, ed interrotto. Vedetelo: si contorce, si dibatte, perché l'anima sua sostiene un fierissimo assalto. Presto aiutatelo per amor di Gesù e di Maria! Non sentite voi il puzzo? Non sentite il rumore? Ah! Demoni a destra, demoni a sinistra, demoni al capo, demoni ai piedi. Oh! Dio! Oh Dio! Ed ecco, amatissimi, al letto di morte di quel misero peccatore, si avvicina il sacerdote. Sacerdote che fu sempre da quell'empio guardato con aria di disprezzo e di orgoglio. Porta con sé un carattere indelebile, una dignità più che angelica, una maestà veneranda. Viene qual ministro pietoso della divina misericordia ad offrirgli l'ultimo mezzo di riparare al torrente d'iniquità in cui si trova ingolfato e di riconciliarsi con l'offeso suo Dio, la

confessione. Confessione che quell'empio aborrì sempre, come da un crudele tormento. Confessione che fuggì sempre come si fugge dalla bocca di un serpente; confessione che sempre disprezzò come un'invenzione, un capriccio di preti, confessione a cui tante volte per rispetto umano, accostandosi senza dolore, senza proponimenti, senza aprire al confessore la sua coscienza, aggravò l'anima di neri, orribili sacrilegi. Oh! Pensieri funesto che fanno tumulto all'anima del moribondo!
Sacerdote: - La divina Misericordia è grande, gli grida il sacerdote.
Ma una voce terribile dall'intimo della coscienza risponde:

- La divina Misericordia soffre, soffre, ma finalmente si cangia in giustizia, in ira, in furore.

S.: - Chi confida nella divina Misericordia non si perde.
Coscienza: - Ma chi della divina Misericordia ha sempre abusato, proverà in morte quanto è terribile il divino abbandono.
S.: - Figlio, ah! Non temere! Se l'anima tua sarà di peccati rossa come lo scarlatto, deh! Pentiti! Non dubitare! Gesù Cristo la tufferà nel suo sangue, e ne uscirà candida come la neve.
C.: - Ah! Padre, sono infallibili le divine minacce, io muoio nel mio peccato, sono dannato...
Sacerdote di Gesù Cristo non lo abbandonare. Picchia, picchia più forte a quel cuore. Chissà se una grazia speciale non si muova a soccorrerlo? Presentagli il crocifisso. E chi può resistere mirando bene Gesù pendente dalla croce per amor nostro? Ma ahimè! Quale spavento, quale improvviso tremito agita l'anima del moribondo in guardar l'immagine di Gesù Crocifisso? Sventurato, non lo conosci tu? Questo è quel Gesù che sparse per amor tuo il suo sangue. Ma tu hai mai sparso una lacrima per amor suo? Questo è quel Gesù che venne dal cielo a chiamarti e tu sordo non volesti ascoltarlo! Mira! Mira quelle piaghe che sono aperte nelle sue mani, nei piedi, nel petto, in tutto il corpo. Mirale! Per te sono aperte. Ma tu, ingrato, quante volte gliele hai aperte, coi chiodi delle tue colpe. Oh! Quante volte coi tuoi sacrilegi hai calpestato questo sangue che corre per te, sventurato! Questo stesso sangue ora ti condanna. Questo sangue ti disserra l'inferno. Questo sangue stesso ti precipita trai demoni. Questo sangue stesso, che darti doveva l'eternità, ti dà la morte eterna. Ohimè! Lo stato dell'infermo più si aggrava, un colore cadaverico gli si diffonde per tutta la faccia, un fetore disgustoso comincia ad esalare dalle sue carni, dal suo fiato, la vita del moribondo precipita verso il sepolcro. La morte ha già levato in alto la falce e minaccia ferirlo. L'inferno ha già spalancato le larghe bocche per ingoiarlo. Sacerdote di Gesù Cristo non abbandonarlo. Non lo abbandonare ancora. Ricordagli Maria Santissima, la Madre delle misericordie, il rifugio dei peccatori, la Madre dei disperati. L'espugnatrice dell'inferno, la porta del paradiso. Digli che se di cuore a Maria si raccomanda, non perirà, digli ... Ma ohimè! Al nome dolcissimo di Maria il moribondo più si perturba, si spaventa ed inorridisce, si spaventa, non vuole neppure mirare la sua immagine, che vorrebbe sputarla... Oh Vergine benedetta! Tu non l'hai amata di cuore questa buona madre! Non mai un tenero sospiro, non mai un cordiale saluto alzasti a lei. Ora di essa ne sei indegno. Muori dunque senza la sua assistenza, senza la sua protezione, senza la sua difesa, che è quanto dire: - Muori dannato! Sacerdote che l'assisti, il demonio s'affatica che cadano a vuoto le tue parole. Quel Dio che fu da questo empio abbandonato in vita, meritamente ora lo abbandona in morte. Il suo cuore è duro, arido come una terra senza acqua. Ma tu non lo sai. E chi ti assicura che il Dio della Misericordia con un dardo amoroso della sua grazia, non lo ha ferito, ammollito, intenerito? Leva dunque un'altra volta la sua voce, digli che si confessi. Il moribondo per non sentire più la voce noiosa del sacerdote dice di sì. Macché, si accusa di una o due colpe, tace il resto, perché non vuole dire la sua coscienza al sacerdote. E poi come può manifestare quei tanti delitti che sempre tacque, come confessarsi bene se non ha frequentato la confessione. Intanto il sacerdote alza la sua mano pietosa, pronuncia su di lui le sue sublimi parole di assoluzione: *Ego te absolvo a peccatis tuis.* Fulmini son queste parole, o fedeli. Iddio parla dal cielo e la sua voce penetra nell'intimo di quel cuore ostinato. Io non ti assolvo, no, ma ti maledico. Ti maledico, io, eterno Genitore, ti maledico, io divin Figliolo, ti maledico, io Spirito Paracleto, ti maledico e ti condanno all'inferno. A questi orribili fantasmi e segni della morte imminente si fanno nella faccia del moribondo più espressivi. Gli si oscura la vista, gli manca il respiro, scompariscono i polsi... presto il Viatico, l'estrema unzione. Viene il Santissimo Viatico. Trema l'inferno quando vede entrare il sacerdote col Santissimo Sacramento e più ancora quando

sente il ministro di Dio pronunziare queste parole: - Prendi, o fratello, il Viatico del corpo del nostro Signore Gesù Cristo, il quale ti custodisca dal nemico infernale e ti conduca alla vita eterna. Il moribondo apre la bocca e si comunica. Sacrilegio! Sacrilegio! Vile! Così disprezzi Dio fino alla morte? Senti cosa ti dice: - Anima maledetta, io vengo a te, ma vengo a rendere più orrida e spaventevole la morte tua, vengo a farti sentire quanto è terribile ad un cuore ingolfato nelle scelleratezze la mia divina presenza, vengo ad opprimere l'anima tua come un torrente di maledizioni, vengo a spalancare sotto i tuoi piedi l'inferno, vengo ad accendere col soffio dell'ira mia le fiamme eterne. Piglia tu, che da me non volesti la vita, l'eterna morte. Sei caduta, anima maledetta, sei caduta nelle mani del mio furore. Chi ti strapperà alla tempesta dei fulmini che già si scaricano sul capo tuo? Ove sono gli idoli tuoi? Ove sono coloro per amore di cui, tante volte conculcasti la mia legge, disprezzasti le mie chiamate, resisteste alle mie amorose attrattive? Dove sono le ricchezze che ammassaste, gli onori cui ti elevasti, i diletti con cui sfogasti il tuo cuore, gli amici mondani che sempre a me preferisti, dove sono? Perché non occorrono ora in tua difesa? Perché non provano a strapparti dalle mie mani, a chiuderti l'inferno, ad aprirti le porte del paradiso? Seguita l'olio santo. Il sacerdote gli unge gli occhi, le orecchie, le narici, la bocca, le mani, i piedi. Ahimè! In quei momenti il Demonio grida internamente al moribondo: - Quanti peccati hai commesso con quegli occhi, quante iniquità con quelle mani, quante bestemmie con quella lingua, quanti passi cattivi con quei piedi! Ah! Ne hai fatte di troppe, ne hai commesse di ogni sorta! Hai seguitata così tutta quanta la vita. Non ti sei emendato mai. Come può esservi paradiso per te? Quando lo guadagnasti? Dunque sei perduto, sei dannato! Alla malora, maledetto. Vieni al sempiterno fuoco, vieni all'inferno, vieni alla disperazione sempiterna. È giunto, o cristiani, il terribile momento! Il sacerdote si mette la stola, prende in mano il libro, incomincia le raccomandazioni dell'anima: - Partiti anima cristiana da questo mondo, in nome di Dio Padre onnipotente che ti creò, in nome di Gesù Cristo, Figlio del Dio vivente, che tanto patì per te, in nome dello Spirito Santo che fin da quando ricevesti il battesimo, discese in te. Partiti in nome degli angeli e degli arcangeli, in nome degli apostoli, dei martiri e di tutti i santi e le sante di Dio. *Proficiscere. Proficiscere.* Presto - dice il sacerdote - accendete la candela! O candela, candela, come diversamente al tuo lume si vedono le cose. Ma qui il moribondo è agli estremi, si fa raro il respiro, la morte è imminente. Il sacerdote alza la voce sopra l'agonizzante che forse più non sente. E dite - gli grida - dite meco col cuore, se non potete più con la lingua: Gesù, Giuseppe, Maria, spiri in pace con voi l'anima mia. Gesù, Giuseppe e Maria vi dono il cuore e l'anima mia. Ma siamo già alla fine, il catarro sta chiuso in gola, s'ode un lamento fievole del povero moribondo. Gli cade l'estrema goccia dagli occhi. Ministro di Dio grida: Gesù! Gesù, Gesù! Gesù! Ecco che storce gli occhi, arrota i denti, fa quattro pose e all'ultima aperta di bocca, l'anima si sprigiona, si distacca, si strappa dai lacci del corpo, l'inferno apre la bocca e giù, giù, maledetta. Fratelli, come si vive, così si muore.

4. Il giudizio particolare

Statutum est hominibus semel mori et post hoc iudicium. Dimmi, o Adamo, quale orrore fu il tuo, quando udisti la voce tremenda del tuo Creatore, che ti condannava ad uscire dall'Eden? Dimmi, o Caino, quale spavento ti agghiacciò, quando ti vedesti innanzi la divina giustizia domandarti ragione di Abele, fratello tuo, quando lo udisti fulminare sul tuo capo la più orrenda maledizione? Quando ti vedesti condannato a vivere da fiera, ramingo su quella terra che si inzuppò di quel sangue innocente che tu spargesti? Dimmi Saul, che fu di te, quando l'anima di Samuele sorse maestosa e terribile dalle regioni della morte ad annunziarti che il Signore ti aveva già abbandonato e si era ritirato al suo emulo? Dimmi, o Baldassarre, quale sgomento ti invase le ossa e lo spirito, quando vedesti quella mano misteriosa scrivere sulle pareti della tua reggia la sentenza di tua rovina? Ma che so io? Immagini sono queste troppo languide di quel giudizio che dovrà farsi di ogni anima dopo la morte. Imperocché indarno ti lusinghi, o malvagio, indarno cerchi di nascondere nei segreti del tuo cuore, le più nefande scelleratezze. Il tuo giudice scruta i cuori e ti comparirà quando meno te lo pensi. Spirerai l'anima tua immersa nel fango della colpa. Incapperai nelle mani di quel Dio, che tanto vituperosamente oltraggi e malmeni. Il giorno del Signore, ti avvisa San Paolo, ti piomberà addosso inaspettato ed improvviso, come un ladro notturno. E innanzi a quella faccia adirata, innanzi a quegli occhi più luminosi del sole, consci di ogni tuo pensiero, d'ogni desiderio, come potrai resistere? Peccatore, fratello mio, deh! Vieni meco quest'oggi! Considera quanto sarà terribile quel giudizio. Vieni che siffatta considerazione ti sarà sommamente giovevole a farti concepire un santo orrore dei tuoi peccati, dacché sta scritto: *memorare novissima tua et in aeternum non peccabis*[127]. Consideriamolo seriamente. Il giudizio di Dio si effettuerà in un istante. Noi, però, per tenere ferma la nostra immaginazione, lo divideremo in tre parti: 1) quando esso sarà terribile per la comparsa dell'anima peccatrice innanzi a Cristo giudice; 2) più terribile il processo; 3) terribilmente per la sentenza. Incomincio. Siamo al letto di un miserabile peccatore, che arrivato all'estrema sua agonia, dà l'ultimo respiro, e l'anima sua infelice, schiantandosi con un grido di dolore dal suo corpo, si avvia al tremendo tribunale di Gesù Cristo. Anima disgraziata, dimmi, nell'entrare nell'altro mondo che cosa hai portato teco? Forse verrà teco un qualche parente, un avvocato, un amico, a proteggerti, a consolarti? No! No! Miserabile. Sei sola in un mondo tutto nuovo, ed oh! Quanto terribile! Ecco infatti che l'anima peccatrice comincia a rimirare all'intorno e vede... Oh! Dio! Che cosa vede? Vede dapprima se stessa, ed ohimè che orrore, che tremito, che spavento. Vede se stessa? E grida: - Ma così sozza sono io dunque, così brutta, così abbominevole. Ma che sono mai quei serpenti che strisciano nel mio cuore? Quelle larve che si affacciano alla mia fantasia? Quei mostri orrendi che si sono impossessati di tutto me? Ma tanto ero orribile? Quel pensiero che sorse dal mio cuore, così mostruosa quell'opera che io teneva una fragilità umana, una galanteria, una bella posa? Ma dov'è un deserto della Libia così pieno di mostri, di sì nefandi mostri, come son io? Ahimè! Tanta moltitudine di peccati donde è sbucata? Tutte adunque le ho commesse queste abominazioni? Tutte opere mie? Tutti figli miei sono questi peccati. Vede se stessa? E cosa vede? Vede da una banda il suo angelo custode che colla sua fronte abbattuta, cogli occhi a terra, l'accompagna piangendo al tribunale di Cristo, e quantunque non parli le fa conoscere che apertamente è finita per lei, e che è perduta in eterno. Si volge l'anima sciagurata dall'altra parte e vede uscire da un'altra parte tanti spaventosissimi demoni che prima la confortavano a peccare, sobillandole all'orecchio che certe nefandità erano debolezze, bisogni della natura, fragilità che non guastano per nulla l'uomo dabbene. Ed ora? Vengono ad accusare al tribunale di Cristo. Strettolo di catene, con una gioia infernale le dicono trionfanti: - Sei nostra! Al giudizio, al giudizio! Spaventata, inorridita, l'anima miserabile abbassa gli occhi piangendo, ed ecco che si vede aperto sotto i piedi l'inferno, che le fa udire urli, gemiti, fremiti, maledizioni, bestemmie, quasi per avviso di quei tormenti, nei quali fra poco dovrà precipitare. Che farai allora, o anima infelice? Alzerai gli occhi al cielo per implorare da Dio perdono, pietà, misericordia? Che perdono? Che pietà? Che misericordia? Vendetta! Maledizione! Inferno! E qui mi immagino che Gesù Cristo con un raggio luminoso della sua fronte scopra al disgraziato peccatore tutta la sua maestà e potenza. Gli mostra da una banda la tremenda sua giustizia, tenendo in mano quella gran bilancia, sulla quale andranno pesati tutti i suoi peccati, gli rende palese dall'altra la bontà del suo cuore divino, che porta piantata in mezzo la croce, tinta di quel vivo sangue che egli sparse fino all'ultima goccia per la sua ingratitudine. Oh! Dio! Oddio! Chi potrà mai sostenere una tal vista? Chi potrà reggere ai lampi di quegli occhi divini? Oh! che spavento! Che orrore! I più gran santi piangevano, palpitavano, tramortivano al solo pensiero. Gran che! Vedersi un disgraziato peccatore, fuori del mondo, preso in mezzo dai demoni, coll'inferno aperto sotto i piedi, colla coscienza che gli dice essersi mille e mille volte meritata la dannazione, vedersi solo, senza alcuna difesa, senza rimedio, senza speranza alcuna. Vedersi in faccia ad un Dio onnipotente da lui offeso, disprezzato, oltraggiato, in ogni maniera, di fronte ad un Dio che è in altissimo trono, circondato da schiere immense di angeli, fa pompa della sua infinita maestà e potenza, in faccia ad un Dio, o miserabile, da cui nemmeno Maria Santissima può ottenere alcuna grazia, in faccia ad un Dio sommamente adirato, che tiene in mano le tremende chiavi dell'inferno, con occhi accesi più che lampi, con voce rimbombante più che tuono, gli grida: - Giustizia! Giustizia, non più misericordia!

---

[127] Sir 7,36

L'immortale anima tua, o peccatore, ma se non lo fosse, se Dio non la volesse riservata al fuoco eterno, io m'immagino che cadrebbe morta per lo spavento. Racconta San Giovanni Climaco di aver veduto cogli occhi suoi un monaco di vita non già cattiva, ma solo alquanto tiepida. Questo monaco fu rapito in spirito a vedere il rigore grande del giudizio di Dio. Riscossosi dalla sua estasi chiuse subito, anzi fece murare la porta della sua cella e vi stette dento per ben dodici anni per quanto durò la sua vita, digiunando sempre in pane e acqua, senza che volesse parlare mai con persona alcuna. Come attonito e sbalordito ravvolgeva di continuo nella mente la vista del giudizio divino ed era così fisso in questo pensiero, che non solo non muoveva il corpo, ma neanche la faccia. Piangeva sempre, cosicché i suoi occhi erano diventati una fontana di lacrime. Venne l'ora della sua morte, i suoi confratelli ruppero il muro della cella e lo pregarono perché dicesse, prima di morire, loro qualche buona parola, e disse allora il monaco moribondo: «Fratelli, io vi dico la verità, se gli uomini considerassero e sapessero quanto sia spaventevole il giudizio di Dio, farebbero tutti penitenza dei loro peccati e starebbero molto lontani dall'offendere il Signore». Oh! davvero, dilettissimi miei, chi pensasse al tremendo giudizio di Dio, non tarderebbe nemmeno un solo momento ad accomodare le partite della sua coscienza, con una buona confessione generale. Lascerebbe sull'istante le pratiche scandalose, troncherebbe gli amori disonesti, restituirebbe la fama e la roba altrui, darebbe subito la pace a chi l'ha offeso. Forse qualcuno illuminato più al vivo direbbe un addio al mondo, ricoverandosi in qualche convento, e facendo colà penitenza per tutta la vita, per mettersi pienamente in sicuro e non dover assistere allo spaventosissimo processo che sta preparato ai peccatori innanzi a quel tribunale tremendo. Immaginiamoci solamente che il giudice eterno, rivolto al disgraziato peccatore, prenda a parlare così: - Scellerato, iniquo, io ti avevo dato un corpo ed un'anima, con tanti doni di natura e di grazia! Ti avevo colmato con ogni sorta di benefizi! Qua dunque rendimi conto in quale maniera li hai usati. *Redde rationem villicationem tuam*[128]. Rendimi conto di quella roba di cui ti ebbi arricchito, perché col superfluo della medesima dessi pur qualche volta da mangiare agli affamati, da bere agli assetati, vestissi gli ignudi, facessi elemosina ai poverelli. Disgraziato! Questa roba l'hai dissipata in crapule, in ubriachezze, in stravizi! Te ne sei servito per tenere in piedi pratiche indegne, sedurre creature innocenti, favorire sette infernali, cooperare a sceleratissime imprese. Rendimi conto del tuo capo e dell'abisso che hai fatto sui suoi sentimenti. *Redde rationem.* Avresti dovuto impiegare i tuoi occhi a mirare le bellezze del cielo e della terra, per lodarne e ringraziarne Iddio. Invece te ne sei servito per leggere romanzi luridissimi, libri empi, giornali infami, per mirare pitture e fotografie oscene, vagheggiare persone geniali, in quei trebbi, in quei balli, in quelle conversazioni, in quei teatri e perfino nella Chiesa, prendendone occasione di ravvolgere in mente api più immondi pensieri e di commettere i più sozzi peccati. Ah! Occhi sceleratissimi, occhi! Avresti dovuto servirti delle orecchie per udire le prediche, i catechismi, le spiegazioni del vangelo: invece con esse hai ascoltato mormorazioni, discorsi disonesti, massime contro la religione, calunnie contro i sacerdoti. Orecchie dunque inique! Inique orecchie! Mani che avreste potuto fare tanto bene, compiere opere buone, quale fu per così lungo tempo il vostro impiego? Furti, rapine, carte, giochi proibiti, azioni le più laide, le più obbrobriose, le più abbominevoli. Mani dunque perverse! Perverse mani! Piedi creati apposta perché tu, peccatore, frequentassi la Chiesa, le funzioni, gli oratori, e invece ti conducesti con essi ai bagordi, alle osterie, ai casini. Piedi disgraziati! Disgraziatissimi piedi! Lingua che dovevi lodare e ringraziare il tuo Dio e cantare le tue lodi, e invece non facesti altro che parlare oscenamente, mormorare, imprecare, maledire e proferire orribili bestemmie. Ah, lingua indegna, sceleratissima lingua! Corpo infama che ravvolto in ogni lordura, diventaste più sozzo di un animale, anima iniqua che ordiste tante insidie, macchinaste tante scelerataggini, e foste tutta pensieri e desideri immondi ed iniqui. Qua ai conti, ai conti! *Redde rationem.* Presto al conto di quella bianca stola che ti consegnai nel santissimo battesimo, tante volte da te insozzata. Il conto di tanti buoni esempi che non seguitasti. Il conto di tante prediche, di tanti esercizi e missioni dalle quali non cavaste il benché minimo frutto. Il conto di tanti sacramenti sì malamente ricevuti e in particolar modo di tante confessioni fatte senza dolore e senza proposito di lasciare il peccato e le occasioni prossime al peccato. Il conto delle feste

[128] Lc 16,2

profanate coi lavori, il conto dei figli assassinati cogli scandali, il conto di ogni peccato in pensieri, parole ed opere. *Redde rationem. Redde rationem.* Rendimi conto delle mie piaghe, del mio sangue, della mia croce, della mia morte. Sì, rendi il conto, anima disgraziata, dirà allora orgoglioso il Demonio, rendi il conto di tutta quanta l'infame tua vita. L'apra il libro: ecco leggi qui dentro la storia scellerata di tutta l'iniquità. *Libri aperti sunt.* Senti prima la tua professione, che io adesso ti reciterò. San Giovanni Crisostomo dice: *Recitabat verba professionis nostrae.* Ti dirà il Demonio: fosti redento dal sangue di un Dio e diveniste suo figlio per il battesimo. Rinunciaste al mondo, ma poi come manteneste quella rinuncia? Invece fosti sempre mondano e pieno di rispetto umano. Tutto roba, tutto interessi, piaceri insomma tutti del mondo e nulla di Dio. Rinunziaste alla carne? Anche questa rinunzia come la viveste tu? Senza dire che per contentare la carne guastasti vigilie e non osservasti né venerdì, né sabati. Tu ti desti in preda a tutti gli stravizi e rivoltandoti nel pantano di ogni oscenità ti rendesti peggiore d'una vilissima bestia. Rinunciaste ancora a me? Seguiterà il Demonio. Ma poi? Poi quante volte ti tentai, tu mi ubbidisti, come se un servitore migliore io non avessi. Mi servisti bene da fanciullo, tacendo quelle brutte cose, che mai hai dette al confessore, nemmeno in tempo di missione e quando andasti alla prima comunione. Mi servisti meglio nella gioventù con quegli indegni amori, con quei discorsi infami, con quegli scandali, con quelle bestemmie. Meglio poi mi servisti da maritato, essendo più disonesto che da ragazzo. Così facesti pure da vecchio, tenendo in piedi pratiche indegne, non solo fuori di casa, ma ancora in famiglia, senza rispetto agli stessi vincoli di parentela. Pensi quando ti rubai la vergogna, nel commettere quel peccato. Vedi quanto sono giusto. Adesso te le restituisco con la disperazione. Pensi quando ancorati insinuai di andarti a comunicare essendo ancora in peccato. E tu il facesti? Eccoti qua quelle specie che corrompesti nel tuo cuore, mia abitazione. Eccoti qua quelle particole in segno di sacrilegio. E siccome più furono i tuoi sacrilegi, eccoli qua una, dieci, cento, mille sacrilegi. Pensi quando diffamasti quel tuo prossimo gridandogli cose oscene. Eccoti qua la fama tolta e non restituita! Signore condannalo. Pensa quando di notte tempo e a chiaro giorno rubasti quella roba? Eccola, qua è rimasta, maledetta, in mio possesso. *Signore condannalo.* Pensi quando profanasti il tempio con quel peccato che nemmeno io l'avevo? *Signore condannalo.* Pensi quando defraudasti la mercede all'operaio? Eccola qua in prova? *Signore condannalo.* Pensi quando in quel ballo facesti una nefandezza? Pensaci in tal punto. *Signore condannalo.* Pensa quanti giovani tradisti, di cui ti rendo grazie, perché sono laggiù, causa tua, io pure grazie ti rendo, pensaci. *Signore condannalo.* Pensa quanti compagni innocenti rovinasti? Ora, causa quel peccato, per te sono nell'inferno e già sono mossi incontro a te per far vendetta sopra di te per la loro dannazione. *Signore condannalo.* Pensa quando leggendo quel libro scrivesti col tuo sangue una donazione a me della tua anima se ti avessi aiutato in quella maledetta impresa? Eccoti qua quella carta che scrivesti, ecco il tuo nome, pensaci! E tu, Signore, dammelo, che è mio. *Condannalo.* Guarda, tu hai redenta quest'anima, sei morto per lei in croce, hai sparso per lei il sangue, e poi, che cosa da essa hai ottenuto? Bestemmie, oltraggi, strapazzi d'ogni maniera. Io, invece, ne ho ottenuti i servigi, riscossa la fedeltà e gli onori, però lascia che ora ne die a lei la ricompensa. Signore, quest'anima è mia. Tu non me la puoi negare. Maledicila. Maledicila, condannala e piombi tosto con me, maledetta, al fuoco eterno. Povera anima, anima disgraziata. Come stai, adesso, taciturna, angosciosa, tremebonda? Oh! Che palpiti! Che batticuore! Suvvia, alzati, povero peccatore, fa un po' le tue difese, allega la tua ignoranza. Ignoranza! Risponde con voce tremenda il Demonio. Ignoranza eccome in tanti esercizi e a tante prediche. No. Che non eri ignorante: conoscevi bene tutta la malizia delle tue scelleratezze, e se eri in parte ignorante, la tua ignoranza era voluta ed entusiasta, non volendo mai prendere consigli per fare come ti pareva e tenendoti a bella posta lontano dalla parola di Dio, anzi mettendola in canzone, per avere più sciolte le briglie a commettere ogni iniquità. Ma io vivevo occupato in mille affari, distratto in mille interessi.

- Che affari, che interessi? - grida più forte il Demonio. - Il più grande affare, il più grande interesse, non era quello di salvarti?
- Ero giovane, debole, tentato, vivevo in mezzo al mondo.
- Disgraziato! Quanti giovani più deboli di te, vissuti nel mondo come te, tentati più di te, si sono salvati?

- Ah! Sono perduto!
- Angelo custode, voi che avete amato tanto l'anima di questo disgraziato peccatore, difendetelo voi, adesso. Contate le orazioni che disse, le elemosine, le confessioni, le comunioni che fece, i sacramenti che ricevette.
- Orazioni! - grida il Demonio - nemmeno ha saputo dire bene Gesù e Maria. Elemosine? Le ha fatte per vanagloria. Confessioni? Sacrileghe. È andato a confessarsi per vani motivi. Comunioni. Sacrileghi baci di Giuda.

A questo punto, qual nuova scena d'orrore, l'angelo custode s'unisce anche egli al Demonio, e vendetta grida la Signore, vendetta contro quello scellerato. Vendetta per il vostro sangue tradito, vendetta per il vostro corpo calpestato, per il vostro cuore tante volte barbaramente, sacrilegamente trafitto. Volevo salvarlo ad ogni costo, quest'empio, ma se lo conducevo alla Chiesa, egli correva ai casini, se gli mettevo in mano qualche buon libro, lo cambiava per un sozzo romanzo e con un infame giornale. La vita di questo sciagurato è stata tutta sporcizia, bestemmie, incredulità. Troppo me preme, Signore, di vedervi restituito il vostro onore, soddisfatta la vostra giustizia. L'iniquo ha amato sempre la maledizione. Ebbene la maledizione gli piomba addosso sul capo, sia pur maledetto, maledetto in eterno. Anima infelice, anima sciagurata, quale scampo avrai? Eccoti al punto più terribile del tuo giudizio. Alza lo sguardo perché ti è forza mirare il tuo giudice tremendo. Mira quella faccia che ti libra raggi come il sole. Mira quegli occhi penetranti più che lampo. Ascolta quella voce rimbombante più che tuono. Colla quale ti grida: *Ego sum Jesus*. Io sono Gesù, del quale tu ti vergognavi di essere seguace, di cui deridesti sempre le massime, insultasti i ministri, profanasti i sacramenti. Sono Gesù da te oltraggiato, bestemmiato, maledetto. Credevi forse perché allora tacqui, che io non vi fossi, o fossi un Dio indolente, imbecille, simile a te, o scellerato! Ah! Allora tacqui. Era tempo di misericordia, parlo ora perché è venuta l'ora della giustizia. Ecco, ecco la grande bilancia. Mira in essa da una parte quello che hai fatto tu contro di me, mira dall'altra quello che ho fatto io in tuo pro. Mirami bene, rispondimi bene, potevo fare io più di così per te? Di', se tu non sei stato un perfido, un ingrato, un mostro contro di me? Prendi dunque da questo sangue, da queste piaghe, da questo cuore la tua terribilissima, inappellabile sentenza, l'eterna dannazione. Va', anima iniqua, va, maledetta all'inferno. Ah no! Grida l'anima allora, mio Dio, mio redentore, mio padre, non mi maledite. No! Grida forte Gesù: - Parti da me, maledetta al fuoco eterno, maledetta, maledetta per sempre. E voi demoni, che dimorate a portarvela? Ahi vista! Ahi dolore! E dove la conducete, o demoni? All'inferno. Ma prima vogliono che miri il proprio cadavere, che è ancora sul letto. Oh, mira questo cadavere, mira questo corpo, per contentare il quale hai perduto il paradiso e ti sei dannato. Vedi come è orribile? Contraffatto, puzzolente, fa orrore, fa spavento. Vedi come è umiliata quella fronte superba? Come sono chiusi, incavernati, quegli occhi maliziosi? Come è muta quella lingua bestemmiatrice? Ecco più non si muovono quelle mani scellerate, non più camminano quei piedi verso quelle case, quei luoghi di peccato. Senti la puzza che già esala dalla rozza tua carne? Vedi come i parenti si affrettano per mandare questo tuo corpo alla sepoltura? Oh vieni all'inferno, all'inferno maledetto. Ah! Signori! Io non dispero, ma siamo perduti! Noi bestemmiatori, disonesti, disprezzatori di Dio e della sua legge, qual giudizio sarà il nostro? Ma che dissi, io mai? Perché siamo perduti? È tempo di misericordia. Dov'è, dunque, voi mi domandate, questo tribunale di misericordia? Eccolo - *piglia il crocifisso* - eccolo, non abbiamo bisogno d cercarlo lontano. L'abbiamo qui vicino, l'abbiamo qui accanto. Alzate gli occhi, peccatori fratelli, peccatrici sorelle, alzate gli occhi a questa croce, dalla quale Gesù non condanna già all'inferno, non fulmina già la maledizione, bensì dispensa la grazia, la misericordia, il perdono ed apre il paradiso. Ai piedi di quella croce quanti giovani, allacciati nelle sette, ingolfati nel fango delle più sozze disonestà, hanno trovato il perdono. Quante donne hanno abbandonato le loro pratiche scandalose ed hanno trovato misericordia. Quanti uomini che avevano dato un addio alla Chiesa, alla messa, alla Pasqua, hanno ritrovato la fede. La troveremo noi se di cuore rinunziamo al peccato, di cuore gridiamo: - Misericordia!

5. *Inferno*

Spalancatevi, o eterne voragini dell'inferno. Esci da quei profondi baratri, o anima dannata. Apri al mio sguardo i più segreti nascondigli del tuo cuore. Aprimi questo abisso di odio e di rabbia, questo vaso ricolmo delle divine misericordie. Oggi vi voglio considerare l'inferno. Le fiamme che ti circondano, ti bruciano, ti divorano, senza consumarti giammai, i demoni che a brani, a brani ti lacerano, il verme della coscienza che ti rode l'intimo del cuore, la tua maledetta rabbia, la tua eterna disperazione, a veder quel che Dio per maggior tuo cruccio e dispetto ti lascia vedere, al mirare tornar vana e perire per tutti i secoli la speranza di contentare le tue più ardenti ed infocate brame, che vive si fanno sentire per tutti i secoli. Tutto dimmi, descrivimi l'inferno del tuo inferno, perché questo io voglio andar meditando, per mio profitto, questo voglio mettere innanzi degli occhi dei miei ascoltatori. Discendiamo, o signori, secondo il nobile concetto del reale profeta, discendiamo nell'inferno, mentre ancora siamo viventi, acciocché atterriti da un tanto cumulo di miserie e di guai impariamo a schivare l'eterna disgrazia da precipitarvi morendo. Spirito Santo, per la tua dilettissima sposa Maria, io ti giuro, arma della spada a due tagli della divina parola, la mia lingua accendi del tuo fuoco, il mio cuore e con la tua fiamma onnipossente, tocca e santifica il mio, e tutti i cuori a cui io parlo. Anima dannata, fatti innanzi, dimmi, mostrami qual è il tuo inferno? Ma prima, o signori, di considerare l'inferno, aiutiamoci con alcune immaginazioni. Immaginiamoci che il nostro inferno dovesse essere questo, che noi fossimo legati nudi ad una colonna, e poi avessimo a fianco un crudele demone e una candela accesa. Egli ci viene applicando la fiamma di quella candela, ora negli occhi, ora nella faccia, ora nelle coste, ora nelle spalle, ora nel petto e ci visita per ogni verso tutto quanto il corpo, così per un giorno, così per una settimana, per un mese, così per un anno, così per dieci, per venti, quaranta, ottanta! Che vi parrebbe di questo martirio? Sarebbe grande, ma sarebbe un nulla in paragone dei martirii dell'inferno. Immaginiamoci che volasse via il tetto di questa chiesa, e che noi vi fossimo chiusi dentro con porte di bronzo, rimanendo così all'aria aperta, serrati tra queste quattro mura, senza poterne più uscire fuori. Immaginiamoci che cominciasse a piovere dal cielo fuoco. Oddio! Bruciano le vesti, avvampano le nostre carni. Oh che urli! Oh che strida! Il fuoco ci arriva alla cintura, e non solo, alle spalle, alla testa. Indi si sente in aria una voce che grida: questo per le vostre iniquità, così per un anno! O Dio! Per un anno? No! È ancor poco per le vostre iniquità, così per mille anni, per un milione di anni. Ah! Che noi disperati correremo colla testa contro le mura, e urlando, smaniando, non sapremmo darci pace. Ma anche questo un nulla sarebbe a confronto dell'inferno. Eccoci che l'anima dannata ci fa arrivare all'orrenda parte di essa. Oh Dio! Che spavento! Mirate due parole scritte a carattere di fuoco che stanno sulla porta dell'inferno: *L'Inferno non finisce mai.* Oh utilissime parole! Ah! Quanti poveri peccatori alla considerazione di queste due parole sono divenuti grandi santi. Adesso, o signori, giacché ci troviamo alle porte dell'inferno picchierò io per primo. Demoni d'abisso, anime da Dio maledette, è volere dell'Altissimo che voi ci lasciate contemplare per mezz'ora questo carcere spaventosissimo, affinché noi possiamo capire l'inferno del vostro corpo e l'inferno delle vostre anime. Oddio! Aiuto! Che oscurità profonda! Che tenebre orrende, che vortici impetuosi di fumo, il più chiuso, il più penoso, il più intollerabile. Oh! Dio che mare immenso di fuoco e di orribili fiamme. E perché, ditemi, anime dannate, perché il fuoco non dà luce? Ah! Non fa d'uopo che rispondiate, non voglio udirvi. Il rammento ciò che a tal riguardo dice San Tommaso: siccome nella fornace di Babilonia fu miracolo per quei tre fanciulli, che il fuoco avesse una luce senza l'ardore, così all'opposto quel fuoco infernale avrà l'ardore senza luce. Ma come il solo stare per breve tempo in una stanza piena di fumo, anche odorosa, dispiace molto, e quel fumo di zolfo e di pece che morderà gli occhi continuamente, vi piacerà, o peccatori? E in mezzo a quel fuoco, a quel buio, a quelle fiamme, un numero quasi infinito di dannati. Un altro tormento affligge la vista di quei poveri dannati, che mette in volto il più grande dolore. Visi spaventosi più di quei che si fanno dagli ossessi per opera del Demonio e dai moribondi, naturalmente nel dividersi con violenza l'anima dal corpo. Chi può descrivere i contorcimenti, le smanie, i disperati furori? Hanno i capelli rizzati! Si danno pugna alle tempie, si mordono le braccia, si sbramano le carni. Ah quante diverse specie di tormenti, di pene, di carneficine, di martirii. Chi può reggere a questa vita? E che dire dei demoni? Se io potessi far comparire sopra di questo palco un solo demonio, sarei sicuro di farvi morire di spavento. Santa Caterina da Siena vide solo per un istante la faccia di un demonio.

Povera santa! Poco mancò che non morisse e gridando diceva che era contenta piuttosto di camminare sul fuoco fino al giorno del giudizio, anziché tornare a vedere una così orrida figura ed avere di nuovo uno spavento sì grande. Or che sarà vedere milioni e milioni di tante diverse orribili figure, di tigri, di orsi, di draghi, di furie. Oh! che orrore! Oh! che orrore! Giovanotti e giovanette, voi che non potete mirare neppure per un istante un morto sulla bara, una ferita, una piaga, date pure, date tutta la libertà ai vostri occhi, vagheggiate quegli oggetti pericolosi. Prendete pure da queste occhiate disoneste occasione di abbandonarvi ai cattivi pensieri e di commettere le più indegne azioni. Seguitate pure, seguitate pure, ma un giorno, in mezzo a quelle tenebre, a quel fumo, a quegli orrori, a quei demoni, a quei dannati, oh Dio! Ne pagherete la pena! Mirate come i dannati stanno in quella oscura prigione, ammassati l'uno sopra l'altro, come l'uva sotto il torchio, come i mattoni nella fornace. Sicché non potranno per tutta l'eternità stendere un piede. Non potranno dalle morsicature stendere un braccio, non potranno voltare un fianco. O libertà di guardare sopra tutti gli oggetti, di leggere tutti i libri, di andare dappertutto. Mira i ceppi, mira le catene che ti aspettano, per quegli sguardi, per quei passi da più peccati che passi. Almeno in tanta tristezza si toccasse un buon vicino. Mira i vicini che sono i diavoli. Figlio e madre che si mangiano vivi, compagni e amici che si addentano come cani. Un buon compagno mai, un amico dabbene mai, un galantuomo mai! Buttati sì, buttati a compagni licenziosi: entra in camerate viziose e in conversazioni pericolose, entra. Sì, entra. Un inferno ti aspetta. Dall'inferno dell'occhio scorriamo all'inferno che avrà l'udito. Oh! che tuoni spaventosissimi, che strida, che strepiti, che urla, che smanie, che spaventi, che lamenti. Fa animo, tu, o peccatore, che non puoi sentire, non dico un cagnolino che abbaia, ma nemmeno un fanciullino, tuo fratello o tuo figlio che piange in casa. Fa che per una piccola limatura di ferro ti senti ribrezzo nelle viscere. Tu, che al sussurro di una mosca volante t'inquieti, fa animo, dico, perché se non ti converti, oh, cosa avrai da sentire! Urla di disperati, bestemmie e maledizioni, contro Dio, contro Maria, contro tutti, mentre tu sai che per colpa tua ti sei dannato. Colà il figlio: - Padre maledetto - dirà - per causa di quei cattivi esempi che m'hai dato colla bestemmia, con i tuoi discorsi infami, colla tua incredulità, colle tue eresie, io sono dannato! Madre maledetta - griderà la figlia - che mi educasti a quella vanità, che mi lasciaste in tutti i pericoli e non avesti la minima cura per lamia onestà. Per causa tua, son dannato! Il compagno maledirà il compagno, e forte tu gli dirai: - Perché mi desti quegli scandali? Per essi sono dannato! E colei che tu, uomo, tieni incatenato in quella pratica, ti si avventerà come una iena furibonda e ti dirà: scellerato, per causa tua sono dannata! E chi potrà descrivere il frastuono? Quei miserabili si troveranno d'accordo in una sola cosa, nel bestemmiare e nel gridare in eterno: - Maledetto quando io nacqui! Maledetto il tempo della mia vita! Maledetti i sacramenti che fuggii e profanai! Maledetti i comandamenti che ebbi! Maledetto il cielo, maledetta la celeste Sion! Maledetto Dio! Maledetto Cristo! Maledetto me! Ah! Non mi basta il cuore di seguitare più oltre. E tanto - dicono – anche se andremo all'inferno, non saremo soli! Purtroppo non saremo soli, ma ciascun compagno formerà un inferno per voi e quanti saranno i compagni altrettanti saranno gli inferni. Signori seguitate senza emendarvi sì, ma pensate che un inferno vi aspetta. Cosa si odora nell'inferno? San Bonaventura scrive che un solo corpo di dannato rende più puzza così orrenda che sarebbe capace di portare una pestilenza universale in tutto il mondo. Or quale sarà la puzza che esalerà da milioni e milioni di corpi dei miseri dannati? Col solo entrare entro una sepoltura alcuni cadaveri e fermarvisi un poco, si può morire per l'orribile fetore. Or che sarà trovarsi per sempre in quella immensa sepoltura dell'inferno, pieno zeppo di cadaveri così puzzolenti? Che sarà trovarsi sommersi in quel profondissimo stagno di marciume, dove nel giorno del giudizio, al dire di San Tommaso, coleranno tutte le immondizie e le fecce del mondo. Fratelli, coronatevi pur di fiori, profumatevi, accarezzate le carni. Un giorno nell'inferno come fareste? Che inferno avrà poi il gusto? Vieni qua crapulone. Tu che per dispetto al precetto mangi carne nei giorni proibiti ed ometti i digiuni. Vieni qua, ubriaco, vieni qua intemperante. Mira, osserva, tracanna qui per la gola bevande amarissime. E piombi disfatti e pece bollente, e cibi e bevande stomachevoli, che a dispetto di ogni nausea e ripugnanza faranno per forza inghiottire i demoni. Né lasceranno per questo d'aver per tormento una sete e fame arrabbiatissima. Soffriranno una fame canina ed una sete ardente. Si lusinga la sete dei febbricitanti con qualche ristoro e non altro con l'immaginazione di acque chiare e gelate che berranno una volta.

Il dannato nemmeno potrà fingersi acque immaginarie, perché non ci arriverà giammai. Una medicina schifosa si beve presto e si vede il fondo. Quel calice di piombo disfatto, di fiele di draghi, non finirà giammai. Gusta ora i rinfreschi dovuti alla gola. Assapora una stilla di quel fiele. Finalmente che cosa si tocca, cosa si sente in tutto il corpo dell'inferno? Il sentimento del tatto, non è solamente nelle mani, ma in tutto il corpo, onde gli occhi toccano, tocca la lingua, toccano gli orecchi e vuol dire che tutti risentono i sentimenti quando uno solo patisce. Or che sarà quando tutti e in ogni sorta di pena siamo tormentati? Se uno solo dei cinque sentimenti che dolga, se una minima ed infima parte del corpo offeso, cagiona ambasce al cuore e consenso di tutto il corpo, che sarà nell'inferno soffrire atrocissime pene in tutti i cinque sensi, in tutte le parti del corpo, dall'estremità del piede fino all'ultimo capello. E ciò per sempre? Peccatore dissoluto, che gusto allora ti daranno i piaceri goduti? Un'ora sola di acuto dolore di testa ti fa scordare tutti i diletti avuti per il passato. E non un'ora, ma un mese, non un anno, ma secoli, senza fine, un'eternità dell'inferno che sarà. Ma perché il re dei tormenti è il fuoco, considerate come dal fuoco principalmente sono dominate le anime dannate e sempre in tutto il corpo. Fuoco gettano dagli occhi, fuoco dalle orecchie, fuoco dalle narici, la bocca piena di fuoco, la lingua inzuppata di fuoco, fuoco nelle midolla, nelle viscere, nella testa, nelle spalle, nei piedi, dappertutto fiamme e fuoco. Annegato in un abisso di fuoco il dannato non avrà parte non infuocata. Ma qual fuoco? Ah! Se fosse come il nostro sarebbe meno, ma un fuoco più terribile essendo delegato dalla giustizia sdegnata, quello della misericordia generosa. Il fuoco dell'inferno è acceso dal fiato dell'ira di Dio, che simile a torrente impetuoso di zolfo ardente vi soffia, lo attizza e lo accresce. Ma almeno si fermerebbero qui i mali dell'inferno! Ahi no! La memoria avrà il suo inferno. Si ricorderà dunque del fine per cui l'aveva creato, delle grazie che gli aveva fatto perché si salvasse. Si ricorderà delle chiamate che gli fece in gioventù. Si ricorderà delle prediche udite in Chiesa, i buoni esempi, i sacramenti. Si ricorderà del timore che ebbe la prima volta quando peccò. Delle paure e dei rimorsi che lo spingevano a confessarsi quando era in peccato. Quante volte si ricorderà. Mi chiamò Dio al pentimento! Quante volte mi disse al cuore: basta peccatori, basta! Emendati di quel peccato, lascia quell'occasione, lascia quell'amicizia, fa nuova vita. Ed io insensato, io sciocco, chiusi il mio cuore. Errai, errai! Non posso rimediare. Sono dannato. L'intelletto viene crucciato pure della cognizione dello stato infernale. Ah! Che inferno sarà nell'anima di un dannato il conoscere che poteva con poco sottrarsi da quelle pene e salvarsi! Potevo confessarmi e non lo feci. Potevo restituire e non lo volli. Potevo lasciare l'occasione e la tenni. Questa stessa penitenza che ora faccio, anzi la millesima parte di questa penitenza che ho fatto, fatta in vita e in tempo bastava a mettermi in paradiso. Potevo! Potevo con poco salvarmi e per poco mi sono dannato. *Ergo erravi.* Dove sono io? All'inferno, rispondono i dannati: - Sei nostro! E quale inferno avrà la volontà? Vorrà il dannato scordarsi quanto la memoria gli andrà suggerendo. Vorrà alienare il pensiero che per poco ha perduto il Bene sommo, ma non basta. Il re Mitridate ridotto da una gran fortuna ad un'estrema miseria, pregava con lacrime e sospiri i suoi amici ad insegnargli il modo di scordarsi di quel che prima era stato, per sentire di meno la pena di quella misera vita, in cui allora si trovava. *Docete me oblivisci.* Che sarebbe veder lassù tanti e tanti, prima grandi peccatori, ma che fecero in tempo la penitenza. Ecco là il tale burlone, ecco il tale altro, già miei compagni, miei amici, eccoli salvi. Il mal ladrone vedrà sempre lassù il buon ladrone, stato compagno suo nei suoi furti e finito sulla croce, ma non nello stesso inferno. Giuda vedrà gli apostoli, colleghi suoi, e pieno di confusione e di furore, esclamerà disperato - dice San Bonaventura - oh! *Ubi nos sumus*! E solo questa disperazione sarà appunto l'angustia maggiore ed il peggiore inferno nella volontà del dannato. Angustia il male quando è doloroso più quanto facilmente si poteva impedire. In estremo poi quando un male è senza rimedio. E quale rimedio sperare potrà un'anima nell'inferno, disperata per sempre, disperata del passato, disperata del presente, disperata dell'avvenire? Verrà sempre ciò che mai non sarà. E sarà sempre ciò che mai non vorrà. E quando finirà questo inferno? Mai! Mai! Mai! Come mai? Mai! E durerà sempre, sempre, sempre! Oh Dio! Oh mai! Oh sempre! Oh eternità! Eternità! Ma che cosa è questa eternità? L'eternità non ha paragone. E dove sono mai similitudini, o esempi che adeguino l'eternità? Vi sia -

dice il Padre Lessio[129] - vi sia un mondo pieno fino al sommo cielo di minutissima arena e vi sia un mondo vuoto di tutto ed ogni mille milioni di secoli si trasferisce da un angelo un solo atomo dal mondo pieno al mondo vuoto, quale aritmetica, quale algebra potrà contare gli anni? Esca - dice San Bonaventura - esca dagli occhi di un dannato ogni milione di secoli una goccia di pianto e questa si conservi, finché ne sparga tante gocce, che bastino a fare un fiume e poi se ne esigano tante che giungano a fare un male, e poi tante altre che uguaglino il diluvio universale, quando le acque sormontano le più eccelse montagne, quanti milioni di milioni di secoli dovranno passare prima di riempire di lacrime un piccolo vaso e quante più per riempire a goccia a goccia con tanto intervallo tra l'uno e l'altro tutta la vastità della terra? Eppure vorrebbe tempo che tutta la terra verrebbe allagata dalle acque ed il mondo vuotato di arena, senza essere diminuita per un istante l'eternità. Qual concetto fai ora, o peccatore? Al cospetto di un'eternità così spaventosa, ti rimarrai ostinato? Non dirai ancora, voglio lasciare quella pratica, confessare quel peccato, dal la pace a quel nemico, restituire quella roba, togliermi dall'anima quelle scomuniche, mettermi in grazia di Dio? Ah! Misericordia infinita del mio Signore. Deh! Consentitemi adesso di poter calare laggiù nell'inferno, di potermi distendere sulla porta dell'abisso per serrarne l'entrata, respingere indietro i poveri peccatori e colla fronte affumicata, colla faccia abbrustolita da quelle vampe infernali gridare con quanto ho di petto, di voce, di cuore: indietro fratelli, indietro sorelle, indietro, indietro! Ma io sono un povero peccatore e merito per il primo di essere gettato in mezzo all'inferno. Come potrò dunque chiudervene la porta? Ecco, ecco che vi attraversa la strada, ecco che vi chiude la porta dell'inferno. Oh Dio, venite e vedete come questa strada è sparsa di sangue e piena di piaghe. Sono piaghe ed è sangue di questo buon padre. Sono piaghe aperte e sangue sparso perché non abbiate a dannarvi. E voi peccatori fratelli e voi peccatrici sorelle, vorreste perdervi? Vorreste dannarvi? Col pestando questo sangue, queste piaghe? Gesù mio ritiratevi, non voglio salvarvi. A chi invocherò io stasera qui sopra. Lucifero, affinché vi consoliate? Esci fuori, Lucifero dalle bolge infernali e racconta a questo popolo le pene infernali dell'eternità. Ma che farò io mai? Qui presso ho un'immagine. Di chi è? Di Maria! Oh dolce nome! Sentite! Un giovane dato agli stravizi, perduta la fede, vendutosi alle sette, si trovava in Roma, non molto tempo, in punto di morte. Parroci, religiosi, sacerdoti si erano più volte condotti al suo letto, supplicandolo colle lacrime agli occhi di accomodare le partite dell'anima sua prima di presentarsi al tribunale di Dio. Fatiche inutili, pianti, preghiere gettate al vento. Il giovane persiste nella sua risoluzione. Mi voglio dannare! Arriva per ultimo un religioso di santa vita della Compagnia di Gesù. Ma i suoi pianti che avrebbero ammollito i più duri sassi non valsero a nulla a quel cuore amante dell'inferno. Sia quello che vuoi, disse il buon religioso. Mi spiace la tua eterna rovina, ma a me non basta il cuore di recarti il più minimo disturbo. Dimmi solo giovane mio. Hai tu madre? L'avevo - rispose il giovane. - Ed oh! quanto buona, quanto amorosa. Oh! Se fosse viva, se la potessi avere qui al mio letto, se potessi anche solo vederla! Se è così, figliolo mio, siano appagati i tuoi desideri. Eccola accanto a te la tua vera Madre. E così dicendo trasse dal seno una devota immagine di Maria. Mirala un poco, gli disse, baciala e contempla i pietosi suoi occhi. Oh! Quanto ti vuole bene! Salutala per l'ultima volta, giacché non la vedrai mai più e dovrai odiarla, maledirla, bestemmiarla per sempre nell'inferno. Ah questo no! Rispose intenerito il giovane, e tenendo stretta quella cara immagine comincia a piangere dicendo: Maria, mia tenerissima, amorosissima madre, non sia mai, vero che io debba maledirvi e bestemmiarvi. Il mio cuore è già del tutto cambiato: voglio confessarmi. Si confessò con profluvio di lacrime. Chiese perdono a Dio. E lui felice, mille volte felice si salvò. Ah! Dunque, se tra di voi vi fosse qualche ostinato che vuole dannarsi si faccia innanzi, maledica questa Madre, la calpesti. Nessuno viene? Ah! Madre nostra, Maria, tutti vogliamo salvarci, aiutaci, presto, aiutaci!

6. Il figliol prodigo

[129] Leonardo Lessio (1554-1623), gesuita e teologo olandese.

Oh! quanto è miserabile il vostro stato, o poveri peccatori. Quanto siete mai da compiangere. Se alzate gli occhi al cielo vedete che vi è nemico Dio e che sta chiuso sopra di voi il Paradiso. Se entrate dentro voi stessi trovate il vostro cuore sconvolto, quasi mare in burrasca e straziato dai più crudeli rimorsi, senza un momento di bene. Se abbassate lo sguardo a terra vi deve risovvenire subito che vi sta l'inferno sotto i piedi e che voi prendete sopra quella terribile voragine attaccati e sospesi al filo tenuissimo di questa misera vita, il quale se viene a rompersi, oh Dio! Voi siete già in quell'abisso per rimanervi in eterno. Oh! Lasciate adunque che io lo ripeta, quanto è miserabile il vostro stato, o poveri peccatori! Quanto siete mai da compiangere. Ma volete voi convertirvi? Allora tutto si muta in un momento. Benedetti voi! Felici voi! Fatevi pur animo! Aprite pure il cuore alle più care e dolci speranze, perché il rimedio è pronto. E qual è? Eccolo. La misericordia di Dio. Oh consolante parola che allarga il cuore ai poveri peccatori. Sì, coraggio, fratelli peccatori, sorelle peccatrici, se anche i vostri peccati fossero maggiori di numero che non sono le stelle del cielo, le arene del mare, se avete sull'anima tutte le disonestà, le bestemmie, i furti, gli omicidi, i sacrilegi che fin qui hanno inondato la terra, questo buon Gesù è disposto ad aprirvi le braccia della sua misericordia. Ah! È tanto grande questa misericordia, che io non saprei come fare a parlarvene, se Gesù medesimo adattandosi alle nostre capacità, non ce l'avesse dipinta al vivo nella tenerissima, sempre antica, sempre nuova, sempre cara parabola del figliol prodigo, ravviseremmo il nostro abbandono a Dio, nella miseria di questo figlio lontano da suo padre, la nostra infelicità lontano da Dio. Finalmente considerando le accoglienze che egli riceve da suo padre nel ritorno di lui, capiamo quanto volentieri Iddio ci perdoni allorché, pentiti a lui torniamo. Oh! Maria, che sei la Madre della Misericordia, deh, pregate questa sera per me, affinché possa sentire le salutari e benedette angosce della contrizione e per questo sia fatto degno di gustare ben anche le soavità ineffabili e celesti della riconciliazione e del perdono.

Un padre adunque aveva due figli che formavano la sua compiacenza e la sua delizia. Il più giovane, traviato dai compagni, deluso dall'immaginazione che gli dipingeva coi suoi più seducenti colori i supposti vantaggi e i falsi godimenti di una vita libera e indisciplinata, un giorno si presentò al suo buon vecchio padre, e con malgarbo gli dice:

- Padre datemi quella porzione di roba. Io voglio andarmene via da casa vostra. Non sono più fanciullo, mi pesa troppo il vivere soggetto. Voglio mettere su casa da me, andare a stare in grande città e passarmela coi miei amici a godermi così in balia di me medesimo gli anni più belli della mia gioventù.

Tal domanda fu un colpo di coltello al cuore del padre che tanto l'amava. Inarca egli le ciglia, guarda fisso con occhio di compassione il figliolo. Smonta di colore, gli vengono meno le forze e non può per qualche tempo proferire parola, ma poi, ripreso lo spirito, gli dice:

- Figlio mio, tu mi spezzi il cuore, vuoi lasciarmi? Vuoi andartene? Ma dove? Ma perché? Qual torto hai ricevuto in casa mia? Qual disgusto ti ho dato? Se hai qualche cosa che non ti piaccia, parla pure che io cercherò contentarti. Troppo ti amo! Troppo ti voglio bene! Vedi che sono vecchio? Sono arrivato ormai alla fine dei miei giorni. Tu devi chiudermi gli occhi, raccogliere i miei ultimi sospiri, abbandonandomi in questa età cadente, mi daresti innanzi tempo la morte, e tu stesso mi scaveresti la fossa.

Riprende il figlio:

- Io non ho da ragionare con voi, non posso mettere indugio alla mia partenza, datemi tutto quello che mi spetta.

Prega, riprega, piange il buon genitore, pallido nella faccia con due fontane di lacrime agli occhi, tra continui singhiozzi e sospiri, gli dà la porzione che gli tocca. Quindi stende le braccia per abbracciarlo. Ma, oddio! Una spinta al padre, rifiuta l'abbraccio e senza una grazia, un addio al buon genitore, gli volge le spalle.

- Prendi almeno la mia ultima benedizione!

Ma rifiuta pure quella, però il povero padre alza tremante la mano per benedire lo spietato figliolo, ma in questo punto non regge più il cuore, dà uno scoppio di pianto e cade in terra il buon vecchio, quasi sfinito dall'ambascia, quasi morto per il dolore. Il figlio niente cura, scende frettolosamente le scale del palazzo, si pone su di un cavallo che si aveva preparato e comincia velocemente a correre per lontane regioni. Ah! Fermati figlio ingrato. Dove corri? Con qual cuore abbandonerai tuo padre? Non devi tu a lui tutto quello che hai? Non ti ha egli amato col più tenero affetto? Quanti sacrifici non ha fatto egli per te? Vedi, egli è invecchiato nell'amarti e dopo che nella tua fanciullezza ti ha portato sulle sue braccia, ti ha accarezzato, nutrito con tanto amore, tu adesso vorrai piantare una spada sul suo cuore. Senti, ascolta... ma già è lontano. Barbaro figlio, figlio crudele, snaturato figlio! Ma Gesù mio perdonatemi, a questo punto mi assale un pensiero, che mi confonde, mi annichila, mi spavento. Senza saperlo ho fatto il ritratto di me medesimo. Quelle tinte sono orribili, quei lineamenti hanno del satanico, eppure sono le mie tinte, i miei lineamenti. Mento io, o signori? Non abbiamo tutti quanti detto al Signore: - Datemi la sostanza che mi appartiene? Io voglio usarne come a me pare e piace. Questi occhi devono servire a sguardi immodesti e licenziosi, per leggere libri scellerati, sozzi romanzi, fogli perversi. Voglio le mie mani per consumare tante iniquità, il mio corpo per ravvolgerlo in ogni bruttezza, la mia mente per acconsentire a cattivi pensieri, il mio cuore per covare odio, desiderare vendette e nutrire amicizie indegne. Strenui furono i giorni fatali, in cui ci dipartimmo dal seno amoroso del Padre nostro ed andammo tanto lungi da lui, quanto è lontana la grazia dalla colpa, l'inferno dal paradiso, il peccatore da Dio. Lontano il figliuol prodigo dal suo genitore eccolo subito darsi ad una vita iniqua e scapestrata. Egli va a tutte le veglie, a tutti i balli, a tutte le comparse, a tutti i teatri, a tutti i bagordi, intento sempre a soddisfare alle più sozze passioni. Non conosce il misero più freno, o ritegno, di sorta alcuna. Oh! Dio, facemmo il simile purtroppo anche noi! Qual ritegno, infatti, qual freno conoscemmo mai, da quel momento, che messo il piede nella via dell'iniquità, fummo travolti negli orrendi suoi gorghi. Peccato, peccato, non altro che peccato! Voi, o giovanette, prima di abbandonarvi a quelle vanità eravate buone, eravate pure, innocenti e quasi angeli. E dopo? Ecco i vostri discorsi, nefande le vostre opere. E voi, poveri giovani, che ben conoscete un giorno che cosa erano l'innocenza, la grazia, il timor di Dio, la pace del cuore. Ohimè! Lusingati da quei malvagi compagni, eccovi divenuti bestemmiatori, disonesti, eccovi non andar più a messa, non osservare più i venerdì, non far più Pasqua, eccovi dare il nome a sette scellerate, eccovi convertiti in altrettanti nemici di Cristo e della Chiesa, divenire il tormento dei vostri poveri genitori e quali con immenso dolore vi vedono vivere, non dirò già da turchi, ma da animali, come se per voi non vi fosse né paradiso, né inferno, né anima, né Dio. E che cosa si dovrà dire per voi che siete immersi in quelle pratiche? Di voi che avete stesa la mano sulla roba altrui ed anche sui beni della Chiesa? Di voi che fate guerra aperta al bene, trascinate in perdizione le anime, assassinate con ogni forma di inganni e di tradimenti la povera gioventù? Sì, voi tutti, volgetevi attorno e guardate la vostra vita, che cosa trovate? Peccato e non altro che peccato. Peccati da giovani, peccati da maritati, peccati da vecchi, peccati che vi hanno condotto a tale miseria, a tale infelicità, da non essere nemmeno un'ombra quella alla quale si ridusse il figlio prodigo. Eccolo, sciagurato! La libidine, gli stravizi, si mangiarono tutte le sue ricchezze, che pur erano molte. Quei compagni scellerati che l'avevano sedotto, e gli facevano tanta festa intorno finché mangiavano, bevevano e si divertivano alle sue spalle, adesso l'hanno tutti abbandonato. Non ha più denaro da comperare tanto pane da bastargli per una giornata e per giunta nel paese dove lui si trova viene una grande carestia, la quale lo mena a tale estremo di miseria, che a momenti sen muore di fame. Che farà adesso il meschino? In città la trascuranza degli studi, la mala condotta, la perdita del buon nome, lo hanno posto nella impossibilità di trovare alcuno impiego. In campagna nessuno lo vuole. Ultimo rimedio! Si rivolge ad un rozzo villano dicendo:

- Abbiate pietà di me, che da due giorni non ho gustato cibo ed a momenti muoio di fame. Prendetemi per garzone, sono pronto ad ogni servizio: di salario non se ne parli, un tozzo di pane da mangiare e d'altro non ne domando.

- Non ho pane da dare ad alcuno! - Risponde il villano - e tanto meno a voi, che con quelle mani gentili mostrate di non essere abile a fare il contadino. Pure tengo là un branco di animali immondi e non ho chi li conduca alla pastura. Se voi voleste accettare questo impiego, vi prenderei, ma siano ben chiari i nostri patti. Per vostra paga e per vostro cibo vi contenterete di quei rimasugli di ghiande che rimarranno ai maiali medesimi, dopo che essi si saranno ben pasciuti. Se vi piace bene, se no trovatevi altro servizio.

Durissimi patti, ma pure accettati come gran fortuna dal giovane misero. Eccolo l'infelice, sotto un gruppo di querce, scosse, circondato dal gregge dei suoi sozzi animali. Oh! vedetelo in mezzo a quelle aride campagne, lacero negli abiti..., smunto e pallido..., quasi cadavere coll'impronta dell'avvilimento del dolore, della disperazione in suo volto. Mirate come avidamente si sbatte a quelli sporchi rimasugli di ghiande sbiascicate dagli animali... mirate che quando non è osservato dal padrone, ne toglie qualcosa ad essi di bocca, ma non arriva mai a saziarsi ed a far tacere la fame. Non potendosi sorreggere a lungo digiuno si sdraia sulla nuda terra come per cercare riposo: ma inutilmente, la fame lo strazia e più ancora della fame, il pensiero di quel padre che ha abbandonato, il pensiero della sua stoltezza, della sua ingratitudine è come coltello che gli trapassa il cuore. Per averne sollievo si alza, si muove, gira intorno i suoi sguardi, ma nulla vede che li possa confortare. D'ogni parte sembra che gli si presenta l'immagine del suo genitore. Adesso sente quanto era buono, adesso ne ricorda le graziose parole... gli atti amorevoli, le tenere sollecitudini, ... adesso sa quelle fattezze che l'immaginazione gli produce davanti, legge l'amore il più generoso... ricorda lo strazio che ha patito, allorché egli ebbe l'ardire di abbandonarlo. Adesso ricorda quell'addio così malinconico, quelle lacrime che caddero su quelle guance rugose... adesso ricorda quel tenero amplesso che disprezzò... adesso ricorda quella spinta per allontanarlo, così furiosa che lo fece cadere... Oh! Dio! Oddio! Che strazio per l'anima sua. Si sforza di rimuovere quelle idee che sì crudelmente lo lacerano, ma inutilmente. Si ricorda della pace gustata fra le domestiche mura, si ricorda dell'abbondanza di ogni bene che ivi aveva goduto, si ricorda di quelle innocenti allegrie, fra cui si era allietato lo spirito, senza che il rimorso vi spargesse sopra il suo assenzio d'inferno... e adesso? Oh! Qual penoso confronto! Oh di quante ambasce è egli cagione al suo spirito. Vedetelo, ora siede, ora si alza, ora gira intorno gli occhi come per dissipare, ora si muove con passo accelerato, ora si ferma come statua, ora guarda il cielo e sospira, ora mira i suoi laceri abiti e digrigna i denti e si morde le labbra, ora accosta al volto le mani e singhiozza e piange dirottamente. Oh figlio sventurato! Ritorna a tuo padre amante! Oh quante volte quante sospirò per te. Sorgi a lui, va che afflitto e dolente notte e giorno ha cercato te. Sorgi, a lui va, che sebbene spezzasti le voci sue ed i suo penar ... il suo cuore non è mutato, è cuor di padre ancora. Figlio deh torna, o figlio! Torna al tuo padre amante. Mi alzerò ed andrò dal padre mio. *Surgam et ibo ad patrem meum.* Finalmente disse il prodigo figlio. Ma il sangue gli si gela nelle vene. Un brivido gli corre per le ossa, un foraggio di difficoltà gli si para innanzi:

- Con qual fronte mi presenterò a mio padre? Come potrò confessarmi peccatore innanzi a lui? Come potrò mostrargli questi laceri panni? Oh! Dio! Che dirà di me? Qual rossore di morte dovrò io provare al suo cospetto? Oh! Morire piuttosto che presentarmi a mio padre.

Così diceva a se stesso, ma subito dopo il pensiero ricadeva sulla orribile posizione in cui si trovava, su quella più orribile che ancora l'attendeva. La pena del rossore che avrebbe patito gli sembrava leggera, di fronte a quelle pene strazianti che provava allora. E si alzava e muoveva qualche passo alla volta del suo paese: - Ma. Oh Dio! E mio padre cosa dirà? Come presentarmi a lui dopo aver trascurato i suoi consigli, dopo aver deluso le sue speranze, dopo aver disprezzato le sue minacce? Dopo non aver badato alle sue raccomandazioni? Dopo non aver curato le sue preghiere, i suoi singhiozzi, le sue lagrime, che dirà? Con qual volto mi accoglierà? Come potrò fissarne, senza morir di vergogna, quegli occhi che io vidi soffusi di lagrime per colpa mia? E le ginocchia gli tremano e non può muovere passo ... e si ferma e si getta a terra, straziato dall'ambascia la più desolante. Ma dovrò io dunque morire in mezzo a questi animali? Ah! No! Coraggio, anima mia, tuo padre, in fin dei conti, era buono... egli non ti respingerà... il rossore che proverai sia una pena del grave male che hai fatto di offenderlo. Sì, mi alzerò ed andrò dal padre mio ... io non ne posso più, questa condizione mi è insopportabile, quel padrone che io detesto... quegli animali ioli abborrisco. Andrò dal padre mio. Questa volta la risoluzione è sincera. Si alza e si muove e si indirizza alla volta del suo paese. Trema, ma il timore è accompagnato dalla speranza del perdono. A gran passi s'avvia verso la casa del padre suo. Rompiamo anche noi, peccatori fratelli, peccatrici sorelle, rompiamo anche noi d'un colpo tutti gli indugi, tutte le difficoltà che vorrebbero trattenere dal ritorno a Dio. Tutti i piaceri di quaggiù sono ghiande per gli uomini immondi, non hanno che fare con in beni del paradiso. Lasciamo dunque da parte ogni difficoltà ed imitiamo il figliol prodigo. Esso non è solo per via, ma è giunto ormai al termine del suo viaggio. Già vede quelle campagne, in cui trastullava nella sua fanciullezza... già incontra persone che egli ravvisa per suoi concittadini, sebbene non sia ravvisato da loro ... già vede torreggiare da lontano quel castello che è dimora del padre suo. Guarda fuso e vede sventolare in alto del palazzo una nera bandiera: Chissà se mio padre - pensa - è morto per il dolore. Quel nero è segno di lutto. Ohimè! Chi dei miei passò ad altra vita? Ah! Forse mio padre che era vecchio... il dolore avuto per me l'uccise.

- Amico voi che dalla città uscite, perché quel lutto in quel palazzo? Morì forse il padrone?

- Eh no! Il padrone mise un lutto perché perdette un figlio che amava più degli occhi suoi. Lo cercò lui stesso piangendo per queste contrade circonvicine. Lo fece cercare... e non avendolo trovato, fece inalberare questa nera bandiera.

Oh! Dio! Quali palpiti si destano nel suo cuore, che tumulto di affetti! Affetti di timore e di speranza... di gioia e di spavento, di consolazione e di dolore. Il suo cuore vacilla. Vede affacciato nel suo palazzo un vecchio vestito a nero. Lo riconosce per il padre. Il suo cuore non può più reggere, gli vacilla, il piede e nascondendo il volto tra le mani, scoppia in un dirotto pianto. O lagrime fortunate! O pianto felice! Il padre che dopo la partenza di lui, non aveva potuto dar pace al proprio cuore... e ogni giorno sperava di vederselo tornare fra le sue braccia. Ogni giorno perciò si portava al più alto balcone della sua casa per esplorare se mai lo vedesse comparire da lontano. In quel momento stava appunto guardando. Vede un ignoto e squallido pellegrino che spunta in capo alla strada. Nessuno l'avrebbe mai riconosciuto, ma un assalto improvviso al cuore del buon genitore gli grida: - Quello è il figlio tuo! Oh Dio! Gli si commuovono le viscere, gli si rimescola il sangue nelle vene e l'amore e la tenerezza fanno sì che lo riconosca. E subito dà un grido di gioia, precipita, vola colle braccia aperte ad incontrarlo. Il figliolo s'accorge che viene a tutta corsa il genitore, il cuore gli palpita fortemente in petto, gli si agghiaccia il sangue, un freddo sudore gli piove giù dalla fronte. Oddio! Che dirà mio padre, vedendomi in questi cenci così luridi e vergognosi? Già, mi pare di sentirmi acerbamente rimproverare l'ingratitudine, colla quale io un giorno crudele e snaturato l'abbandonai. Non ardisco di andare più avanti, quasi sono tentato di ritornare indietro. Ma il buon genitore, anelando e sforzando il passo, gli è già arrivato appresso. Gli getta le braccia al collo, o figlio... e con ansia, con sfogo di intensissimo affetto, se lo stringe al seno, se lo preme al cuore. Inondandolo di lagrime sviene per l'allegrezza ed abbandona il capo sull'amato figliolo. Il figlio singhiozza, vorrebbe mettersi in ginocchio e grida:

- Padre, padre, ho peccato contro il cielo e contro di voi, io non sono degno di voi.

Piglia il crocifisso. Padre, abbiamo peccato contro di voi e contro il cielo. Padre di misericordia. Abbiamo peccato e ahi quante volte quante! Chi può dire quante bestemmie, quanti sacrilegi, quante disonestà abbiamo commesse. Abbiamo contro il cielo scandalizzate tante anime, che se non fossero stati i nostri scandali si sarebbero salvate. Abbiamo peccato contro di voi, commettendo sotto i vostri purissimi occhi tante di quelle ingiustizie, che ci hanno resi rei non già di uno, ma di mille inferni. Padre, perdono, padre. Ditelo tutti con me: - Perdono, perdono, pietà, misericordia. Noi non siamo degni che ci chiamiate più col nome di figli. Il nostro nome dovrebbe essere scritto a caratteri di fuoco laggiù negli abissi. Basta che ci prendiate per servi. Accarezzate pure tante anime buone, che potete ben conoscere per figliole, pascetele col latte dolcissimo delle vostre grazie speciali. Quanto a noi dateci il vestito delle virtù, rappresentato dalla veste novella, data dal padre al figliol prodigo. Dateci il pane quotidiano, figurato dal banchetto imbandito appena ritorna il figlio prodigo. Ma oh! che belle, care e dolci parole ci fate sentire al cuore, o Gesù in questo momento voi ci dite sempre che ci avete amato, sempre. E se così è, nostro padre, vi promettiamo fedeltà, amore e piena osservanza della vostra legge. Testimoni del nostro giuramento siano i santi e gli angeli tutti. Fate dunque festa angeli santi, festa ed allegrezza grande, fate pure in cielo festa maggiore di quella che fece il padre del figliol prodigo. Presto verrà anche a noi preparato il convito nel quale ci sazieremo di quel dolcissimo pane divino che forma la delizia del paradiso. Viva, dunque, viva la misericordia di Dio! Ecco sarà il nostro conforto in vita, la nostra fiducia in morte, l'oggetto delle nostre lodi e dei nostri ringraziamenti, in paradiso per tutta quanta l'eternità. Viva Sant'Antonio. Rev. Padre Francesco d'Agira.

E per concludere questo cammino spirituale abbiamo voluto riportare un bellissimo canto che allietava le funzioni sacre, riferito proprio al figlio prodigo.

Figlio, deh torna, o figlio,
torna al tuo padre amante!
Ahi, quante volte e quante
io sospirai per te.

Ahi, quante volte e quante
io sospirai per te!

Gesù, buon padre amante,
un empio e ingrato figlio,
molle di pianto il ciglio,
alfin ritorna a Te.

Molle di pianto il ciglio,
alfin ritorna a Te!

Pensa che figlio sei,
pensa che padre io sono,
torna che ti perdono,
non dubitar di me.

Torna che ti perdono,
non dubitar di me!

Torna, ma porta in fronte
l'orror del suo delitto,
ma porta il sen trafitto
da un intimo dolor.

Ma porta il sen trafitto
da un intimo dolor!

Dacché mi abbandonasti,
pace non ebbe il core,
sempre languii d'amore,
sempre penai per te.

Sempre languii d'amore,
sempre penai per te!

CAPITOLO I
LA LEGGE DIVINA

1. La morale
2. La legge
3. Il decalogo

CAPITOLO II
NON AVRAI ALTRO DIO FUORI DI ME

1. Primo comandamento
2. La fede
3. La via della fede
4. La speranza cristiana
5. La carità
6. Amor di Dio
7. Amore del prossimo
8. Come amare il prossimo
9. Come amare Dio
10. Adorare
11. Il culto dei santi o venerazione

CAPITOLO III
NON NOMINARE IL NOME DI DIO INVANO

1. Il giuramento
2. Le ingiurie
3. I voti

CAPITOLO IV
ONORA TUO PADRE E TUA MADRE

1. Quarto comandamento
2. Doveri verso i genitori
3. Doveri verso i superiori
4. Doveri verso i maestri
5. Rispetto degli anziani
6. Rispetto dei pari
7. Doveri dei padroni verso i servi

CAPITOLO V
NON UCCIDERE

1. Quinto comandamento
2. Omicidio corporale indiretto
3. Omicidio spirituale
4. La maldicenza
5. Il mondo
6. Il mondo è un pericolo

7. Nel mondo non si dà felicità

CAPITOLO VI
NON COMMETTERE ATTO IMPURO. NON DESIDERARE LA DONNA ALTRUI

1. Sesto e nono comandamento
2. Peccati contro la castità
3. Pericoli da evitare per conservare la castità
4. Risposta ad alcuni dubbi
5. Gli spettacoli
6. I balli

CAPITOLO VII
NON RUBARE, NON DESIDERARE LA ROBA ALTRUI.
NON DIRE FALSA TESTIMONIANZA

1. Settimo e decimo comandamento
2. Questioni particolari
3. Ottavo comandamento

CAPITOLO VIII
I COMANDAMENTI DELLA CHIESA

1. I comandamenti della Chiesa
2. Ricordati di santificare le feste
3. Ciò che bisogna evitare per santificare la domenica
4. Terzo e quarto comandamento della Chiesa
5. Quinto e sesto comandamento della Chiesa

CAPITOLO IX
IL PECCATO

1. Il peccato
2. I peccati capitali. Superbia
3. Invidia. Ira
4. Avarizia
5. Gola. Accidia
6. Lussuria

CAPITOLO X
IL RITORNO A DIO.
MEDITAZIONI DEL P. FRANCESCO D'AGIRA (1916)

1. Salvatevi l'anima!
2. Il peccato
3. La morte pessima
4. Il giudizio particolare
5. Inferno
6. Il figliol prodigo

Printed by Books on Demand GmbH, Norderstedt / Germany